成句・故事成語ではじめる中国史

古代から現代まで

山崎覚士 著

法律文化社

はしがき

私たちの身の回りには、成句や故事成語が溢れています。私が幼い頃は、助産師であった母から「案ずるより産むが易し」とよく言われ、あれこれ悩まず、まずはやってみなさいと励まされました。高校生くらいになると国語の授業で「上善は水の如し」という名言を知り、水は万物にとって重要であるのに、自己主張せず、さまざまに形を変えて適応し、みずから下方へと向かうという道徳を老子が説いたことに感動しました。この言葉は今では、日本酒の商品名にもなっています。

このほかにも、私たちはさまざまな形を通して日常的にこうした言葉に接していて、私たちのコミュニケーションにとって不可欠のツールとなっています。その中には、由来や意味のよく知られた言葉もありますが、意外にその来歴や意味するところを知らずに使っていることも多いのではないでしょうか。本書各章は、まず成句・故事成語の来歴を知ることから始まります。

本文中には扱えませんでしたが、「鶏口牛後」（「寧ろ鶏口と為るも、牛後と為る無かれ」『史記』蘇秦伝）という故事成語があります。これは大きなグループの一員でいるよりは、小さなグループでも一番でいるほうが良いという意味です。戦国時代末期に、縦横家の蘇秦が小国の韓の王に対して、強国の秦に降る（「牛後」）よりも小国の王（「鶏口」）として秦と戦うのが良いと勧めた時のエピソードとして出てきます。*この語の背景には、戦国時代末の外交合戦である「合従連衡」の歴史があります。

＊もとは「鶏尸牛従」（『戦国策』）といって、「鶏尸」（鶏のリーダー）となるべきで、「牛従」（群れに従う子牛）となる

べきではない、という。

また「画竜点睛」（『歴代名画記』）という故事成語があります。南北朝時代の南朝梁の皇帝であった武帝は仏教に深く帰依したことで有名で、その政策の一環で仏画の得意な画家であった張僧繇に命じて寺院に装飾を施させました。当時の首都建康に置かれた安楽寺に張僧繇は四匹の龍を描きましたが、黒目（「睛」）だけは描かずにいました。人々に頼まれて二匹の龍に黒目を入れると、稲光りとともに龍は空高く飛んで行ったと言います。ここから画竜点睛は、最後の大事な仕上げのことを意味するようになります（また逆に、肝心な仕上げをせず詰めが甘いことを「画竜点睛を欠く」と言います）。ちょっと信じがたいエピソードを含むこの語が生まれる背後には、実際に行われた南朝梁武帝（皇帝菩薩とも呼ばれます）の仏教政策が関わっていました。

最後に「人口膾炙」という語も、まさに人口に膾炙しているのではないでしょうか。多くの人が口にして広く知れ渡っていることを意味しますね。これは晩唐の詩人林嵩の書いた序文（『周朴詩集序』）に出てくるのですが、「人口」は人の口、「膾」は肉のなます（第2章でも出てきます）、「炙」はあぶり肉を意味しています。ここから当時では、人々はなますや炙り肉を誰もが親しんで食べていたという文化を知ることができます。でもそのお肉は何の肉なのでしょうか。

このように、成句・故事成語にまつわるエピソードを紐解いて、そこから中国の歴史や文化を探っていくと、難しいと思われがちな中国史も、取っつきやすくなるかもしれません。本書はそうしたことを目論んで、手に取って読んでいただけたらと思います。各章は時代順に並んでいますが、第1章から順に読む必要はありません。「この言葉知っている！」、あるいは「聞いたことないな」という気持ちを手づるとして、関心のあるところから読んでいただけたらと思います。一つの成句・故事成語から、奥深い中国の歴史に少しでも興味を持っていただければ何よりです。

目次

第Ⅱ部　世界帝国への胎動——古代の後半

第Ⅳ部　近世帝国から近代国家へ

序章　中国史を学ぶとは

地球規模の視点（食べ物の視点）から

日本の高校までの歴史を勉強してきていれば、まず人類が最初に作ったとされる文明は何だったか、ぱっと浮かぶと思います。教科書で最初に学ぶ文明は、メソポタミア文明です。諸説ありますが、およそ紀元前五五〇〇～三五〇〇年に、人類はコムギを栽培するという農耕を行い、食糧を貯蓄していく中で社会的分業が生まれ（リーダーや農民などの役割分担）、原初的社会が形成され、それらが統合してウルやウルクなどの都市に政治システムを伴った文明が形成されていきます。

ところが、ウルクをつくったシュメール人の文明は、いったん滅んでしまいます。その理由も諸説ありますが、ここでは次の点に注目したいと思います。シュメール文明の基礎となったのは農耕ですが、彼らが栽培したのはコムギ（後にはオオムギ）でした。ところがこのコムギは、植物としてやっかいな性格を持っていました。栽培すること自体は簡単（種をまいて水をまく）なのですが、コムギは地中の養分をたくさん吸いとるという性格があります。そのため、コムギを栽培した土地は、すぐに痩せてしまいます。土地が痩せると、そこでの生活ができなくなり、移住が必要となります。そして人々は移住するのですが、移住した先に、別のグループがいれば衝突して戦争しあうことになります。

こうして、シュメールの人々は滅びへと歩みを進めていきましたが、たんに滅んでいったのではなく、より遠くの地へと移住していきました。ただ、彼らの手に持つ食糧はコムギです。シュメールの人々が住む場所より北へ北へと移動すれば寒くなります。また逆に南へ南へと移動すれば、今度は暑くなります。となると、農耕の仕方も気候に合わせて変えないといけません。となると、最も簡単な移動は、東西への移動です。地球の同一緯度上では、気候はさほど変わらないからです。そこで、コムギを持った文明人は、メソポタミアから西へ東へと移動しました。

そのうち西に移動した人々が到達したのがナイル川です。エジプト文明の成立も（諸説ありますが）およそ紀元前三〇〇〇年前です。また東に移動した人々は、インダス川に到達しました。インダス文明の形成はおよそ紀元前二六〇〇年前とされます。図序－1を参照してください。

その後、コムギは南の暑い地域よりも、北の寒い地域へと伝播し、ヨーロッパや中央アジア、またアメリカ大陸到達後には、同地にも伝播していきました。*

＊ここまでの話はジャレイド・ダイヤモンド『銃・病原菌・鉄』（草思社文庫、二〇一二年）をもとに、著者がアレンジした。農耕の起源がもっと古いことに関して、中東で一万一〇〇〇年前、中国大陸で九〇〇〇～七〇〇〇年前とする（ピーター・ベルウッド『農耕起源の人類史』京都大学学術出版会、二〇〇八年）。農耕が開始された後に一定に普及して貯蓄が形成され、それらを分配するためのシステムや社会的分業が生まれ、リーダーを頂点とする社会が形成される。さらに発展していくつかの社会を統合する政治システムを備えた文明へと成長する（渡辺信一郎『さまざまな歴史世界――一七世紀以前の世界史I』〔かもがわ出版、二〇二三年〕参照）。

ところが、です。じつはこうしたコムギを栽培する文明と、ほぼ同時期に文明が発達していた地域がありました。それが東アジア、とくに中国大陸です。いわゆる黄河文明では、遅くとも紀元前四八〇〇年には農耕に基づく階層性を持った聚落社会を開始していました。黄河流域に暮らしていた人々が栽培していたのは、アワやキビです（図序－1）。また長江流域には、コメを栽培する文明（近年では長江文明と呼ばれます）も、紀元前五〇〇〇年前からありました。

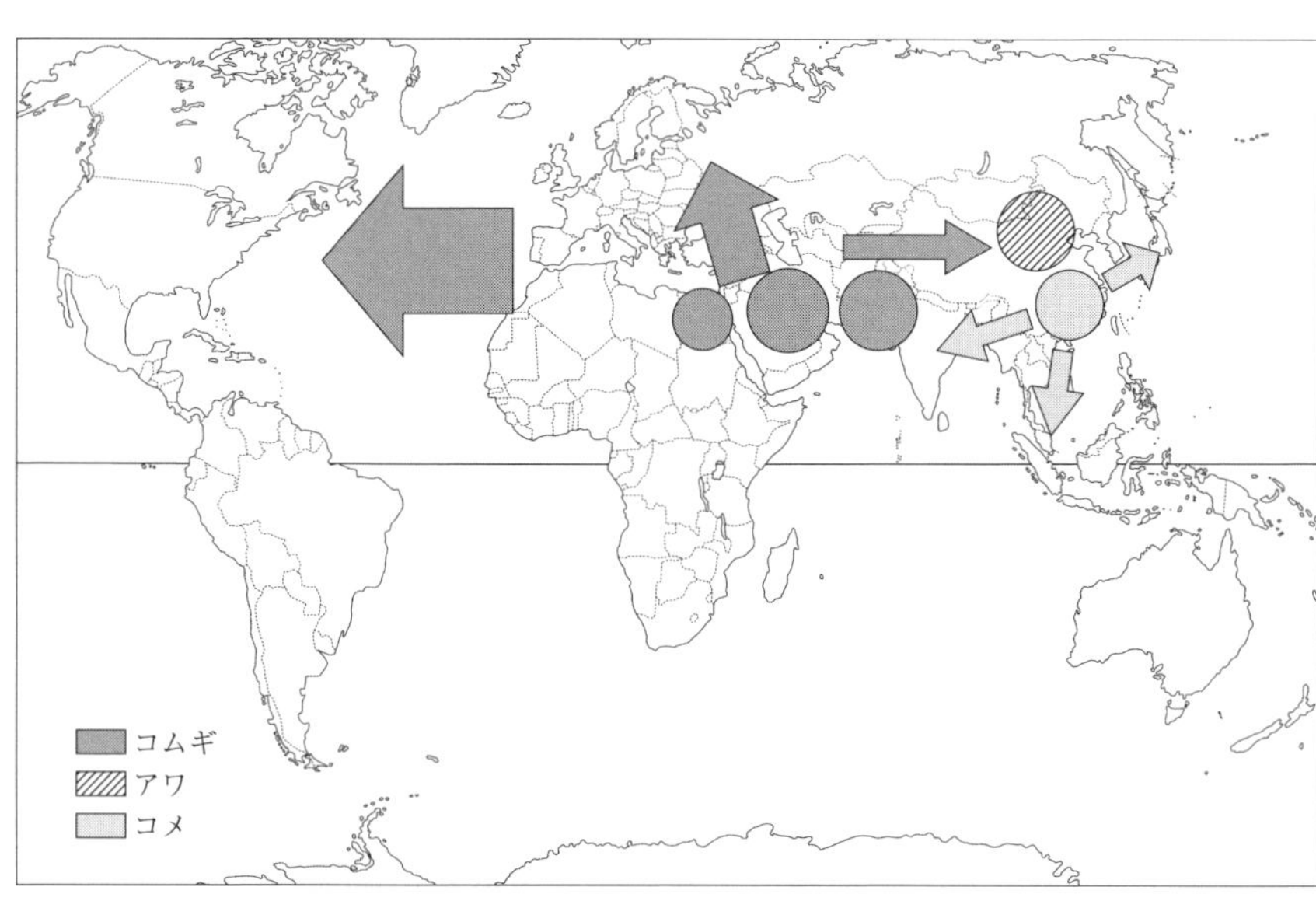

図序－1　古代世界の食糧栽培

とくにコメを栽培する文明は、いわゆる春秋戦国時代ごろから、朝鮮半島や日本列島、そして東南アジアへとコメ栽培（稲作）を伝播しました（図序－1）。

アジア史の視点（生活の視点）から　ここで視点をアジアへと向けてみましょう。

アジア諸地域で、人々の生活スタイルに応じて図示したのが、図序－2です。まず中国大陸中心の「畑作」ですが、先ほども述べたように、畑をつくってアワを栽培します。収穫の時期は秋です（ちなみにコムギは夏です）。ただ粗放な農耕の時代では、アワの栽培によって地力を消失し、農民は移住を余儀なくされます（切り替え畑という）。その東（日本列島や朝鮮半島。収穫は秋）と南（東南アジア。収穫は夏・秋）は「水稲作」です。これは水田を造成して同じ土地にコメを作る地域です。ただし、東南アジアでは、後に稲作が畑で行われるようにもなります（陸稲、おかぼと言います）。インドでは、稲作が東南アジアでも見られたように、畑での栽培となっていきました。

このように、日本を含むアジアでは農耕を基礎として、広い領域での同一性と異質性があります。たとえ

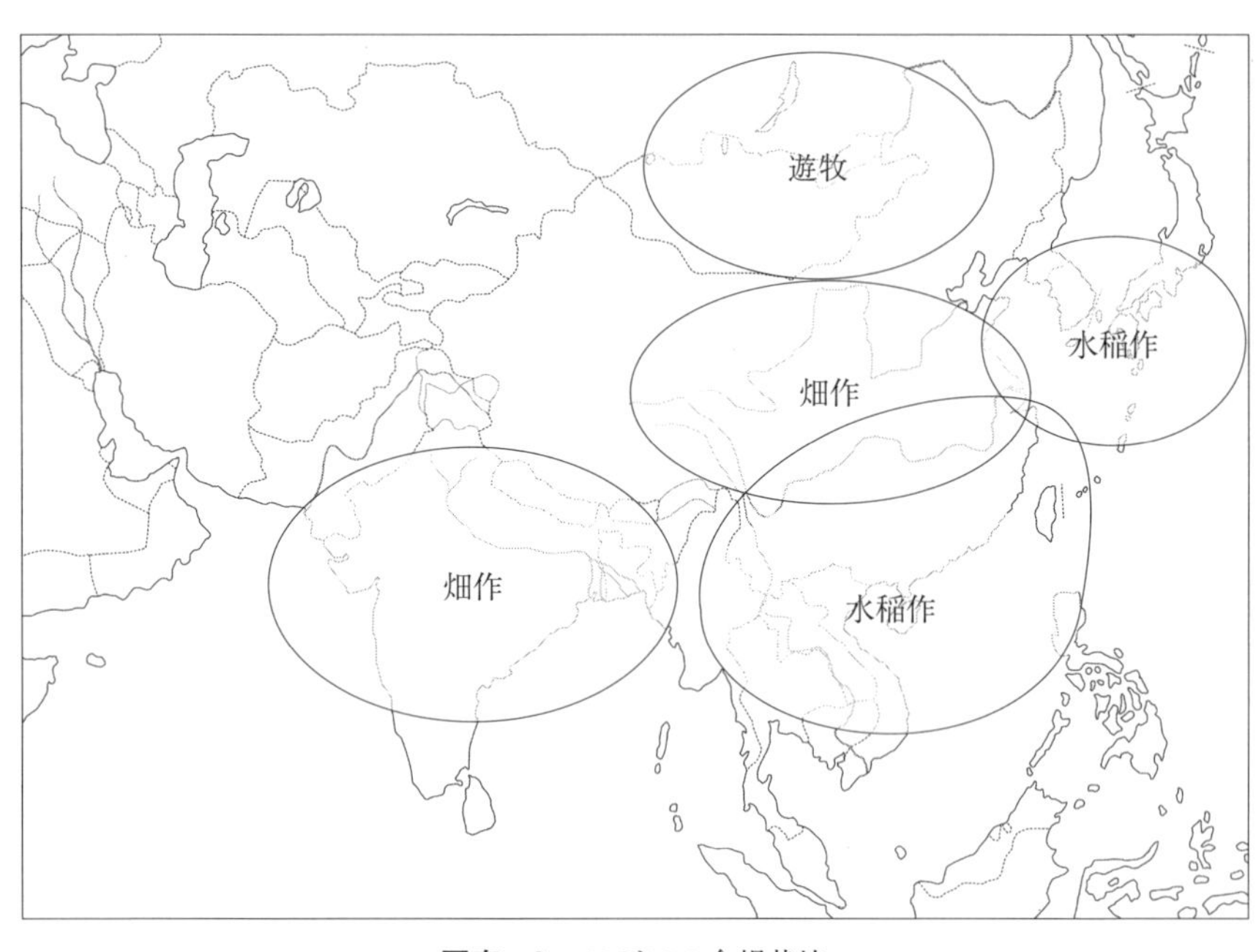

図序－2　アジアの食糧栽培

ば、日本の農村風景（田んぼがあって、水が張ってあって、レンゲが咲いていて…、とか）は、中国の長江流域や東南アジア（フィリピンには、日本と似た棚田があります）の農村とよく似ている一方で、同じコメを栽培しているとはいえ、インドでは畑で栽培していて水田がない、という違いがあります。

またアジアの生活スタイルを考えるためには、もう一つのスタイルがあります。それが「遊牧」です。遊牧は、農耕とはまったく異なります。その生活は、羊を草原で飼養しながら行います。そして、羊の移動に合わせて人々も移動するので、定住型の家をあまりつくらず、いわゆるテント（パオとかゲルとか言います）暮らしをします。ただ、羊の遊牧だけでは生活物資（羊以外の栄養素を含む食料など）に困るので、彼らは得意な乗馬術を用いて交易や略奪をします。とくに、農耕を行う定住社会に対して略奪します。中国史では、北方遊牧民族が南下して中国社会を侵略することがよくあるのも、そのためです。

図序－3　このリンゴの大きさは？

図序－4　比較することで大きさが分かる

これまで見たように、日本を含む世界の歴史には、同じものや異なるものがあり、また遠く繋がっているもの、近くなのに関係のないものなど、様々な特徴があります。一地域の小さなテーマだけを見ていても、ダメなのです。

比較史のまなざし

では次の写真（図序－3）を見てもらいましょう。リンゴです。さて、このリンゴは大きいでしょうか。小さいでしょうか。はっきり言って、分からないと思います。なぜならそれは、比較の対象がないからです。

では次の写真（図序－4）を見てください。先ほどのリンゴは、一番左のリンゴです。右の二つのリンゴと比較すると、小さいことが分かります。つまり、左のリンゴの大きさという特徴は、他のリンゴと比較しないと分からないということです。

歴史も同じことが言えます。日本や西洋の歴史も、他の地域の歴史と比較しないと、その特徴が分かりません。そのため、中国史も学ぶ必要があるのです。

まとめておきましょう。中国史を学ぶ意義は、次の点にあります。

(1)他国・他地域の歴史も、学ぶ地域の歴史と無関係ではないこと（地球規模での視点・同質性）。
(2)歴史は比較しなければ、その特徴が見えないこと（比較史の視点）。
(3)歴史学とは、現在を生きる我々とは異なる時代・地域を生きた人々・社会の特徴を追究し、分析すること（異質性）。

とはいえ、やはり中国史ってムズカシイ、というイメージを持つ方が多いかと思います。そこで本書では、中国の通史を時代ごとに見ていきますが、各章ではそれぞれの時代を表すであろう、たぶんみなさんが耳にしたことのある中国の成句・故事成語を一つ取り上げて、それを糸口として中国の歴史や文化を学んでいただければと思います。

第Ⅰ部　中華文明の誕生

——古代の前半

第1章　「酒池肉林」——王朝交代と気候変動：殷周時代

紂王の贅沢

第1章は、今のところ中国最古の王朝とされる殷周時代から始めます。そしてこの時代を考えるにあたって取り上げたいのが「酒池肉林」です。酒池肉林という言葉の意味は、①贅沢を極めた酒宴、それと②淫蕩（みだらな遊び）の二つあります。もしこの言葉を聞いたことがあるという人は、②のイメージを多分に持っているのではないでしょうか。ですが、ここでは①の意味を重視したいと思います。

この酒池肉林の出典となっているのは、中国最初と言われる漢代の歴史家、司馬遷が書いた『史記』*の中の、殷本紀にある「帝紂」（紂王）の事績に出てきます（図1-1）。そこには、紂王が「酒を以て池と為し、肉を縣けて林と為す」と出てきます。つまり紂王は、酒で池を作って、肉を木にひっかけて林のようにした、というのです。紂王は、殷王朝最後の王であり、頭が良くて、猛獣を殺すほどの膂力（腕力）を持っていたとされますが、愛妃である妲己を寵愛し、悪政を行ったため、天命がなくなりました。そして、代わって天命を受けた周の武王が殷を滅ぼします。そのため酒池肉林は、贅沢をするという悪政の象徴として描かれています。

*司馬遷は、漢代武帝に仕えた政治家で、父の事業を継いで『史記』を記した。その様式や記述は後世の歴史書に多大な影響を与えた。なお、現代日本の作家司馬遼太郎は、司馬遷の名から作家名をつけている。

では、なぜこの紂王の酒池肉林の行いが①の意味になるのでしょうか。この点に注目していきます。なお、先の『史記』酒池肉林の文章のすぐ後に、「男女を裸にして、追いかけっこさせた」という文章が続きます。

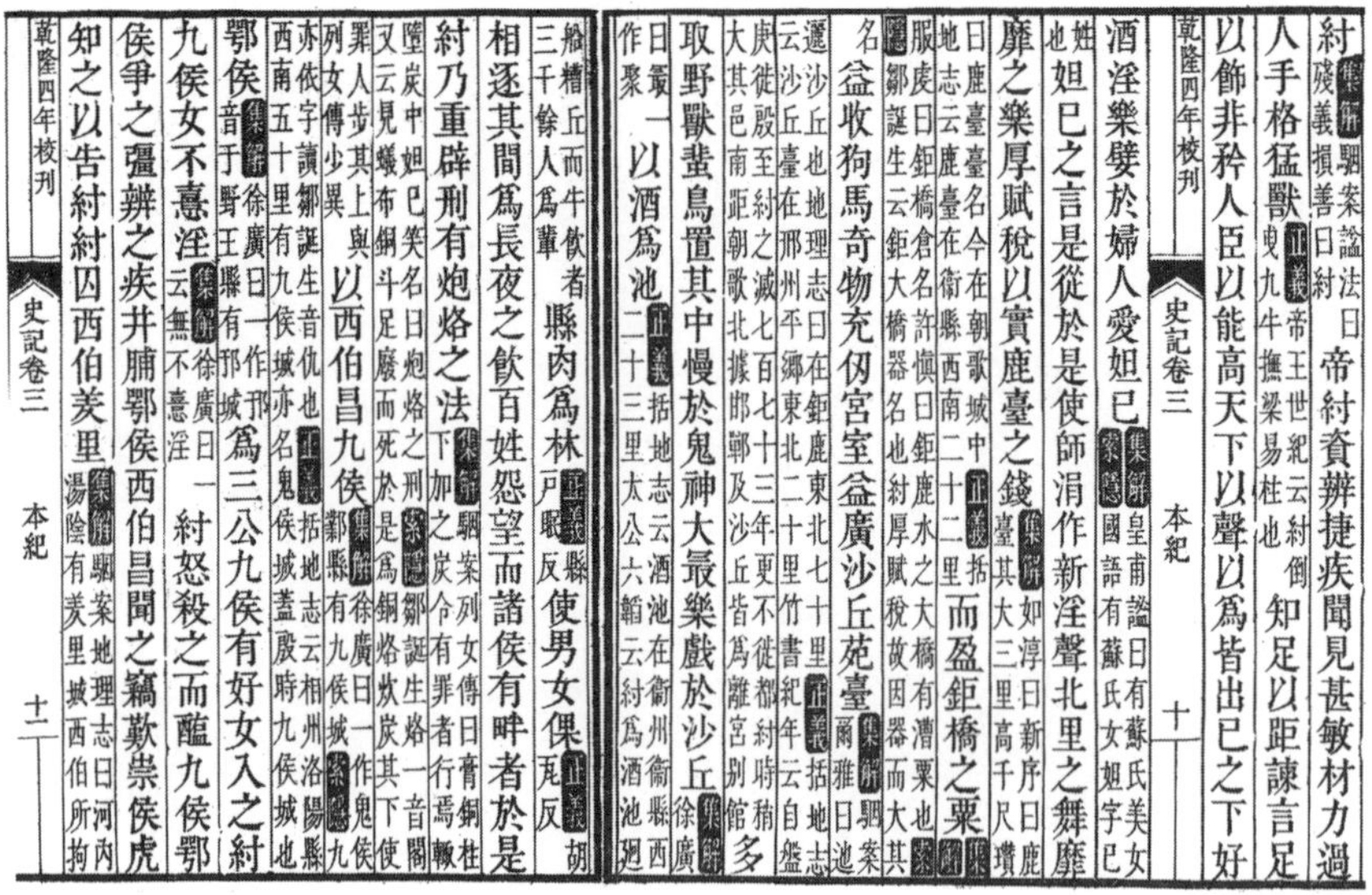

紂【集解】駰案謚法曰殘義損善曰紂 帝紂資辨捷疾聞見甚敏材力過人手格猛獸【正義】帝王世紀云紂倒曳九牛撫梁易柱也 知足以距諫言足以飾非矜人臣以能高天下以聲以爲皆出己之下好酒淫樂嬖於婦人愛妲己【集解】皇甫謐曰有蘇氏美女【索隱】國語有蘇氏女妲字己姓也 妲己之言是從於是使師涓作新淫聲北里之舞靡靡之樂厚賦稅以實鹿臺之錢【集解】如淳曰新序曰鹿臺其大三里高千尺瓚曰鹿臺臺名今在朝歌城中【正義】括地志云鹿臺在衛縣西南二十二里 而盈鉅橋之粟【集解】服虔曰鉅橋倉名許慎曰鉅鹿水之大橋也有漕粟也【索隱】鄒誕生云鉅大橋器名也紂厚賦稅故因器而大其名 益收狗馬奇物充仞宮室益廣沙丘苑臺【集解】駰案爾雅曰迤邐沙丘也地理志曰在鉅鹿東北七十里【正義】括地志云沙丘臺在邢州平鄉東北二十里竹書紀年自盤庚徙殷至紂之滅七百七十三年更不徙都紂時稍大其邑南距朝歌北據邯鄲及沙丘皆爲離宮別館 多取野獸蜚鳥置其中慢於鬼神大㝡樂戲於沙丘【集解】徐廣曰㝡一作聚 以酒爲池【正義】括地志云酒池在衛州衛縣西二十三里太公六韜云紂爲酒池迴

船糟丘而牛飲者三千餘人爲輩 縣肉爲林【正義】縣戸眠反 使男女倮【正義】胡瓦反 相逐其間爲長夜之飲百姓怨望而諸侯有畔者於是紂乃重辟刑有炮烙之法【集解】駰案列女傳曰膏銅柱下加之炭令有罪者行焉輒墮炭中妲己笑名曰炮烙之刑【索隱】鄒誕生云烙一音閣又云見蟻布銅斗足廢而死於是爲銅烙炊炭其下使罪人步其上與列女傳少異 以西伯昌九侯【集解】徐廣曰一作鬼侯鄴縣有九侯城【索隱】九亦依字讀鄒誕生音仇也【正義】括地志云相州洛陽縣西南五十里有九侯城亦名鬼侯城蓋殷時九侯城也 鄂侯【集解】徐廣曰一作邘音于野王縣有邘城 爲三公九侯有好女入之紂九侯女不憙淫【集解】徐廣曰一云無不憙淫 紂怒殺之而醢九侯鄂侯爭之彊辨之疾并脯鄂侯西伯昌聞之竊歎崇侯虎知之以告紂紂囚西伯羑里【集解】駰案地理志曰河內湯陰有羑里城西伯所拘

図1－1　「酒池肉林」の記事（『史記』殷本紀より）
中央部分に「酒池」「肉林」の記述がある。

ここから、②の意味が派生しました。

殷王朝と甲骨文字

殷王朝は、現在から一〇〇年ほど前は伝説上の王朝とされ、その実在が信じられていませんでしたが、その後に研究や発掘が進んだことにより、現在は確認しうる中国最古の王朝とされています。* その初代の王は成湯大乙（天乙とも）といい、地方の勢力（「邑」と呼ばれる都市群）を傘下に収めて領域を拡大し、夏王朝の桀王を倒して殷王朝を建てました。その都はたびたび遷され、第十九代目盤庚のときに殷墟に遷都しました。そして紂王は三十代目です。なお一般には「殷」王朝と呼んでいますが、彼らは自らを「商」と名乗っていました。

*伝説では、殷より前に夏王朝があったとされる。この夏王朝が現在、発掘が進んで実在したのではないかとされる。詳しくは「コラム1」を参照。

その王位は、一〇の王族集団によって共有され、そのうち四つの王族が交代で王位を継承していたと考えられています。王の子が王となる、という父子相続ではないことが特徴です。そしてその政治は、王が神の意向をうかがって行う、いわゆる神権政治でした。その際に用いられたのが甲骨文字です。

甲骨文字は一九世紀末に発見されました。もとはマラリア熱を治す「竜骨」という薬として薬局で売られていましたが、清末の王懿栄という学者がたまたま発見したと言われています。そしてこの竜骨をどこで手に入れたかを調べていくと、河南省安陽県小屯村であることを突き止めます。そしてそここそが「殷墟」でした。

図1－2　甲骨文字

出所：Wikimedia Commons より。

甲骨文字は、亀の甲羅（背中ではなくお腹の甲羅）や牛の肩甲骨に刻まれます（図1－2）。漢字の源流とされ、記号のようにも見えます。そして、占いたい内容を刻み、火にくべてヒビを入れ、そのヒビの入り具合を読み取って、神

コラム1　伝説の夏王朝は実在した？

殷王朝が実在することは、甲骨文字の解読によって証明された。中国の文献では、殷王朝よりも前に夏王朝があったとされる。伝説の名君舜より譲位されて、君主となった禹が開いたとされる。

禹は舜の時代に、中国を駆けずり回って治水を行い、大きな成果を上げた。ただ、一三年間家にも帰らず歩き回ったので、その歩き方は足を引きずるようになっていた。後に、その歩き方は「禹歩」と称されて道教・呪術に取り入れられた。「禹」という漢字は「みずち」あるいは竜をかたどった文字である。

さて、ながらくその実在性が疑問視されてきた夏王朝だが、そうではないかとみられる遺跡群が発掘された。殷よりも先立つ遺跡群を場所の名前をとって「二里頭文化」といい、現在の河南省偃師市に存在する。二里頭文化の存在は前から知られていたが、近年の発掘調査で、それが夏王朝最後の都であった可能性が高くなってきた。今後の研究成果によっては、夏王朝が伝説ではなくなる日が来るかもしれない。

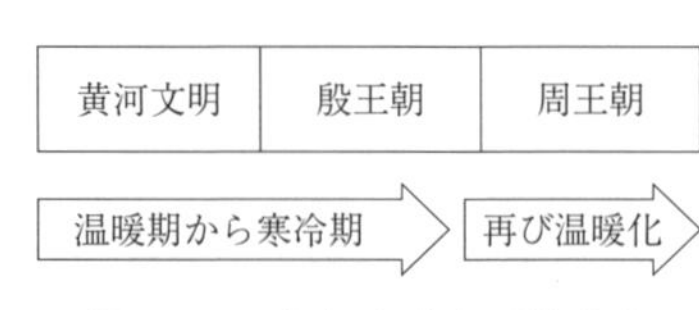

図1－3　気候変動と王朝交代
出所：筆者作成。

のご意向をうかがうのです。ですが、結果が良くないと何度もやり直していたようで、本当の意味での占いではありませんでした。王の都合の良いように工夫されていたのです。

また殷の時代の人々の生活は、半農耕・半狩猟社会でした。ここには、当時の中国大陸全体での気候変動が関わっています。

気候変動と王朝交代

図1－3にあるように、黄河文明が発生した時は気候が温暖な時期にあたり、農作物もよく育って、人口も増えていきました。そうして殷王朝が成立するのですが、その後には、中国大陸が寒冷化へと向かいます。そうすると、農作物の収穫も減少することになり、人々はアワやキビを栽培するだけでは食料が足らず、シカやブタ、ヒツジを狩猟していく必要がありました。寒冷化によって、食料確保が難しくなっていったと考えられます。

そうした中で登場するのが紂王と妲己です。殷最後の王である紂王は、妲己を寵愛し、彼女を喜ばせるために贅沢を極めました。その一つが酒池肉林です。酒をたたえた池は、舟を浮かべて三〇〇〇人あまりが牛のごとく飲むことができたと言います。その酒は、貴重な穀物から醸造し、香りづけにモモなどの果実を合わせました。また肉については、狩猟による獲物（シカやイノシシ）の肉をふんだんに使っていました。これらの果実や動物は、中国大陸の寒冷化によって森林資源が減少化したために「贅沢品」となっていたのです。酒池肉林が贅沢な酒宴を意味するのは、当時の食料として希少化していたからなのです。

こうした紂王の悪政に天が怒り、天命を周の武王に伝えました。天命を受けた武王は殷の都である殷墟を攻め、紂王を自焚（じふん）（焼身自殺）させます。これを牧野（ぼくや）の戦いと言います（図1－4）。

この殷から周への王朝交代は、殷周革命と呼びます。これは殷から周へ天命が革（あらた）まったことを意味しています。そして、殷王朝滅亡後、殷（つまり商）の人々は故郷を離れて、生業を持たず各地にわたって売買を行ったとされます。ここから、売買する人を「商人」と呼ぶようになりました。

西周の支配

周の時代は、当初鎬京を都にしていた西周時代と、後に都を東の洛邑に移した東周時代（春秋戦国時代）とに分かれます。本章の残りでは西周のみ扱います。

西周時代は、まだまだ不明な点が多く、謎の時代です。文王のとき渭水上流の周原を根拠地として勢力を拡大し、文王の子であった武王が殷を打倒して中原（殷の本拠地）へ進出しました。武王の子の成王が即位してまだ幼かったので、武王の弟であった周公旦が政治を補佐し、中原に洛邑（成周と呼ばれた）を築いて支配領域を拡大しました。

第十代厲王は悪政を振るったとして都を追われ、代わって諸侯の周公と召公が政治を担う「共和」*体制がとられることもありました。この言葉は現代の共和制や共和国の語源となります。厲王の息子であった宣王が即位して共和体制は終焉しましたが、周王に従わない諸侯がますます多くなりました。

＊『史記』周本紀による。なお『竹書紀年』では共伯和という人が摂政したとする。

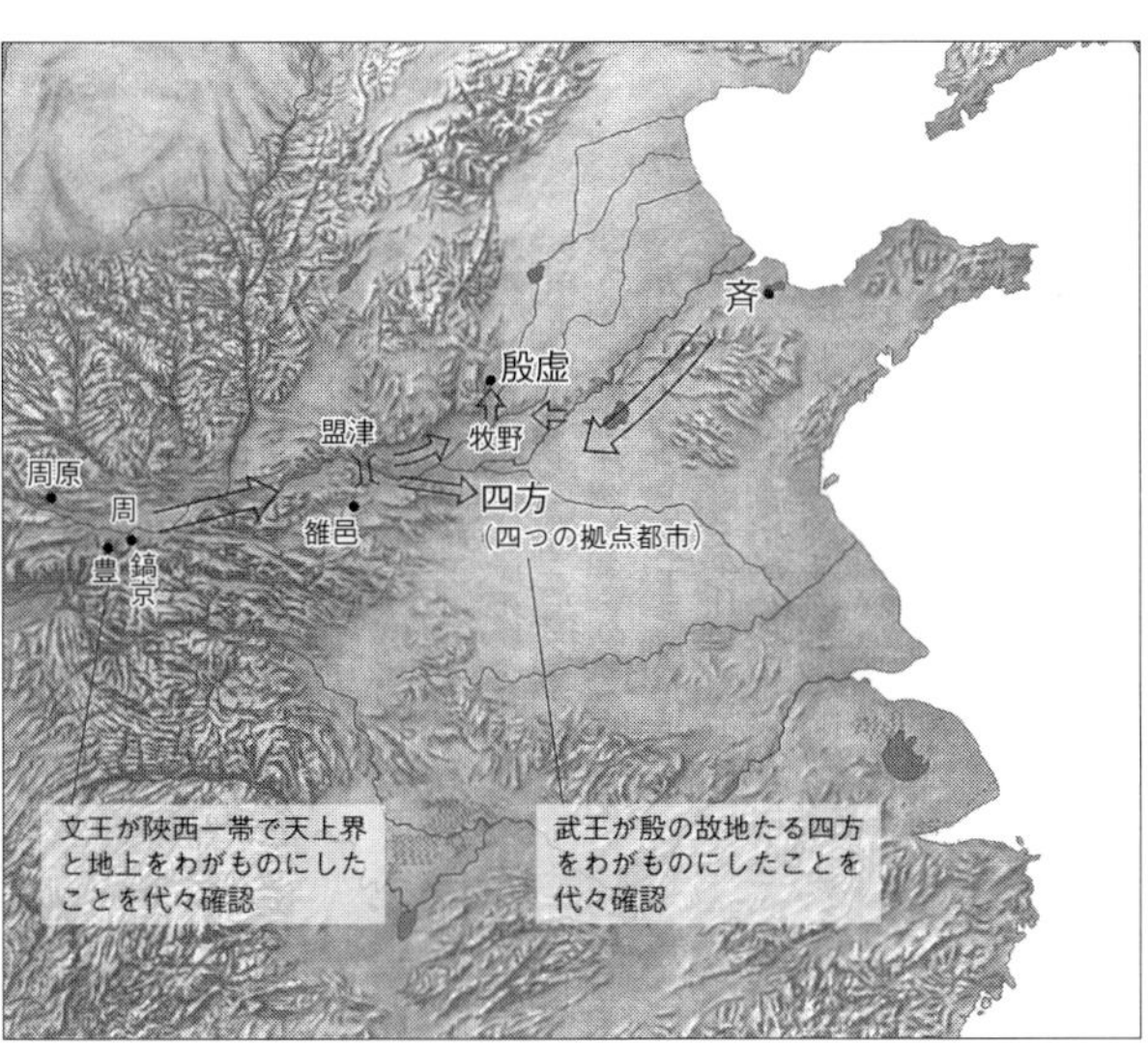

図１－４　殷と周

出所：平勢隆郎『中国の歴史02　都市国家から中華へ　殷周　春秋戦国』（講談社、2005年）65頁。

コラム2　妲己その後

妲己は、紂王に悪政を行わせ国を滅ぼした美女として名高い。また、周の幽王に献上された褒姒は絶世の美女だったが、決して笑わなかった。幽王は笑顔を見るために、絹を全国より取り寄せて切り裂いたり、諸将を呼び寄せる狼煙を無意味に上げたりしたため、周を滅亡へと導いた。

そのほかに春秋時代の呉を滅ぼすきっかけとなった美女西施がいる。病気で苦しみ顔をしかめていた西施を、美しくなれると思った醜女が真似した故事は「ひそみに倣う」といった。ひそみとは眉間のしわ。

これらの美女は君主が国を滅ぼすほど美しかったことから「傾国の美女」と言われる。

妲己は国を滅ぼす悪女とされ、さらにそれは妖狐の化身とされるようになった（『封神演義』など）。そしてなんと、遣唐使吉備真備に取り入り日本にやってきて、「九尾の狐」「玉藻前（鳥羽上皇に仕えたとされる美女）」となって世を乱したという。

そして第十二代幽王のとき、西方の異民族であった犬戎を引き入れた申侯*に攻め立てられて、諸侯の援軍もなく幽王は殺害されました。申侯は廃立された太子の宜臼を平王として即位させ、都を東の洛邑へと移しました（前七七〇年）。これ以後が東周時代となります。

*幽王の正室申后の父。幽王が褒姒を寵愛して、申后とその太子宜臼を廃したので、父であった申侯は激怒し、幽王を攻めた。

封建制度と「天」の観念

あまり史料が残っていないので不明な部分が多い西周時代ですが、中国史を理解するために、この時代には、とくに知っておいてほしい制度が見られました。それは封建制度です。ヨーロッパや日本でも「封建制」の時代があったと語られますが、その内容は異なるので注意が必要です。

この封建制度を理解するために、まず殷周時代の社会を見ておきましょう。黄河文明から発達した殷周時代の基層社会は、氏族（共通の祖先をもつ血縁集団）からなっていました。そして氏族は自らの集団を守るために城壁を備えた都市を形成しました。この都市を邑と言います。この邑には大きいものと小さいものとがあり、それは氏族の強さに比例しました。

たとえば、殷代中期の都であったのではないかとされる鄭州商城（図1－5）は、高さ一〇メートルと見積もられる城壁に囲われ、南北およそ一・七キロ、東西およそ一・七～二キロの大きさでした。その大きさは、現在の京都の地図で考えると、図1－6のようになります。こうした大きな邑が、より小さな邑を支配していました。規模の小さな邑は、城壁がない場合も多くありました。

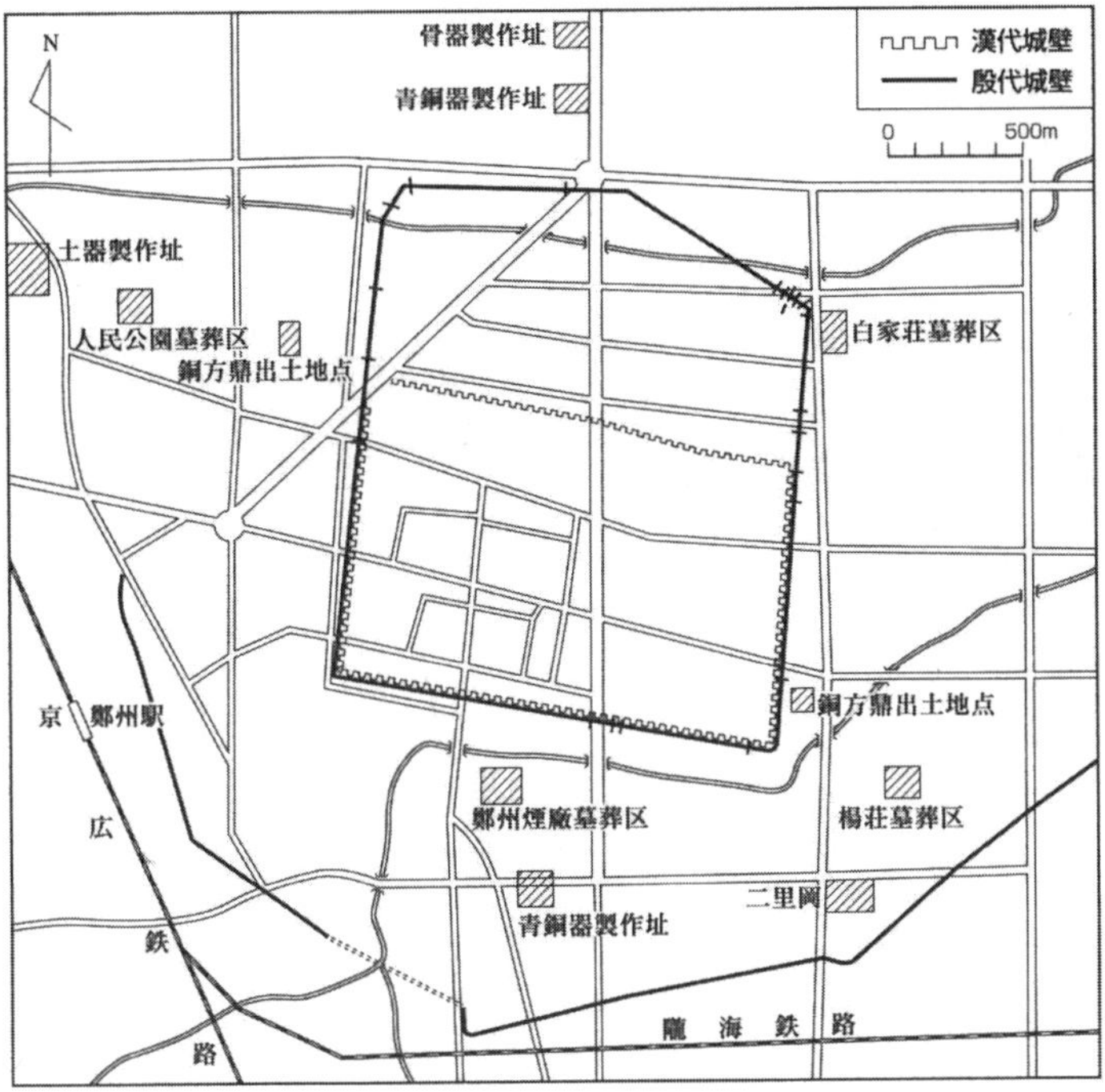

　殷の時代では、その支配のあり方が比較的緩やかな連合政権でしたが、殷の末期から周の時代になると、その支配体制は王を頂点とした、より確固としたものになりました。制度上では、大邑の氏族（いわゆる王）が小邑のリーダー（いわゆる諸侯、王と同族であったり血族関係を結んだ氏族）と支配関係を結び、そのリーダーに対して軍事への

図1－5　鄭州商城

出所：『中国史1　先史～後漢』（山川出版社、2003年）77頁。

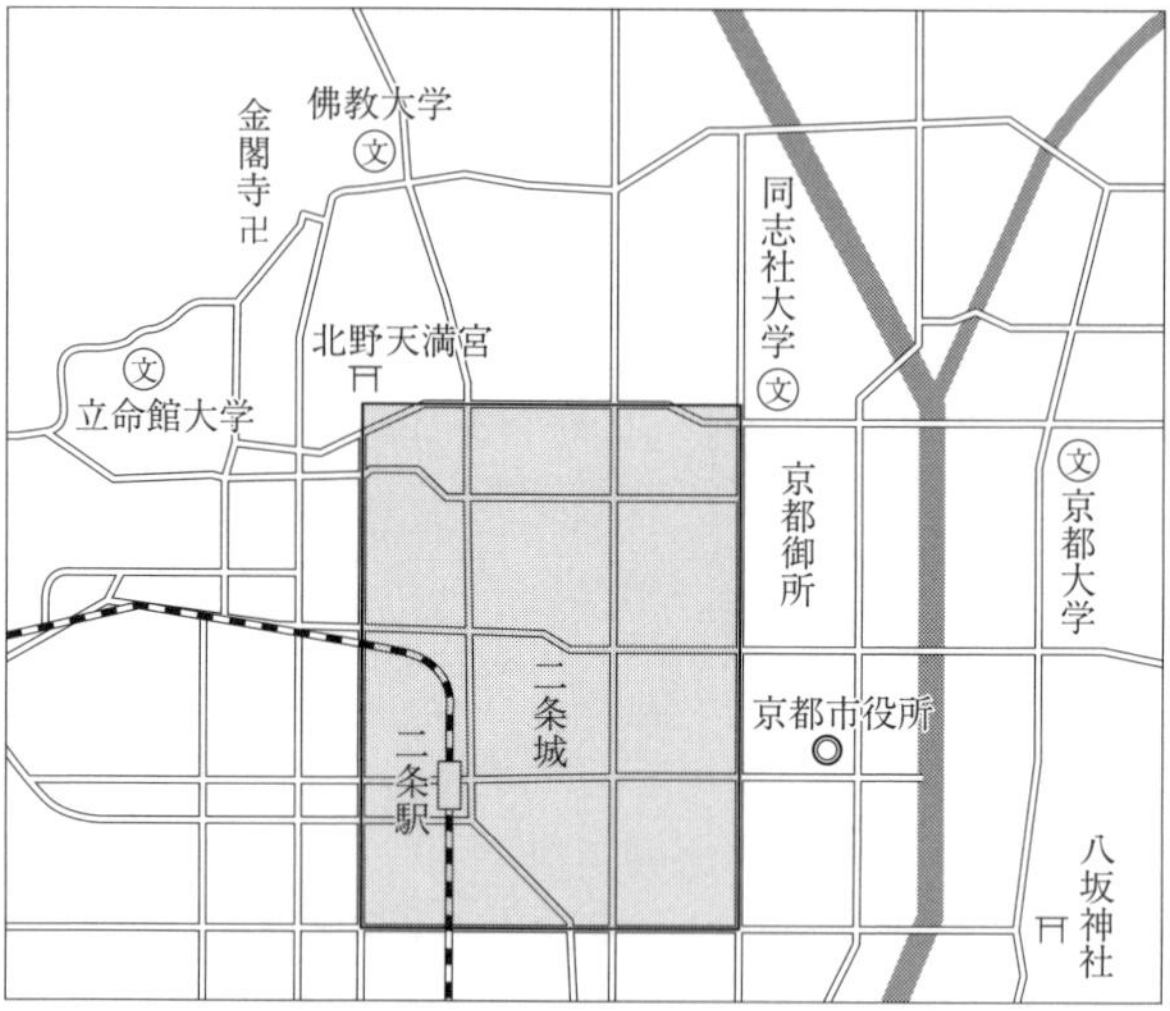

図1－6　鄭州商城の大きさ（現在の京都市内との比較）

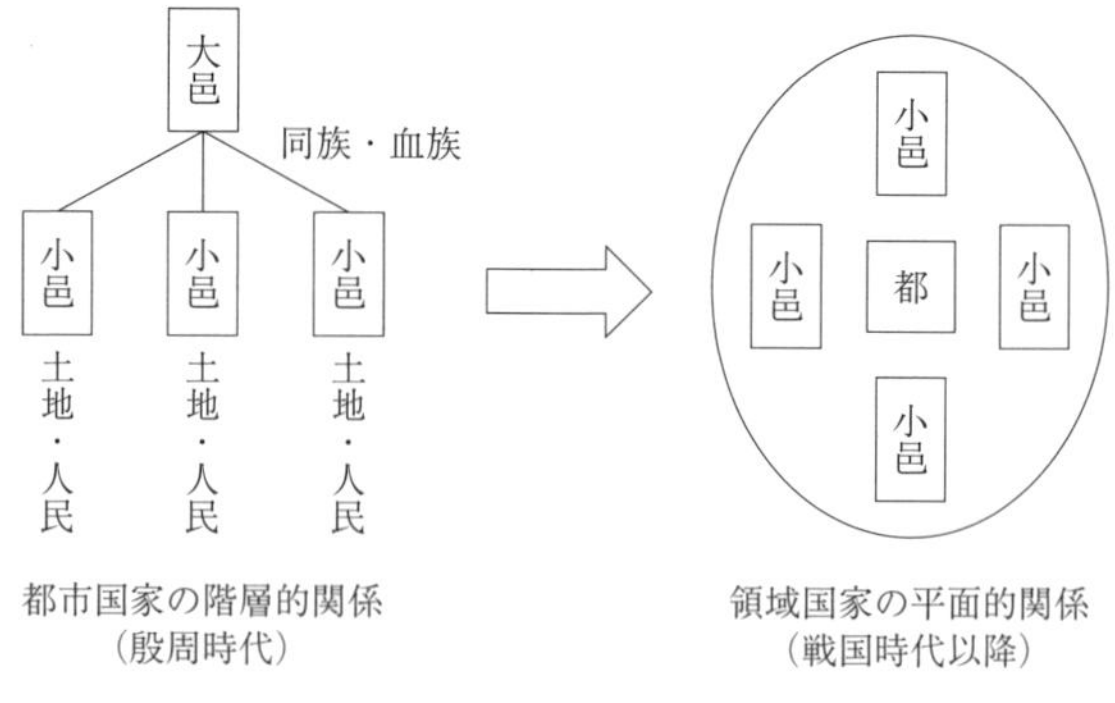

図1－7　殷周時代の都市国家のイメージ
出所：筆者作成。

参加と貢物の納付を義務付けました。代わりに、諸侯はその治める土地と人民の統治を許される、という形式を取ります。また支配関係は王と諸侯本人（およびその家臣団）との間でしか成立せず、王が諸侯の人民に口出しする（税を納めろとか、戦争に参加しろとか）ことはできませんでした。これが封建制度です。図1－7の左側を参考にしてイメージしてください。なお右側は、近代国家のイメージに近いです。

また周は、自らの正当性を保障するために、「天」の観念を生み出し、「天」のもとを「天下」、天下を支配する者を「天子」と呼びました。天命に従って殷を滅ぼしたというのも、周が正しいことを主張するための方便でした。

以上のように、殷周時代は氏族が社会の基盤となって都市を形成し、その氏族間の強弱で支配体制が形成されていました。また地球規模での寒冷化により殷王朝は衰退し、代わって周王朝が誕生しました。こうした気候という人間ではいかんともしがたい要素が、天を怒らせ、天命が移ったとの考えを生み、その原因を貴重な食料を贅沢に消費した紂王の悪政に求め、その象徴として語られたのが酒池肉林だったのです。

参考文献

貝塚茂樹・伊藤道治『古代中国――原始・殷周・春秋戦国』（講談社学術文庫、二〇〇〇年）

原宗子『環境から解く古代中国』（大修館書店、二〇〇九年）

平勢隆郎『中国の歴史２　都市国家から中華へ　殷周春秋戦国』（講談社、二〇〇五年）

渡辺信一郎『中華の成立――唐代まで』（岩波新書、二〇一九年）

▼人物略伝１

桀王（けつおう）〈夏〉：生没年不詳　夏王朝最後の王。諸侯に見限られて離反を招き、湯王によって滅ぼされた。殷の紂王とあわせて「桀紂」と称され、暴君の代表格とされる。

成湯大乙（せいとうたいいつ）〈湯王〉〈殷〉：生没年不詳　殷王朝の建国者。伊尹を任用して力をつけ、夏を滅ぼして殷を建てた。

盤庚（ばんこう）〈殷〉：生没年不詳　殷の王で湯の九代孫。当時商では河北に都を置き、内乱が多発して、政治も腐敗し、国力は衰退していた。盤庚は湯の故郷に戻り善政をしいたので、再び盛んとなった。

紂王（ちゅうおう）〈帝紂〉〈殷〉：生没年不詳　殷の最後

の王で、才知・力にすぐれ、猛獣と格闘したりした。酒色にふけり妲己を愛し、酒池肉林をつくるなど悪行が多く、周の武王に討たれて自焚したという。

妲己（だっき）：生没年不詳　殷紂王の寵妃。姓は己で、有蘇氏の娘。紂王が有蘇氏を攻めたおり、有蘇氏は妲己を献上した。紂王は妲己の言うことはみな聞いたが、紂王とともに殺された。

文王（ぶんおう）（西周）：生没年不詳　姓は姫、名は昌。周王朝の基礎を築く。農業に努め、賢者を敬い、太公望呂尚など多数の人物が文王のもとに集った。周囲の蛮族を征服し、陝西地方を治め、虞・芮二国の争いを解決して周に帰属させ、勢力をのばした。岐山から豊京（陝西省西安市付近）に都を移した。武王が天下をとる基礎を築き、後世の儒家の理想的天子とされる。

武王（ぶおう）（西周）：生没年不詳　周王朝を建てた王で文王の子、名は発。父の遺志を継ぎ四川・雲南の蛮族を従えて、殷を牧野の戦いで破り、周の天下統一が達せられた。鎬京（陝西省西安市付近）に都し、一族・功臣を各地に封じた。中国封建制度の始まりとされる。

周公旦（しゅうこうたん）：生没年不詳　周初の名臣。周武王の弟で、名は旦。はじめ周（陝西省岐山県）に土地を与えられたので周公といった。武王を助けて殷を滅ぼし、武王の死後は召公とともに成王を助け、管叔・蔡叔の乱を平定し、東夷を征伐した。また洛陽の地に成周を建設し、中原支配の根拠地とした。周公は孔子など儒家から聖人として尊敬され、儒教の礼は周公によると言われる。

召公（しょうこう）：生没年不詳　武王の弟で名は奭、召の君。武王が殷を滅ぼしたのち、北燕（河北）の召に封ぜられたが、周公とともに成王を助け、陝（河南）以西は召公、以東は周公が分治した。

成王（せいおう）（西周）：生没年不詳　周第二代の王で、名は誦。武王が周王朝を開いて間もなく死ぬと、幼くして成王が即位した。周公旦が摂政となりその政治を助け、東方に親征し、洛水流域に第二の都、成周を建設して、周王朝の中原支配の基礎を確立した。

厲王（れいおう）（西周）：？〜前八二八　周第十代の王で、暴君として知られる。悪政を行って民衆の反乱を招き逃亡すると、周定公と召穆公の共和の政が行われたという。

宣王（せんおう）（西周）：？〜前七八二　周第十一代の王で、厲王の子。前八二八年に厲王が死去すると、王となり周定公と召穆公の補佐を得て中興と称されたが、度重なる戦争によって周衰退の原因をなした。

幽王（ゆうおう）（西周）：前七九五〜前七七一　周第十

二代の王で、西周最後の王。宣王の子。褒姒を寵愛したことで人々の恨みを買い、また申后と太子宜臼を廃したことで、申后の父申侯が怒って犬戎とともに攻め殺された。

申侯（しんこう）：生没年不詳　申后の父。申（現在の陝西省宝鶏市眉県）の諸侯。娘の申后と孫の宜臼が廃されたので、怒って犬戎を招き入れて幽王を攻め滅ぼした。

褒姒（ほうじ）：生没年不詳　周幽王の寵妃。褒国の人で、周幽王三年（前七七九）に周に献上された。幽王は寵愛し、后に立てられたが、申侯が犬戎と連合して幽王を攻め、褒姒は捕えられた。

平王（へいおう）（東周）：？〜前七二〇　周幽王の子で、名は宜臼。母は申侯の娘。在位前七七〇〜前七二〇。はじめ太子であったが、幽王が褒姒を寵愛すると、太子を廃された。怒った申侯は犬戎とともに幽王を攻め殺した。王位に就いた平王は洛邑（河南省洛陽）に遷都し、以後東周と呼ばれた。

西施（せいし）：生没年不詳　春秋時代越の美人。諸曁（浙江省）の薪売りの娘で、美人で評判が高かった。越王勾践は呉王夫差に美人を献じて女色に迷わせようとし、范蠡は西施に諸芸を教えて呉王に献じた。夫差は溺愛して政治を怠り、勾践に滅ぼされた。

王懿栄（おういえい）：一八四五〜一九〇〇　清末の政治家で学者、字は正孺、山東省福山（烟台市）の人。光緒六年（一八八〇）の進士。国子監祭酒等を歴任し、義和団事変では、北京で連合軍を迎え撃ったが敗れた。西太后・光緒帝が北京から逃亡すると、毒を仰いで井戸に身を投げて死んだ。金石・甲骨の収集家として知られる。

▼史籍解題１

『史記』（しき）　前漢の司馬遷の撰。一三〇巻。中国最初の通史。父司馬談の遺志を継いで完成した。中国における正史のはじめで、本紀（歴朝）一二巻・表（年表）一〇巻・書（諸制度）八巻・世家（諸侯）三〇巻・列伝（重要人物）七〇巻による体裁は紀伝体と呼ばれ、以後の正史の標準となった。

第2章　「羹に懲りて韲を吹く」――中国史上初の南北対立：春秋戦国時代

屈原が見た夢のお告げ

春秋戦国時代を考えるにあたって取り上げた故事成語は、「羹に懲りて韲を吹く」です。さてみなさん、これを読むことができるでしょうか。最初の「羹」は「あつもの」と読み、「韲」は「なます」と読みます。つまり、「あつものにこりてなますをふく」と言います。その意味は「熱い吸い物を吸ったのに懲りて、冷たいなますを冷ましてから食べる」で、そこから転じて「臆病になる」喩えとして使われます。

この言葉の出典は『楚辞（そじ）』*という詩文集に収められている、戦国時代の政治家屈原（くつげん）がつくった「九章（きゅうしょう）」です。原文では「羹に懲りては韲を吹く、何ぞ此の志を変えざらんや」と歌われています（図2-1）。戦国時代の末に、秦国が縦横家・張儀（ちょうぎ）の策略を採用し、楚（そ）国と対峙することとなりました。そのころ楚の政治家であった屈原は抗秦路線を主張しますが、楚王に聞き入られませんでした。あくまでも秦と戦うことを主張した屈原は、夢の中で神から次のように告げられたのです。「熱い吸い物を吸ったのに懲りて、冷たいなますを冷ましてから食べるというが、屈原おぬしはそれくらい臆病になって用心しなければならないのに、なぜ意志を貫き通そうとするのか」と。結局、楚の都は陥落し、それを知った屈原は汨羅（べきら）という川に石を抱いて飛び込み、入水自殺しました。屈原の死を悼んだ楚の人々は、その亡骸が川の魚に食べられないように、五月五日にちまきを投げ入れたと言われます。これが端午の節句にちまきを食べる風習の起源とされています。

讒言多使君亂惑也補曰鑠書藥切鄒陽曰衆口鑠金積毀銷骨顏師古曰美金見毀衆共疑之數被燒
煉以至銷鑠初若是而逢殆殆危也言已志行忠信正直性若金石故爲讒
人所危殆懲於羹者而吹韲兮言人有歠羹而中熱心中懲忿見韲
則恐而吹之言易改移也獨已執守忠直終不可移也一無者字一云懲於熱羹者一云懲熱於羹韲一
作韲一作齏補曰懲戒也韲音賫鄭康成云凡醯醬所和細切爲韲一曰擣薑蒜辛物爲之故曰韲曰受
辛也何不變此志也何不改忠直之節隨從吹韲之志也一云何不變此之志
一本自此句至又何以爲此援並無也字欲釋階而登天兮釋置也登上也
人欲上天而釋其階知其無由登也以言我欲事君而釋忠信亦知終無以自通也補曰釋名云階梯也
孟子所謂完廩捐階是也易曰天險不可升語曰猶天之不可階而升欲釋階而登天甚言其不可也

【楚辭卷四】　六

猶有曩之態也曩鄉也言欲使已變節而從俗猶鄉者欲釋階登天之態也言
已所不能復行也猶有一作又猶補曰謂懲羹吹韲之態衆駭遽以離心兮
又何以爲此伴也伴侶也言已見衆人易移意中驚駭遂離己心獨行忠直身無
伴侶持立於世也一無衆字補曰言衆人見已所爲如此皆驚駭遑遽離心而異志也同極
而異路兮又何以爲此援也路道也言衆人同欲極志事君顧忠
佞之行異道而殊趣也援引也言忠佞之志不相援引而同也補曰援于願切接援救助也晉
申生之孝子兮一無晉字父信讒而不好好愛也申
生晉獻公太子也體性慈孝獻公娶後妻驪姬生子奚齊立爲太子因誤申生使祭其母於曲沃歸胙于
獻公驪姬於酒肉置鴆其中因言曰胙從外來不可信乃以酒賜小臣以肉食犬皆斃姬乃泣曰賊由太

図２－１　「羹に懲りて韲を吹く」を記した屈原「九章」（『楚辞』）
右から３行目に「羹に懲りて韲を吹く」、６行目に「何ぞ此の志を変えざらんや」とある。

＊『楚辞』は、前漢末期の学者である劉向（りゅうきょう）が、戦国時代の楚の地方に伝わる詩文を収集した書物。屈原作の『離騒（りそう）』などが有名。

さて、「羹」とは何かというと、肉や、せり・にら・ダイコン・春菊・ジュンサイ等の野菜を混ぜて煮た吸い物のことです。また「韲」とは、肉や魚、野菜を小

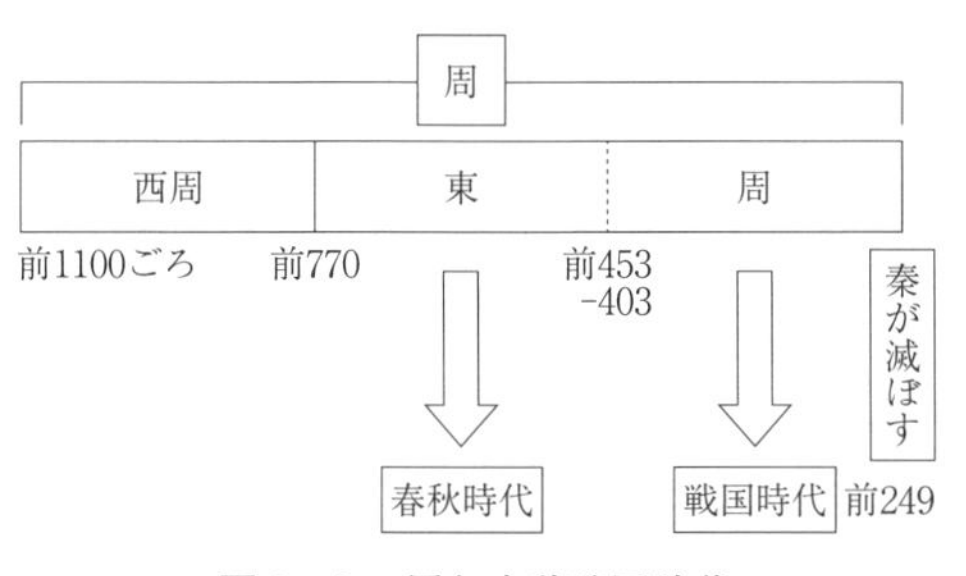

図２－２　周と春秋戦国時代
出所：筆者作成。

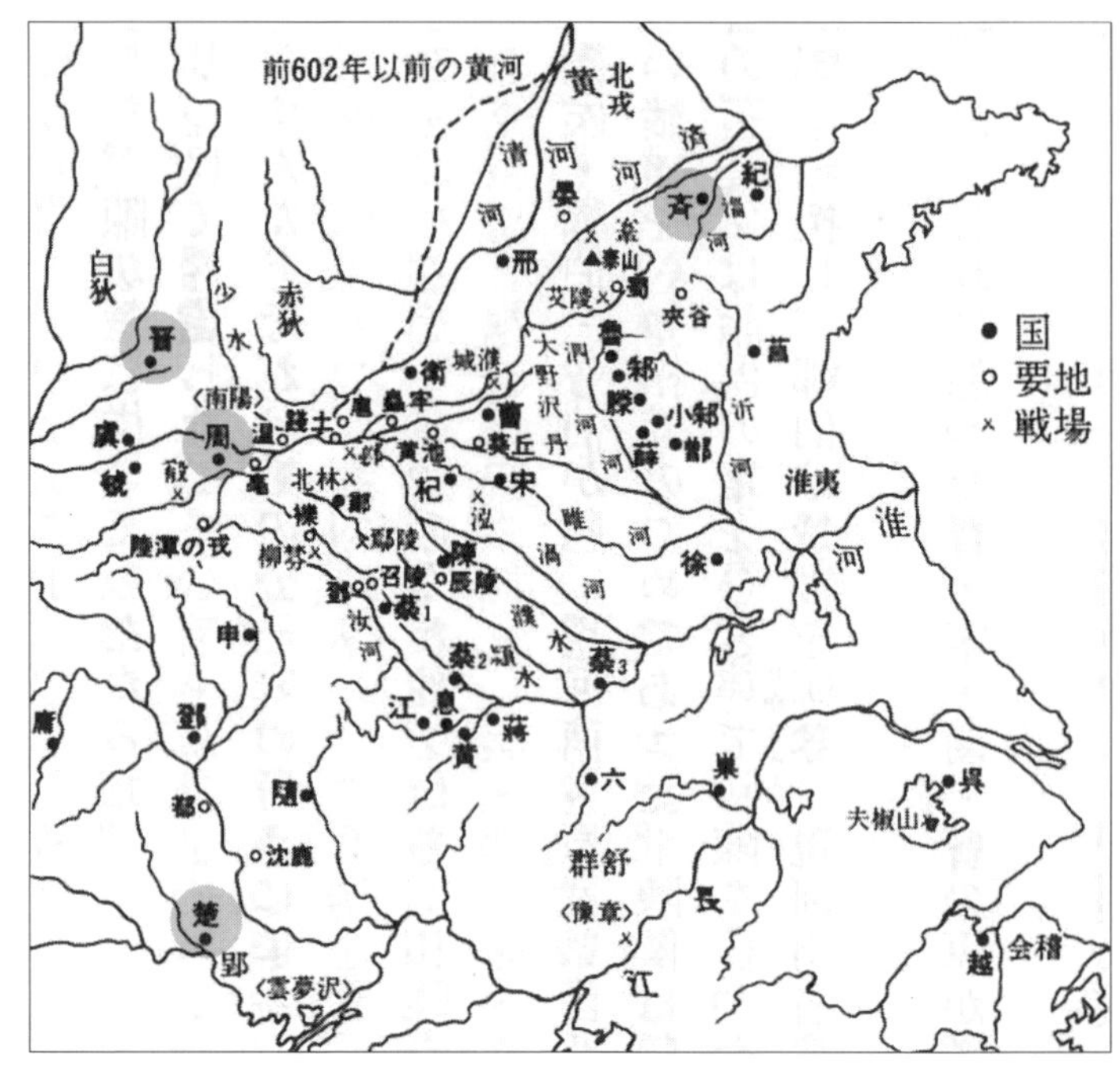

図2－3　春秋時代

出所：貝塚茂樹・伊藤道治『古代中国』（講談社学術文庫、2000年）317頁、に加筆。

間切りにして酢に漬けた料理です。これが肉の場合は「膾」、魚の場合は「鱠」と記します。

では、戦国時代の楚の国で作られた詩（「九章」）に登場する「羹」や「韲」から何が見えてくるでしょうか。次に、春秋戦国時代のあらましを説明します。

春秋時代

第1章でも述べましたように、西周時代最後の王、幽王が美女の褒姒にうつつを抜かすと、諸侯は反乱を起こしました。申侯率いる反乱軍によって幽王は殺され、その子であった平王が王の座に就き、洛邑へと都を移しました（紀元前七七〇年）。これ以後の周を東周と呼びます（図2－2）。

春秋時代の名前の由来は、儒家の祖である孔子の作とされる、魯国の歴史を記した『春秋』という歴史書から来ています。この時代は、周王の権威が失墜し、諸侯たちの力が強大となっていました。力の弱まった周王室を補佐するために、なかでも力の強い諸侯がリーダーとなって諸侯たちと会盟しました。そのリーダーが覇者と呼ばれます。時には覇者が周王を凌駕することもありましたが、あくまで覇者は周王室を中心とする封建制度を維持する存在でした。覇者は会盟を通じて、諸侯に対し周王室を補佐して戦争を停止することを約束させました。覇者としては、斉の桓公や晋の文公などが有名です。

そして覇者は、当時蛮族視されながらも、台頭しつつあった南の楚国と対立しました。覇者の率いる北の周と、南の楚国との対立は、中国史上初の「南北対立」（アワ栽培の畑作文明vsイネ栽培の水田作文明）かもしれません。長江中下流域に興った楚や呉・越は周王に対抗して王を名乗り、たえず北を脅かしていたのです。

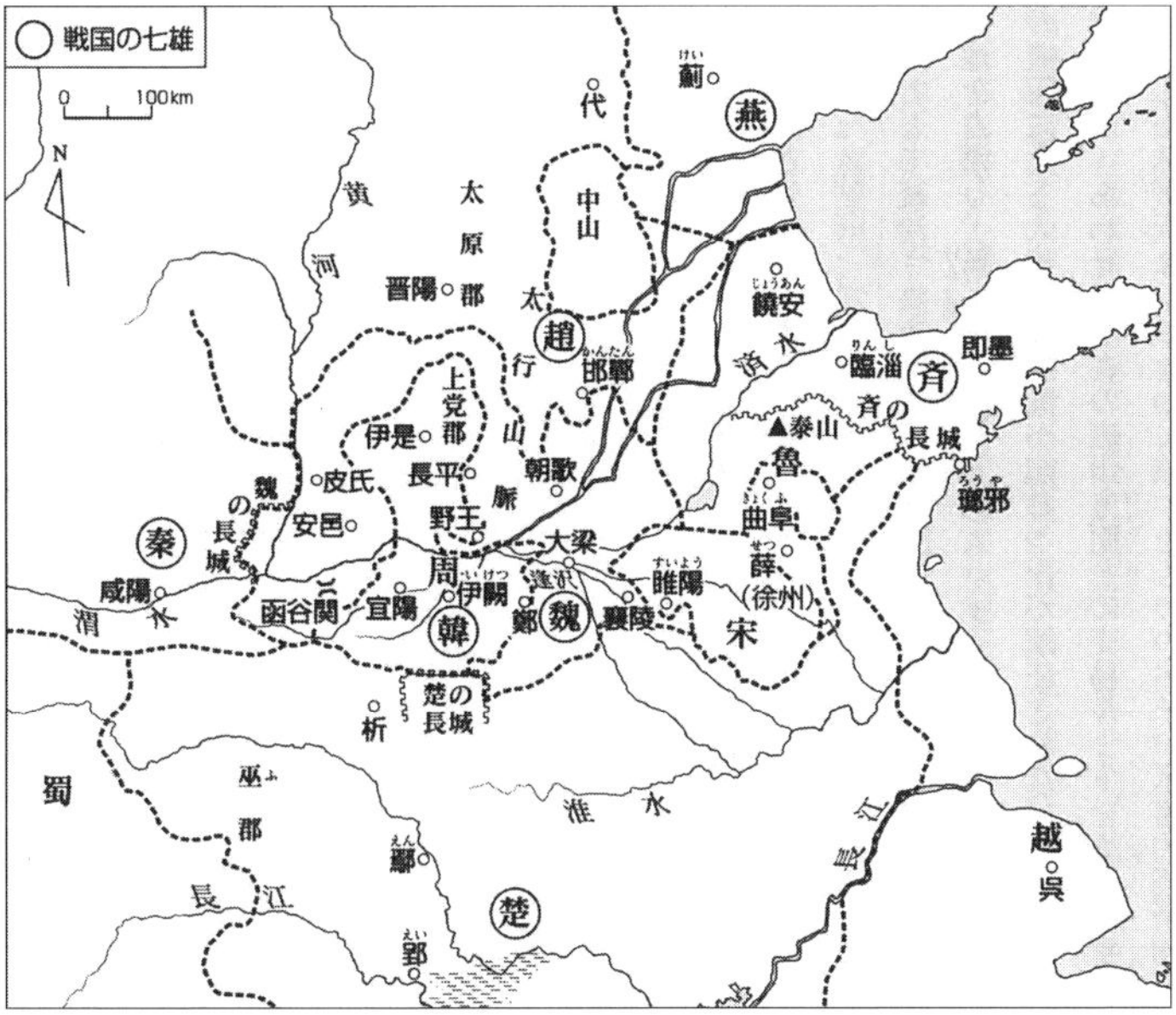

図２－４　戦国時代

出所：『中国史１　先史～後漢』（山川出版社、2003年）287頁。

図２－３では周、覇者を出した斉と晋、そして楚を示しています。また黒い「・」が当時の諸侯の国々です。諸侯たちによる度重なる戦争は、大小様々な国々を淘汰してゆくこととなり、実力がものを言う時代へとなっていきました。

やがて大きく七つの国へと統合されていきます。戦国時代の幕開けです。その名の由来は、この時代を扱った『戦国策』という史籍から来ています。

戦国時代

戦国時代の始まりは、諸侯のひとつ晋国の家臣であった韓・魏・趙氏が政敵を倒して実権を握った紀元前四五

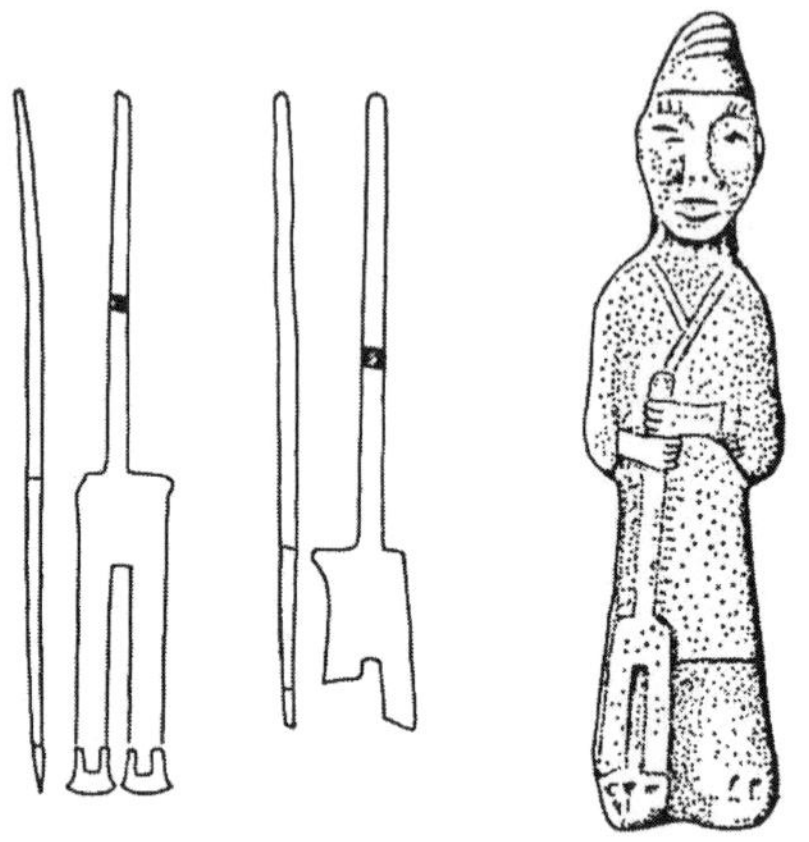

（A）紀南城出土耒　（B）張湾出土持耒俑

1）1号耒耜　2）2号耒耜　0 1 2 3 4 5センチメートル

図2－5　戦国農具図

出所：渡辺信一郎『中華の成立』（岩波新書、2019年）51頁。

三年とする説と、その三氏が諸侯として正式に認められた紀元前四〇三年とする説があります。いずれにしても、家臣であった者が下剋上をするようになっていく時期でした。また春秋時代は戦争の主体が馬を用いた戦車で、多くても数万人程度の規模でしたが、戦国時代には歩兵がメインとなった結果、数十万単位での戦争が起こることとなり、激化の一途を辿りました。そうして、この時代は周王室の権威が完全に消失し、「戦国の七雄」と呼ばれた秦・楚・斉・燕（えん）・韓・魏・趙国が周囲の諸侯国を併呑していき、いわゆる「領土国家」という、領土を面として支配する国づくりを始めます（図1－7参照）。

また戦国時代後半には、国々のリーダーが王を称し始めました（図2－4）。その中で後進国とされていた秦国の王となった嬴政（えいせい）がわずか一〇年で他の六国を滅ぼし、中国初の統一王朝「秦帝国」をうち立てます（秦については第3章参照）。

氏族の解体　この春秋戦国時代には、中国の歴史にとって、とても重要な変化が起こりました。およそ五〇〇年もの間に、大規模化しながら度重なって行われた戦争は、既存の社会秩序を崩壊させ、なかでもそれまで中国社会の基盤であった氏族（分かりやすく言うと大家族）を解体させました。

この氏族の解体には、当時の農耕技術の向上も影響しています。木製のスキの先に鉄具をつけることで、土地を深く掘り下げることができるようになり、またクワの開発で除草作業が楽にできるようになりました（図

２-５)。そのため、地力を失った土地を放棄して移住する必要もなくなり、切り替え畑をせずに毎年同じ土地を耕していけるようになりました。こうした農具の開発によって、大人数の共業を必要とした農作業が、父・母・子（モデルは五人家族）で構成される小家族（小経営農民）でまかなえるようになったのです。そうすると、大家族で生活する必要もなくなってきました。こうした小家族は先述した歩兵の担い手でもありました。

氏族解体という歴史的出来事は、同時に「家族」の概念をも転換させました。それまでの中国の氏族制では「父」とは、実際に血縁のある父だけでなく、その父の兄弟といった世代の男性すべてを指していましたが、氏族が解体されたことによって、もう一度「父」とは誰かを規定する必要が出てきました。そこに登場するのが、いま一度家族の概念を規定し直した春秋時代末の思想家、孔子です。孔子の教えは「仁」（他者への愛）に代表されますが、その「仁」の根本に、実の親を大事にする「孝」や実の兄を大事にする「悌」を提唱します。これらの思想は、ばらばらとなった氏族の中から、小家族が生み出されつつある社会の中で、家族を捉え直すものとして広く受け入れられていきました。なお、この時代には、儒家思想だけでなく、老荘思想（道家）や、法家・墨家・兵家・陰陽家・縦横家など（諸子百家という）、のちの中国思想の源流が生み出されました。

この氏族解体は、その後の中国史を特徴づける決定的な出来事でした。その詳しくは第3章でも触れますが、これにより中華帝国が誕生することになります。五〇〇年にわたる春秋戦国時代の戦争状態は、二〇〇〇年に及ぶ帝国成立の揺籃（ゆりかご）でありました。

南と北の食文化

最後に、スープと酢の物の話に戻りましょう。「羹に～」の舞台となった楚の地は、序章でもお話しました長江文明の興った稲作発祥の地でした。稲作は、もともと湖沼や川縁に自生していた植物であるイネを栽培化することで始まりました。そのため、稲作は水辺での漁撈と同時に行われることも多く、コメ食と川魚・野菜などの酢の物（「鱠」や「齏」）、またはスープ（「羹」）で食事をとっていました。コメは非常に栄養価が高いので、動物性タンパク質の摂取の必要性が低いという特徴があります。

一方で、黄河文明の興った華北の地は、アワ・キビ・ヒエ・マメなどの雑穀が主体の畑作が行われ、狩猟や牧畜と近い関係にありました。ここでは肉食の比重が高く、ブタをメインに、犬・馬・牛・羊などが食されていました。そのため、栄養価の高い肉を煮るための道具である「鼎（かなえ）」は重視され、権力の象徴とも見なされました（図2－6）。有名な「鼎の軽重（けいちょう）を問う」と

図2－6　鼎

出所：Wikimedia Commons より。

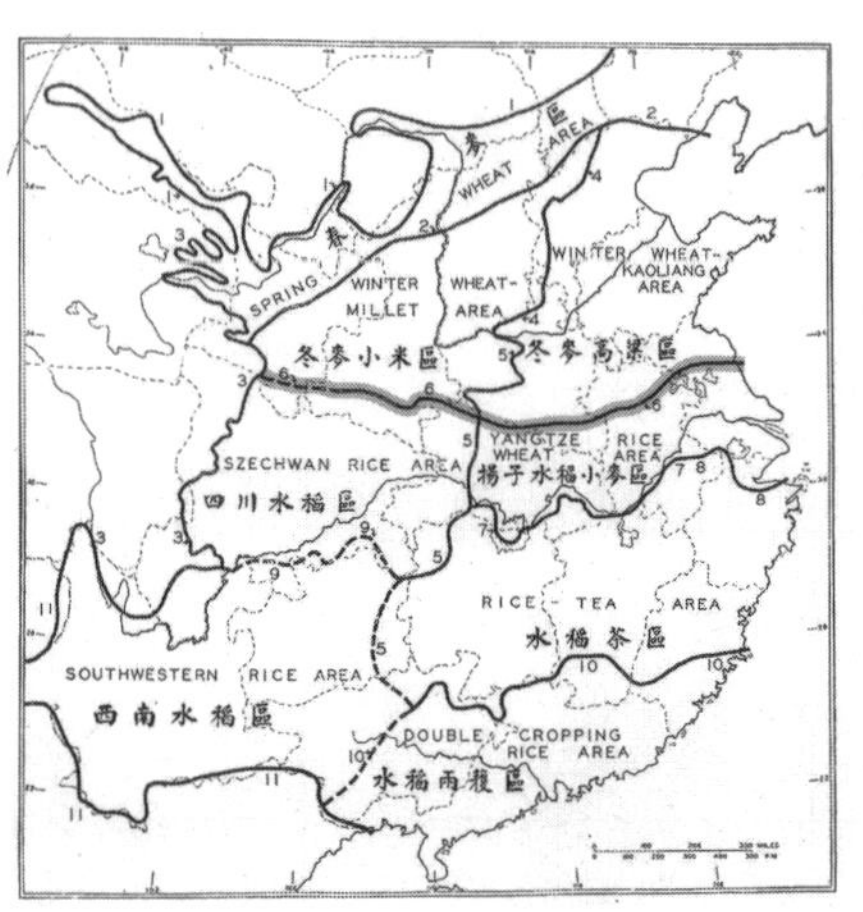

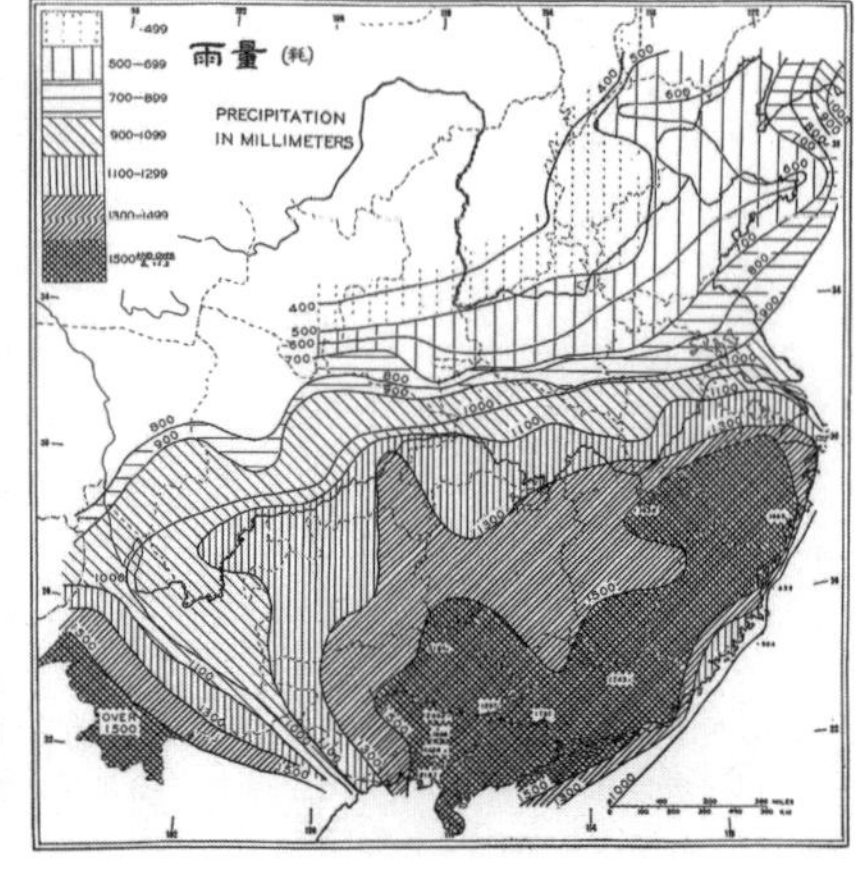

図2－7　秦嶺―淮河ライン

出所：ロッシング・バック『支那農業論・上』（生活社、1938年）57、186頁、に加筆。

中国古代の配膳

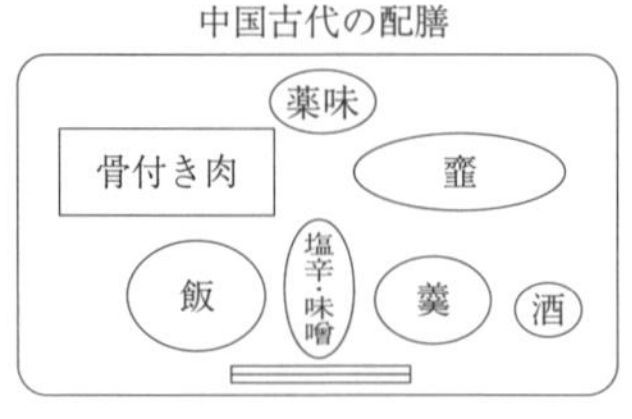

日本の配膳

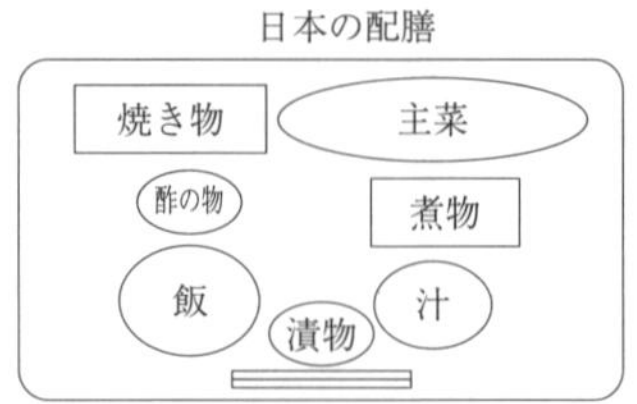

図2－8　古代中国と日本の配膳

出所：筆者作成。

いう諺（ことわざ）は、春秋時代の楚の荘王が周の権力の象徴である九鼎（きゅうてい）を持ち帰るためにその重さを問うた、という故事に由来します。

このように中国は、食文化に見られるように南北で大きく異なっていますが、それはもともとの中国大陸の自然環境の違いに基づいているのです。

図２－７の右側を見ると、黒っぽい南半分と白っぽい北半分に色分けされています。これは中国大陸の降雨量を表しており、色が濃いほど、雨が多く降ることを意味しています。つまり、中国大陸の南半分は、雨がよく降ります。そしてこの自然環境はイネの栽培に適しています。イネの生育に雨が必要なことは、日本に暮ら

コラム３　春秋時代の食事マナー

中国ではいつから箸を使って食事したのか。少なくとも、春秋時代では箸は取り分け用で、口元に運ぶのは手で行った。当時の食事のマナーを見てみると、

☟食事のマナー

・同じ食器から飯をつまむ際、手の指を擦り合わせてはいけない！
・客や目上の人と食事の際、飯を丸めて取ってはいけない！
・配膳について、飯は左側、羹は右側、その外になますやあぶり肉（骨付きは左・切り身は右）を置くこと！
・また調味料は酢・塩辛は内側、ネギなどの薬味は外側に！
・食前には手を洗い、食後には口をすすぐこと！（ただし目下は口を拭うだけでよい）

といった具合だった。またその配膳を日本のものと比べると、ほぼ同じであることが分かる（図２－８）。これは、中国の配膳マナーが日本にも伝わっていたことを示している。

また、ふつう食事は一日二回で、朝食は朝七時から九時の間、そのあとは午後三時から五時の間に摂り、朝食が主であった。

す皆さんには理解しやすいでしょう。一方で北半分はさほど雨が降りませんが、これはアワやキビ、後にはムギの栽培に適しています。

この自然環境の違いのラインは図2-7にある中央の線で示されます。秦嶺（しんれい）山脈と淮河（わいが）という川を結ぶので、秦嶺―淮河ラインと呼ばれます。このラインは、中国史における南北対立の際に（春秋戦国時代の周と楚や、南北朝時代、南宋・金の時代など）、その国境となることが多く、中国史を考えるうえでとても重要な点です。

以上のように、中国大陸における自然環境の相違は、その環境に基づく農耕生活や食文化の相違にも繋がり、またその歴史にも深く影響しているのでした。

参考文献

飯尾秀幸『中国史のなかの家族』（山川出版社〔世界史リブレット〕、二〇〇八年）
張競『中華料理の文化史』（ちくま新書、一九九七年）

▼人物略伝2

桓公（かんこう）：？～前六四三　春秋時代斉の君主。姓は姜、名は小白。在位前六八五～前六四三。五覇の一人。兄襄公が殺されたのち、異母兄の糾と争って斉侯となった。管仲を任用して富国強兵を進め、北狄や南の楚の侵入を阻止し、桓公三五年（前六五一）、諸侯を葵丘に会して同盟の保護者である覇者となった。

文公（ぶんこう）：前六九七～前六二八　春秋時代晋の君主。献公の子、名は重耳。在位前六五〇～前六二七。継位をめぐって内乱が続いたので、一九年間諸国を転々とし、秦穆公の助力を得て、晋に帰り位に就いた。周の内乱を静め、襄王を復位させ、天下に号令する名を得た。城濮の戦いで楚を破り、践土（河南省滎陽市東北）で諸侯に会し、覇業を成した（前六三二年）。春秋五覇の一人。

屈原（くつげん）：前三四三？～前二七八？　戦国時代の楚の忠臣で詩人。博学で古今の政治に詳しかったが、懐王のとき讒言により退けられ、その子の頃襄王のとき都を追放され、汨羅に身を投げて死した。離騒・九章などの作品が『楚辞』に収められている。

張儀（ちょうぎ）：？～前三一〇？　戦国時代の縦横家。魏の人。もと趙に仕えたが後に秦恵王の相となり、六国の王に秦との連衡策を説いて蘇秦の合従策を破った。のち連衡策も敗れて失脚し、魏に逃れて死した。

孔子（こうし）：前五五一～前四七九　春秋時代末の魯の思想家で、儒家の始祖。名は丘、字は仲尼。周公旦を理想の人物として敬慕し、五四歳で魯の司寇となるも国政改革に失敗、各地を放浪したのち、弟子の教育と古典の整理に専念した。混乱した社会秩序（礼）の回復を求め、そのための個人の社会的道徳（仁）の修養を説いた。その言行は弟子によって『論語』にまとめられた。

▼史籍解題２

『春秋』（しゅんじゅう）　孔子の作とされる。五経の一つ。魯の隠公元年（前七二二）から哀公一四年（前四八一）までの二四二年の歴史を編年体で記されている。魯国と諸侯の外交や戦争などを簡略に述べている。そのための解釈として『左氏伝』『公羊伝』『穀梁伝』の三伝がある。

『戦国策』（せんごくさく）　戦国時代の縦横家・遊説の士の策謀を諸国別に収録した書。作者は不明で、前漢末の劉向が諸書より編集した。

『楚辞』（そじ）　前漢末の劉向の編。一六巻。戦国から秦漢時代の楚文学の詩賦集。戦国時代楚の政治家屈原の作品を中心に諸賦を集めたもので、神話・民俗資料を多分に含んでいる。

第3章　「王侯将相寧んぞ種有らんや」――中華帝国の誕生：秦時代

陳勝の檄

秦の時代と言えば、最近では漫画『キングダム』（原泰久）を読んだ方も多いのではないでしょうか。秦王の嬴政が中国史上初の天下統一を成し遂げる行程を描いていて、史実に随いつつ虚構も交えてあり、読み応えがあります。ただ本書では、もちろん史実のみ取り上げます。

ここで取り上げた成句は、秦王朝が滅びる際に、これまた中国史上初の農民反乱である陳勝・呉広の乱が勃発するときの標語です。第1章でも引用しました『史記』の巻四八にある陳勝の伝記によると、農民であった陳勝が一念発起して反乱を起こし、「王侯将相寧んぞ種有らんや」（王侯や将軍・宰相には血筋などない！実力次第で誰でも偉くなれるのだ！）と声を上げました。この言葉を発した陳勝は農民なのに、なぜ決起することになったのでしょうか。

ここでは、秦の歴史について、天下を統一する以前と以後に分けて見ていきましょう。

天下統一以前

中国大陸の政治的・文化的中心を中原（東周の都である洛邑を中心とする地域）と言いますが、その中原より西にはずれた田舎者の国家であった秦が、どうして強国となっていったのでしょうか。それは、戦国時代の秦国の政治家であった商鞅という人物の政治改革がきわめて重要でした。商鞅は紀元前四世紀に、秦の孝公に仕え、二回にわたって果断に改革を進めました。商鞅の改革は多岐に及びますが、ここでは、強国となるのに決定的であった二つの制度改革を見てみましょう。

分異の法

まずは分異（ぶんい）の法と呼ばれるものです。これは、家族のうちに二人以上の成人男性がいる場合、分家しなければ税を倍額にする、というものでした。つまり、大家族ではなく小家族を推奨したのです。第2章でも見ましたが、当時は氏族解体が進み、小家族化が中国社会で進行していました。こうした社会の流れを、商鞅は革新的に制度として認めたのです。そして、細かく分裂した家族を「戸籍」に登録しました。戸籍は今の日本でも行われている制度ですが、それが紀元前四世紀の中国で始められたのです。この戸籍に登録された家族を「戸（こ）」と言います。そしてこの戸を五戸ないし一〇戸の組に分け、犯罪を犯さぬように相互に監視させました。これを什伍（じゅうご）の制と言います。

この社会変化の流れに沿った分異の法によって、秦国では「戸」として戸籍に登録され、この戸籍に基づいて納税や軍役が課されることになりました。こうして一定数の兵卒を確保することができ、軍事力の強化へと繋がっていきました。

郡県制

もう一つの重要な改革は郡県制（ぐんけんせい）の施行です。これは「戸」を統括・管理するために、支配領域に県（現在の日本の市町村のような感じ）を設置し、その上にいくつかの県をまとめて郡（都道府県のような感じ）を置きました。郡の設置は、秦国の国境地帯から始まっていきましたが、やがて全土に付置されるようになります。この郡と県には、中央政府より官吏が派遣され、様々な業務にあたっていました。官吏は、言わば秦王（後には秦皇帝）の代理者として「戸」の管理——つまりは直接的な支配を行っていたのです。こうした支配のあり方は、それまでの春秋戦国時代のそれとは大きく異なる点です。

図3-1にあるように、左側がこれまで見てきた殷周時代の国家の形です。王は、都市を拠点とする諸侯との支配関係を持っていましたが、その諸侯に属する氏族などへは命令を下すことができませんでした。戦争をするのも、諸侯に命じて、諸侯が所属の兵を出していました。これを封建制度と言ってましたね。一方右側の秦の国家のあり方は、王が直接的に「戸」に対して、納税や軍役を命令することができ、その手続きを郡県の

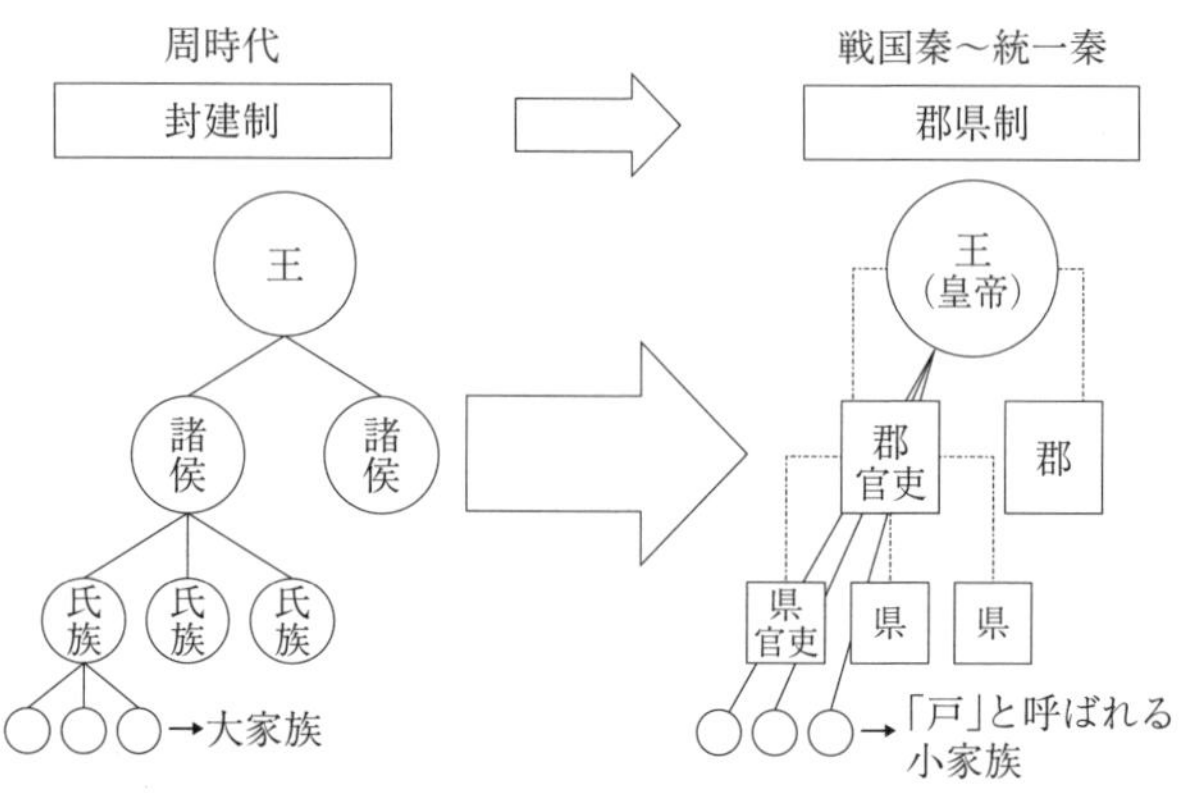

図3－1　商鞅の変法（郡県制と分異の法）
王（皇帝）は、郡県の官吏を通じて家族（戸）を直接的に支配する。
出所：筆者作成。

官吏が行うというものでした。これは、後の近代国家の統治のあり方とよく似ており、というよりその先駆けであり、フランシス・フクヤマというアメリカの歴史学者は歴史上、「国家」の成立は中国の秦だと主張しています。こうした国家のありようは、日本で見ると明治期以降の近代まで待たねばならず、中国の先進性が窺われます。

天下統一

商鞅の改革によって強国となっていった秦は、後に登場した稀代の英雄である秦王嬴政によって、天下統一が果たされていきます。紀元前二三〇年に韓を滅ぼしたのを皮切りに、前二二八年に趙、前二二五年に魏、前二二三年に楚、前二二二年に燕、そして前二二一年に斉を滅ぼして、天下を統一しました。わずか一〇年ほどで六国が滅びたのです。そして秦王嬴政は、秦の始皇帝として天下に君臨することになりました。

紀元前二二一年に天下統一を果たした嬴政は、まず自らの称号を改めました。これまでの「王」を超える称号として、伝説の君主である三皇五帝*（あるいは皇天上帝）から「皇」「帝」を取り出し「皇帝」を定め、その初代であるとして「始」皇帝と称しました。ここに二〇世紀初めまで存在し続けた皇帝の治める中華帝国が誕生しました。始皇帝は李斯を宰相に任じ、次々と統一事業を進めていきました。支配する中国大陸全体に郡県制を施行し、三六（後に四八）の郡を置きました。また六国で不統一であった漢字の書体を篆書（李斯の定めた小篆）に統一して政治をスムーズにし、半両銭を鋳造して

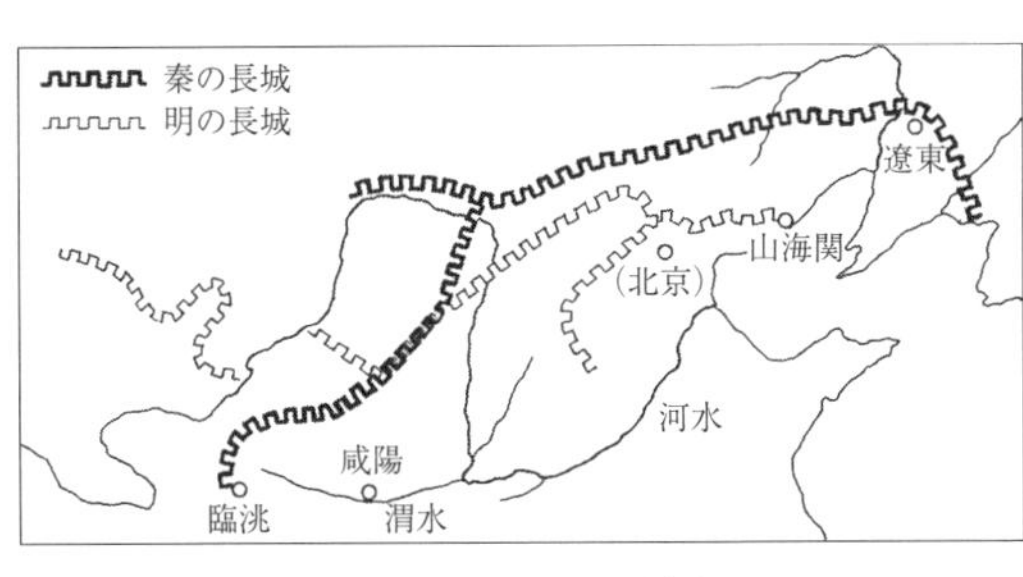

図３－３　万里の長城

出所：西嶋定生『秦漢帝国』（講談社学術文庫、1997年）60頁。

図３－２　兵馬俑

出所：筆者撮影。

貨幣の統一も目指しました（実際には統一できませんでした）。また統一して税を量るために、度量衡（長さ・容積・重さ）も統一します。全国での移動をしやすくするために、車の軌道も統一させました。

＊三皇五帝には、いろんな数え方があるが、三皇として天皇・地皇・泰皇、五帝として黄帝・顓頊・嚳・堯・舜を挙げるのが一般的である。

博士であった淳于越が郡県制を批判し、理想とされた周代の封建制度を主張したことがきっかけで、復古主義的な儒者の体制批判を弾圧するとして、民間での儒家や諸子の書物を焼き払うこととしました。そして都であった咸陽の儒者をはじめとする諸生四六〇人あまりを穴埋めにしました。これらは後に「焚書坑儒」と呼ばれます。ただしすべての書物が焼かれたわけではなく、宮廷の書籍や、民間の医学・占い・農事に関するものは難無きを得ました。

このような統一事業にあわせて、皇帝権力を確立するために大規模な土木工事も行いました。始皇帝は即位してすぐに、驪山にその陵墓造営を開始します。その驪山陵を守るために地下に造られたのが兵馬俑です（図3－2）。現在発見されている八〇〇〇体を見ても、その偉大さが窺われます。いずれも同じ顔のものはなく、色が塗られていました。

また強大な権力の象徴として、阿房宮という宮殿の造営に取り掛かります。その前殿は東西六〇〇～八〇〇メートル、南北一一三～一五〇メートルという巨大さで、一万人が座ることができたと言います。ですが、完成

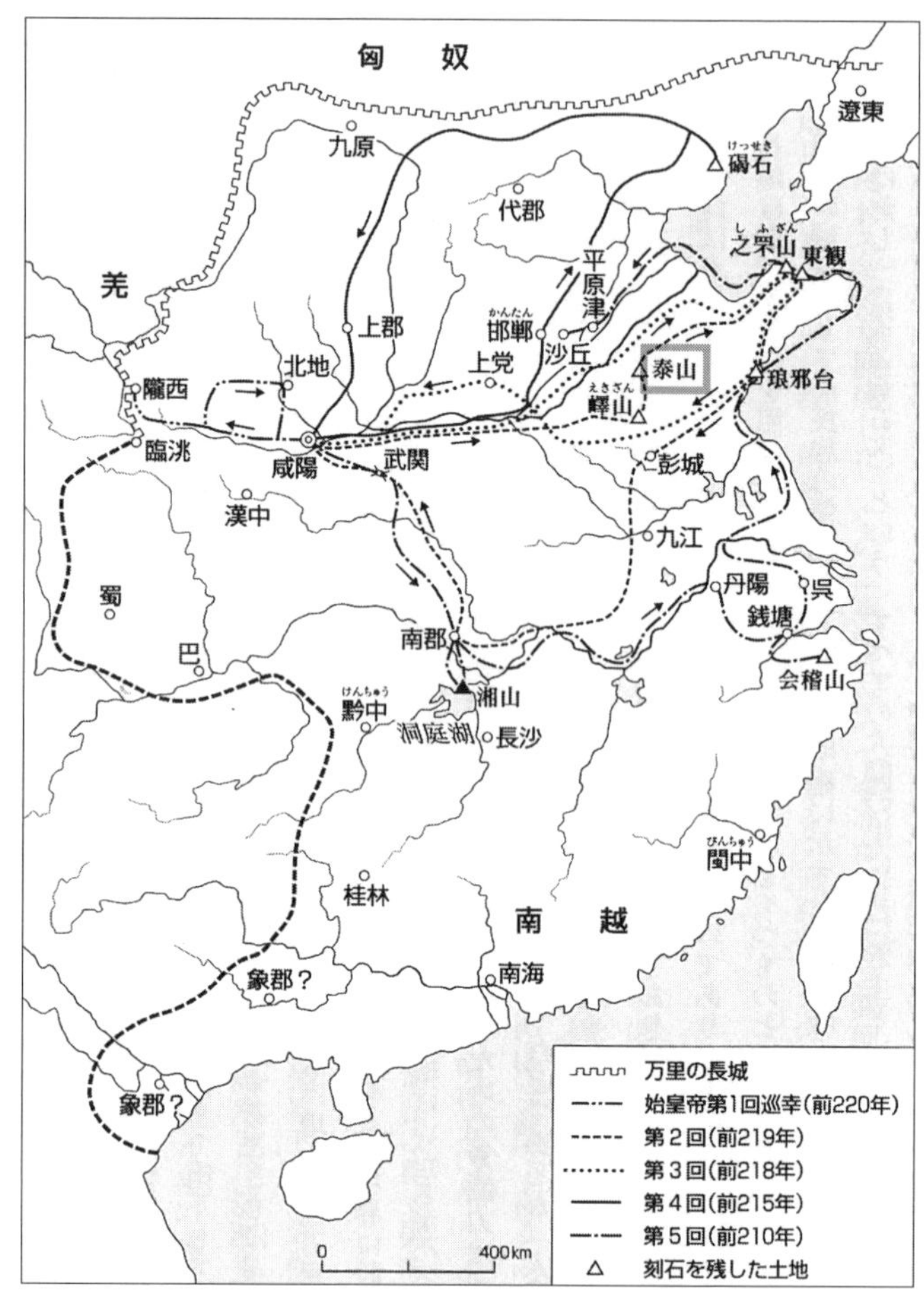

図3－4　秦の領域と始皇帝巡幸図

出所：『中国史1　先史～後漢』（山川出版社、2003年）343頁、に加筆。

することなく秦は滅びました。兵馬俑と阿房宮の造営に七〇万人あまりが動員されたと言われます。北方遊牧民との国境付近には、有名な万里の長城を建設し（図3－3）、これには毎年数十万人が動員されました。ちなみに現在の万里の長城は明代のもので、また場所も異なります。

このような統一事業を進めながら、始皇帝は全国へのパレードも実施します（図3－4）。この地方巡幸は、統一した翌年より始められ、一〇年間のうちに五回にわたり行われました。その向かった先は旧六国の地であり、そこでは新たな支配者である始皇帝という存在を社会に認知させました。また中国大陸の地の果てまで赴き、支配する領域を確認しました。

このパレードの途中、始皇帝は泰山（たいざん）という霊峰で封禅（ほうぜん）の儀式を行っています。これは泰山山頂に皇帝一人で登り、天に向かって天下を統一して太平の世を実現したという、地上での業績を報告するという重要な儀式です。以後、天下泰平を実現した歴代の皇帝が踏襲しました（六人程度ですが）*。また不老不死を探求したことも有名で、徐福（じょふく）がその任にあたり、大金をせしめて蓬莱（ほうらい）を目指して東の海に消えていき、帰ってきませんでした（コラム４）。

＊前漢の武帝、後漢の光武帝、唐の高宗、周の則天武后、唐の玄宗、宋の真宗の六人。

陳勝・呉広の乱

最後の巡幸（前二一〇年）の道中、始皇帝は病気にかかり、そのままその生涯を終えました。その死は内乱を恐れた宰相李斯によって隠され、宦官趙高（ちょうこう）の謀でともに結託して、末子の

> **コラム４　始皇帝の求めた不老不死**
>
> 始皇帝が永遠の命を得ようと不老不死を求めたことは有名である。とくに斉の方士（ほうし）であった徐福に不老不死の妙薬を求めさせ、徐福は三〇〇〇人の男女を連れて東の海に旅立って帰ってこなかった。その徐福が日本に向かい、紀伊の新宮（しんぐう）に上陸したとする伝説が古くから存在した。江戸時代の『名所絵図』にも、徐福の墓とされるものが描かれている。
>
> 一方で、始皇帝は自分の陵墓の地下に宮殿を造り、兵馬俑を配置した。いずれも死後のための生活空間や防衛・政治のためである。始皇帝は長生きしたかったのではなかったか。
>
> もしかすると、始皇帝は死後の地下世界での「永遠の命」を願っていたのかもしれない。前漢の武帝は、即物的に生前での長生きを願っていたが、始皇帝は死後の世界でも長く世界を支配したかったのだろうか。

胡亥を即位させました。二世皇帝と呼ばれます。この二世皇帝の御世で、陳勝・呉広の乱が起こりました。

始皇帝の行った様々な事業は、郡県制・戸籍制を通じて多くの人民を動員しました。そのため人民の不満も大きく、それが爆発したのが陳勝・呉広の乱です。陳勝と呉広はともにもともとは貧しい農民でしたが、北方防備の兵として戸籍に基づき徴発されました。しかし、大雨のため約束の到着期日に間に合わず、処刑されると思った二人は、反乱を起こします。紀元前二〇九年のことです。その時の標語が冒頭に紹介した言葉です。その勢力は一気に拡大し、かつて戦国時代の楚の旧都でもあった陳城を陥落させ、そこを都として大楚、後に張楚と号する国を建てました。

陳勝は一時的に王となりましたが、わずか六カ月で壊滅します。ですがこの反乱によって、旧六国の勢力が各地で反乱を起こし、最終的には漢の劉邦と楚の項羽による天下の覇権争いとなりました。詳しくは第4章で見ていきます。

秦王朝は嬴政が皇帝に即位してから一五年で滅びました。またよく暴君としても悪評が立てられますが、その後の中華帝国の礎を築いた点では十分に評価に値する人物でしょう。

参考文献

鶴間和幸『中国の歴史03　ファーストエンペラーの遺産　秦漢帝国』（講談社、二〇〇四年）
渡辺信一郎『中華の成立——唐代まで』（岩波新書、二〇一九年）

▼人物略伝3

商鞅（しょうおう）：？〜前三三八　戦国時代秦の政治家。衛国の人で、公孫氏、名は鞅。はじめ魏に仕えたが用いられず、後に秦に入って孝公に仕え、富国強兵を目指して改革を断行した（商鞅変法）。その改革により秦は富強となり、功績によって商（陝西省）に封ぜられた。しかし孝公の死後、改革に反発した貴族にとらわれ、車裂きの刑に処せられた。

孝公（こうこう）：前三八一～前三三八　戦国時代秦の君主。在位前三六一～前三三八。即位当時は、中国の会盟に参加できず夷狄とされたが、国力を増すために商鞅を採用して変法を行わせた。その結果、即位一九年（前三四三）には天下に覇を唱えるまでになった。

始皇帝（しこうてい）：前二五九～前二一〇　戦国時代秦の王で、天下を統一し最初の皇帝となる。姓は嬴、名は政。父は秦の荘襄王で、母は邯鄲（河北省）の遊里の女性で、大商人呂不韋の愛人であった。政の父は呂不韋との説もある。李斯を丞相として東方諸国を平定して天下を統一した。諸制度を一新して郡県制をしき、各地を巡幸し、長城を建設した。また焚書坑儒を行い、壮大な阿房宮を建設するなどを行った結果、その死後ただちに全国的反乱が起こった。

李斯（りし）：？～前二〇八　秦の丞相。楚の上蔡（河南省上蔡県西南）の人。荀子に学んで、のち秦に入って呂不韋に仕え、秦王政が即位すると丞相となった。焚書坑儒を行い、また小篆を定めて文字を統一した。始皇帝の死後、二世皇帝胡亥を奉じたが、趙高に欺かれて殺された。

趙高（ちょうこう）：？～前二〇七　秦の始皇帝に仕えた宦官。もと趙国の人。秦始皇三七年（前二一〇）、始皇帝が死ぬと、長子の扶蘇を死に至らせ、末子胡亥を二世皇帝に擁立した。また李斯を誅して大権を握り、二世皇帝を殺して子嬰を秦王に立てたが、子嬰によって殺された。

淳于越（じゅんうえつ）：生没年不詳　もとは、戦国時代斉の博士。秦始皇三四年（前二一三）に、始皇帝は群臣を集めて宴会を催したが、皆が始皇帝を褒める中で、淳于越はいにしえに従って子弟を封建すべきだと主張した。そこで李斯は言論統制するために焚書を行った。

徐福（じょふく）：生没年不詳　徐市（じょふつ）とも。秦代の方士で、斉の人。始皇帝に、不老不死の薬を求めるために多額の資金を得て海中に派遣されたが、果たせず、帰国しなかった。後世では徐福の向かった蓬莱が日本であり、紀伊の熊野に留まったとされ、和歌山県新宮市が上陸の場所とされている。

胡亥（こがい）：前二三〇～前二〇七　始皇帝の末子で、秦の二代皇帝。在位前二一〇～前二〇七。巡幸中に始皇帝が病死すると、随行した胡亥と趙高は共謀し、自ら立って皇帝となった。阿房宮造営を継続し、暴虐な政治を行ったので、陳勝・呉広の乱を招いた。のち趙高によって自殺を迫られた。

陳勝（ちんしょう）：？～前二〇九or二〇八　呉広とともに秦末に反乱を起こした首謀者。陽城（河南省登封県東南）の人で、雇われ農夫であったが大志を抱いていた。秦二世皇帝元年（前二〇九）に兵に徴発され、任地に赴く途中、雨に遭って期日に遅れ、同行の卒九〇〇人とともに挙兵した。秦の悪政に苦しむ民衆も多く呼応し、陳王を称するまでに至ったが、秦の将軍章邯に撃破され、御者の荘賈によって殺された。

呉広（ごこう）：？～前二〇八　秦末に陳勝とともに反乱を起こす。陽夏（河南省太康県）の人。字は叔。貧農出身で、陳勝とともに戍卒の長となり、秦二世皇帝元年（前二〇九）に反乱を起こした。各地を転戦したが、部下の田蔵によって殺された。

第4章　「四面楚歌」――中華帝国の継承と拡大：前漢時代

秦王朝の後を受け継いだ漢王朝は、都を長安に置いた前漢と、洛陽に遷した後漢とに分かれます。長安の方が西に位置し（秦の都であった咸陽の近く）、洛陽の方が東に位置するので、前漢のことを西漢、後漢のことを東漢ということもあります。ここに取り上げた故事成語は「四面楚歌」ですが、この言葉は比較的ご存知の方も多いのではないでしょうか。後に紹介する項羽という人物と愛姫虞美人との物語は、京劇などでも取り上げられ、けっこう人気があります。四面楚歌については本文中で触れていきますので、まずは項羽と、そして漢王朝を開いた劉邦との覇権争いを見ていきましょう。

項羽の孤立

楚漢戦争

陳勝・呉広の乱によって旧六国の勢力が各地で立ち上がるなか、その中心となっていたのは南の楚でした。楚の将軍を代々輩出する名族の出であった項羽は、叔父項梁とともに挙兵し、瞬く間に勢力を拡大させました。戦闘にめっぽう強く、勇猛でしたが残忍な性格でもありました。やがて楚の王族を探し出して楚王として祭り上げ、楚王を中心に各地の勢力を糾合していきました。その勢力の一人に劉邦がいました。

劉邦は、もともと華北の貧農出身で、若いころ無頼をし、後に亭長（警察交番の長官のようなもの）に就きましたが、いい加減な性格でした。ですが人望はあったようで、その周りには有能な人材が集っていました（蕭何や曾参、樊噲など。後に張良なども加わる）。沛という県で挙兵した劉邦は、勢力を拡大させながら、反秦連合の楚の勢力に加わりました。

秦の都であった咸陽を陥落させるべく、楚王は項羽と劉邦に出軍を命じ、先に陥落させた方に咸陽の地（咸陽一帯を関中（かんちゅう）と呼んだ）を与えると約束しました。主力軍を率いる項羽は、秦の主力軍と対峙したために、行軍が思うように進まず手こずりました。一方の劉邦軍は苦戦しながらも別ルートで進軍し、項羽より先に関中入りしました。遅れて関中入りした項羽は激怒しましたが、そこで有名な「鴻門（こうもん）の会」が開かれました（コラ

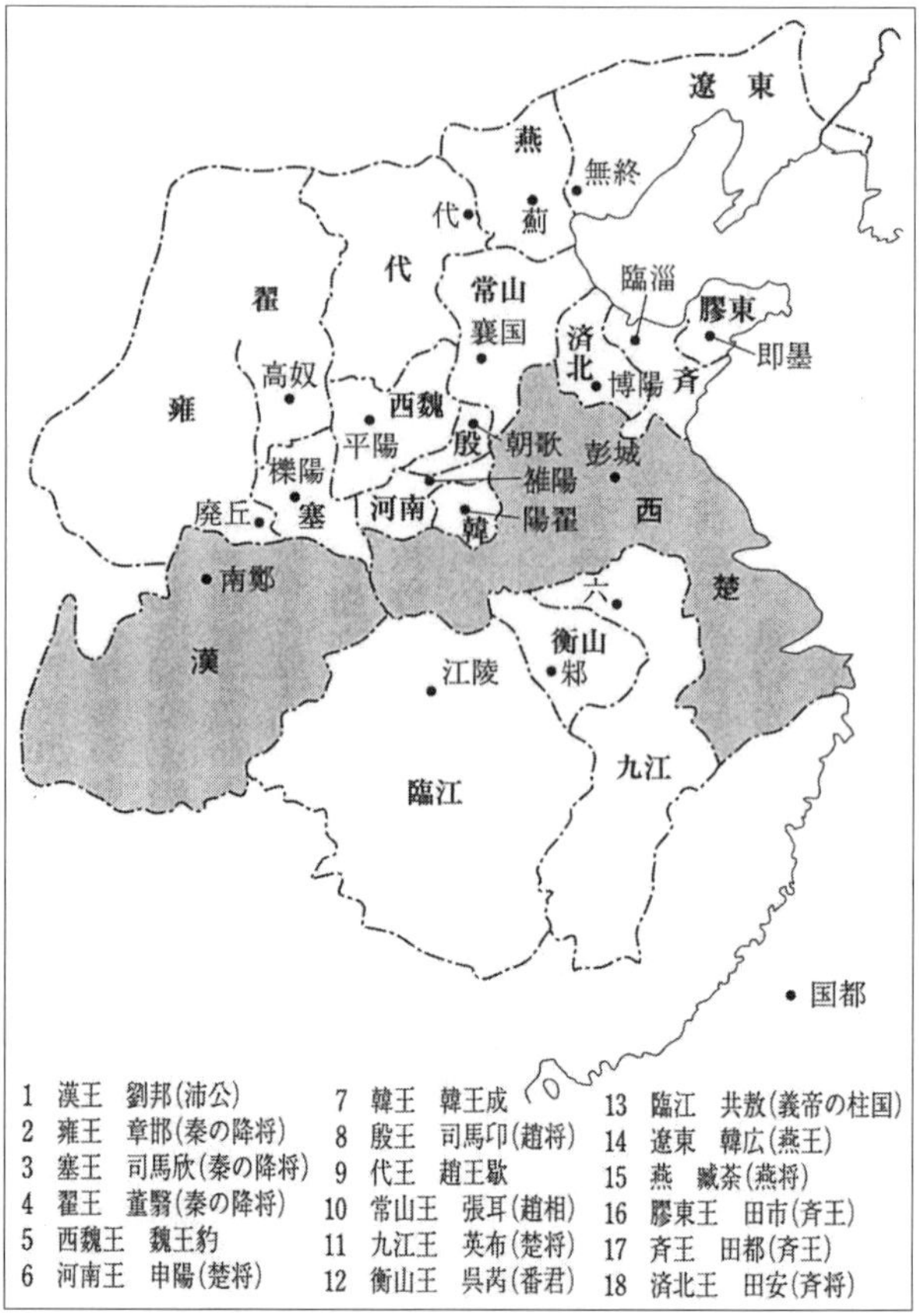
遼東
燕
無終
代
薊
翟
代
常山
臨淄
膠東
襄国
済北
即墨
高奴
西魏
博陽
斉
雍
平陽
殷
朝歌
彭城
櫟陽
雒陽
廃丘
塞
河南
韓
陽翟
西
南鄭
六
楚
衡山
漢
江陵
邾
九江
臨江
国都
1 漢王　劉邦(沛公)
2 雍王　章邯(秦の降将)
3 塞王　司馬欣(秦の降将)
4 翟王　董翳(秦の降将)
5 西魏王　魏王豹
6 河南王　申陽(楚将)
7 韓王　韓王成
8 殷王　司馬卬(趙将)
9 代王　趙王歇
10 常山王　張耳(趙相)
11 九江王　英布(楚将)
12 衡山王　呉芮(番君)
13 臨江　共敖(義帝の柱国)
14 遼東　韓広(燕王)
15 燕　臧荼(燕将)
16 膠東王　田市(斉王)
17 斉王　田都(斉王)
18 済北王　田安(斉将)

図４－１　項羽の率いる18王国体制

出所：鶴間和幸『中国の歴史03　ファーストエンペラーの遺産　秦漢帝国』（講談社、2004年）120頁。

ム５）。

劉邦を押さえた項羽は、楚王を義帝としてまつり上げて傀儡にし、自らを西楚覇王と称して楚の実権を握りました。また彭城を都に定め、その直接統治する領地を「西楚」とし、劉邦を西のはずれの漢王に、その他の部下たちをそれぞれ各地の王としました（図４－１）。これは、秦が進めた郡県制ではなく、封建制への復活でもありました。

ただ各地の王に任命された者たちは、反秦戦争で功績のあった者ではなく、項羽のお気に入りかどうかで決まっていたので、項羽に不満を抱く者が多くいました。ついには、各地で反乱が起こります。その中心となっていったのが劉邦勢力でした。劉邦は、新たに加わった韓信の助言を受け、関中へと出軍しました。一時は、項羽が留守の彭城を落とすこともありましたが、鬼神のごとき項羽が帰ってくると劉邦軍は大敗し、やがて両者は滎陽の地で対峙することになりました（図４－２・図４－３）。

コラム５　鴻門の会

項羽より先に秦王朝の都、咸陽に入った劉邦は関中を手中に収めたが、そのことが項羽の逆鱗に触れた。項羽軍は急ぎ関中に攻め入り、劉邦と対峙した。軍勢でははるかに劣る劉邦は、参謀張良に従い、鴻門にて謝罪会見することとなる。

陣中には劉邦と張良のみ。他は項羽幕下の家臣や兵卒に取り囲まれていた。宴会が始まるや、項羽の参謀范増は、項羽に劉邦暗殺を指示したが、項羽は知らぬふりをした。

范増は代わって項羽のいとこである項荘に剣舞させ、どさくさに紛れて暗殺するよう仕向けた。剣先に殺気を感じた張良は、中座して陣外に待機していた劉邦のボディガード樊噲を呼び寄せる。

怒髪天を衝く勢いの樊噲に項羽は酒を進めた。そのとき樊噲は「卮酒だに辞せず」と言って四升（約七・二リットル）を飲み干した。

その後劉邦は、厠に行くふりをして脱出を果たした。

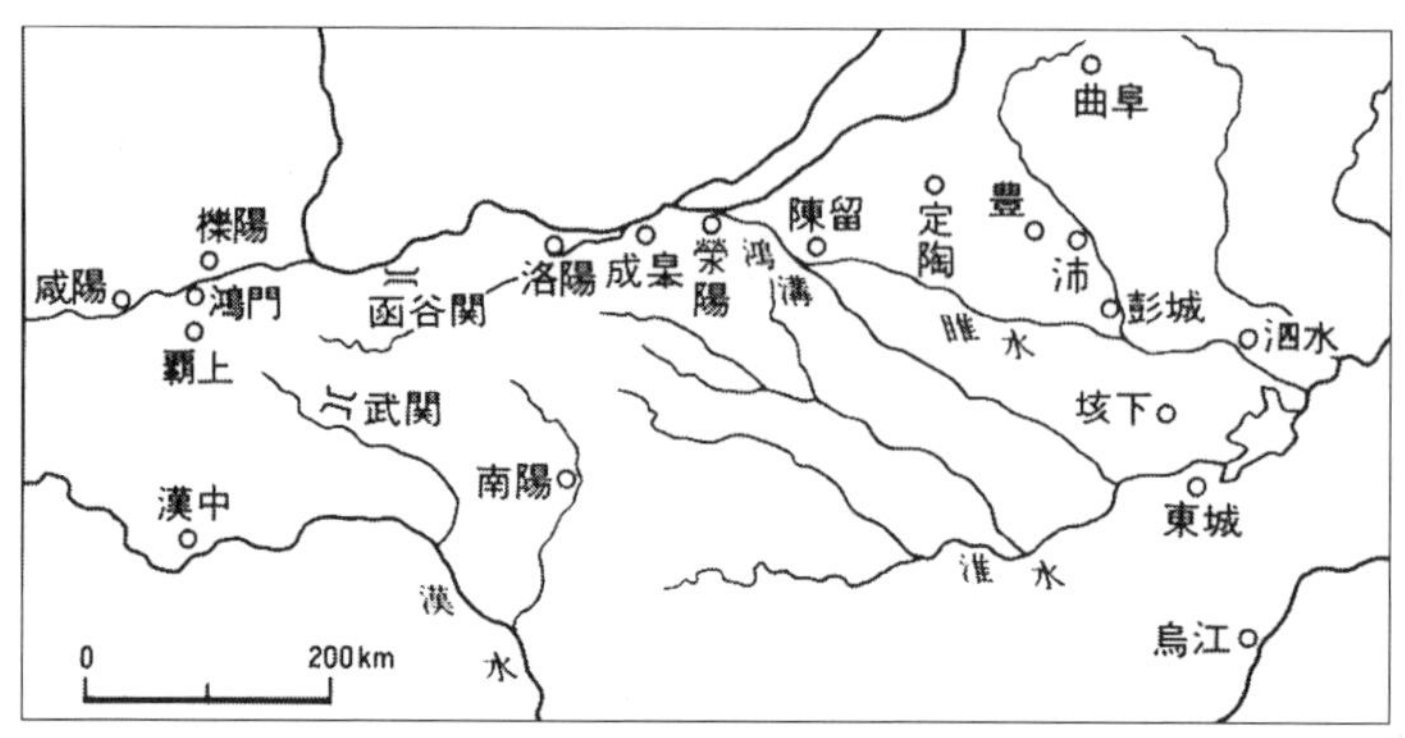

図4－2　楚漢の抗争要図

出所：鶴間和幸『中国の歴史03　ファーストエンペラーの遺産　秦漢帝国』95頁。

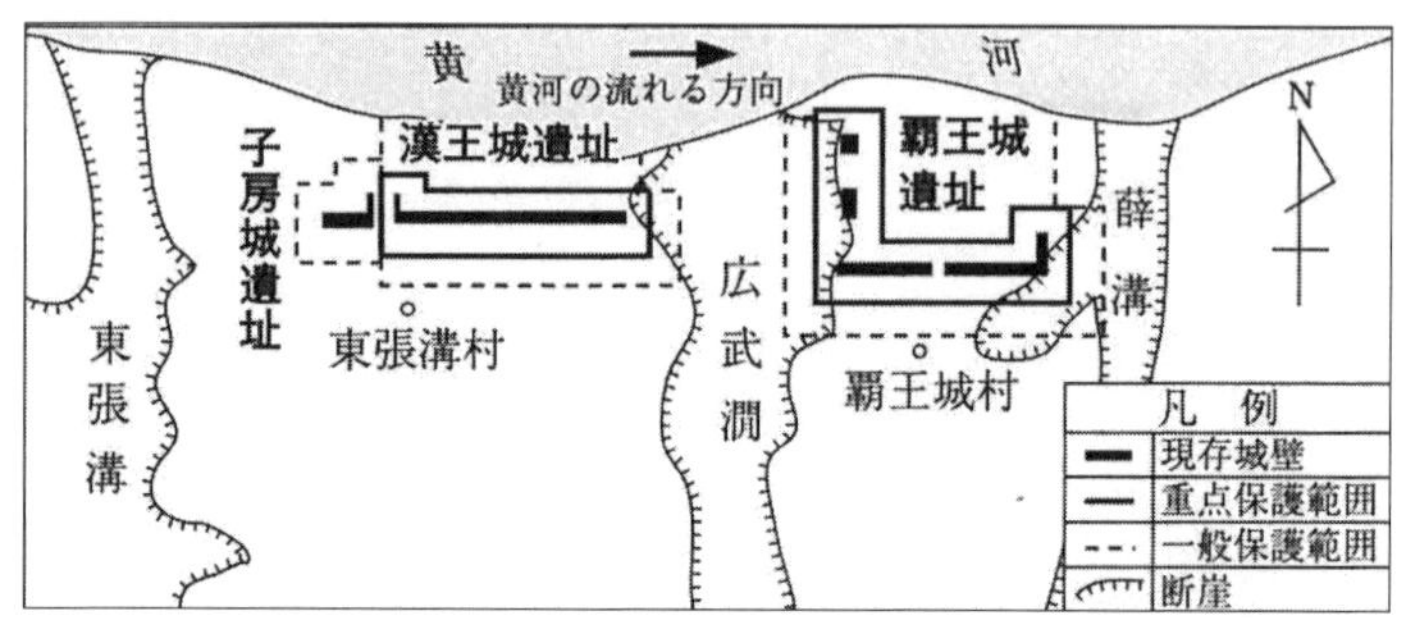

図4－3　楚漢二王城の城址図

出所：鶴間和幸『中国の歴史03　ファーストエンペラーの遺産　秦漢帝国』124頁。

二年にも及ぶ膠着状態が続くなか、劉邦は滎陽の東を流れる鴻溝という川を国境に、西を劉邦、東を項羽の領地とする休戦協定を持ちかけました。さすがの項羽軍も疲弊していましたので、その協定に同意し、項羽軍は東へと引き上げていきます。しかし劉邦軍はあっさり協定を反故にし、項羽軍の背後を急襲したのでした。項羽軍は垓下の地で劉邦軍に包囲され、「四面楚歌」となります。少し難しいですが、その場面の漢文を以下に引用しておきます。

項王（項羽）の軍 垓下に壁し、兵少なく食尽き、漢軍（劉邦軍）及び諸侯の兵 之を囲むこと数重。夜、漢軍の四面皆な楚歌なるを聞き、項王乃ち大いに驚きて曰く「漢皆な已に楚を得るや？　是れ何ぞ楚人の多きや！」と。

項王則ち夜起き、帳中に飲す。美人有り 名は虞、常に幸従す。駿馬あり 名は騅、常に之に騎す。是に於いて項王乃ち悲歌忼慨し、自ら詩を為りて曰く「力は山を抜き気は世を蓋う、時に利せず騅逝かず。騅逝かざれば奈何とすべし、虞や虞や若じを奈何せん」と。歌うこと数闋、美人 之に和す。項王 泣数行下り、左右皆な泣き、仰視する能わず。

（「四面楚歌」『史記』巻七、項羽本紀）

この垓下で項羽は自ら首を刎ねて自害し、楚漢戦争は終結しました。紀元前二〇二年のことです。そして劉邦は、家臣に勧められて皇帝に即位しました。これが前漢（紀元前二〇二～紀元後八年）の初代皇帝、高祖です。

前漢建国と郡国制

皇帝となった劉邦は、都を長安に定めました。秦の都であった咸陽より南に位置し、また唐代の長安（現在の西安市付近）より北に位置します。漢代の長安城は、ほとんど一般市民が暮らしておらず、いくつかの宮殿で構成される政治都市でした（図４－４）。以後、南北朝時代まで使われ続けます。

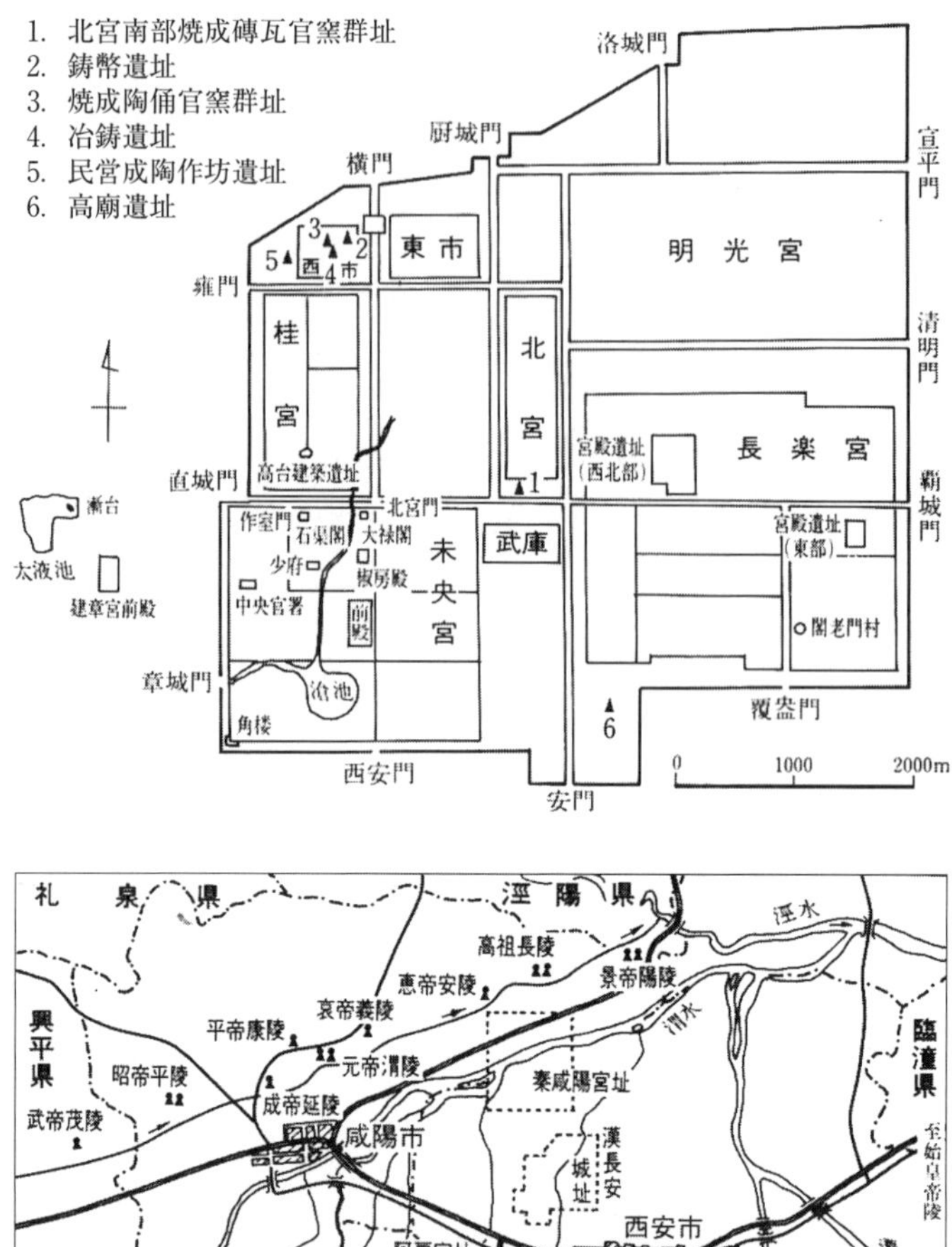

図 4－4　前漢諸陵配置図

出所：鶴間和幸『中国の歴史03　ファーストエンペラーの遺産　秦漢帝国』131頁。

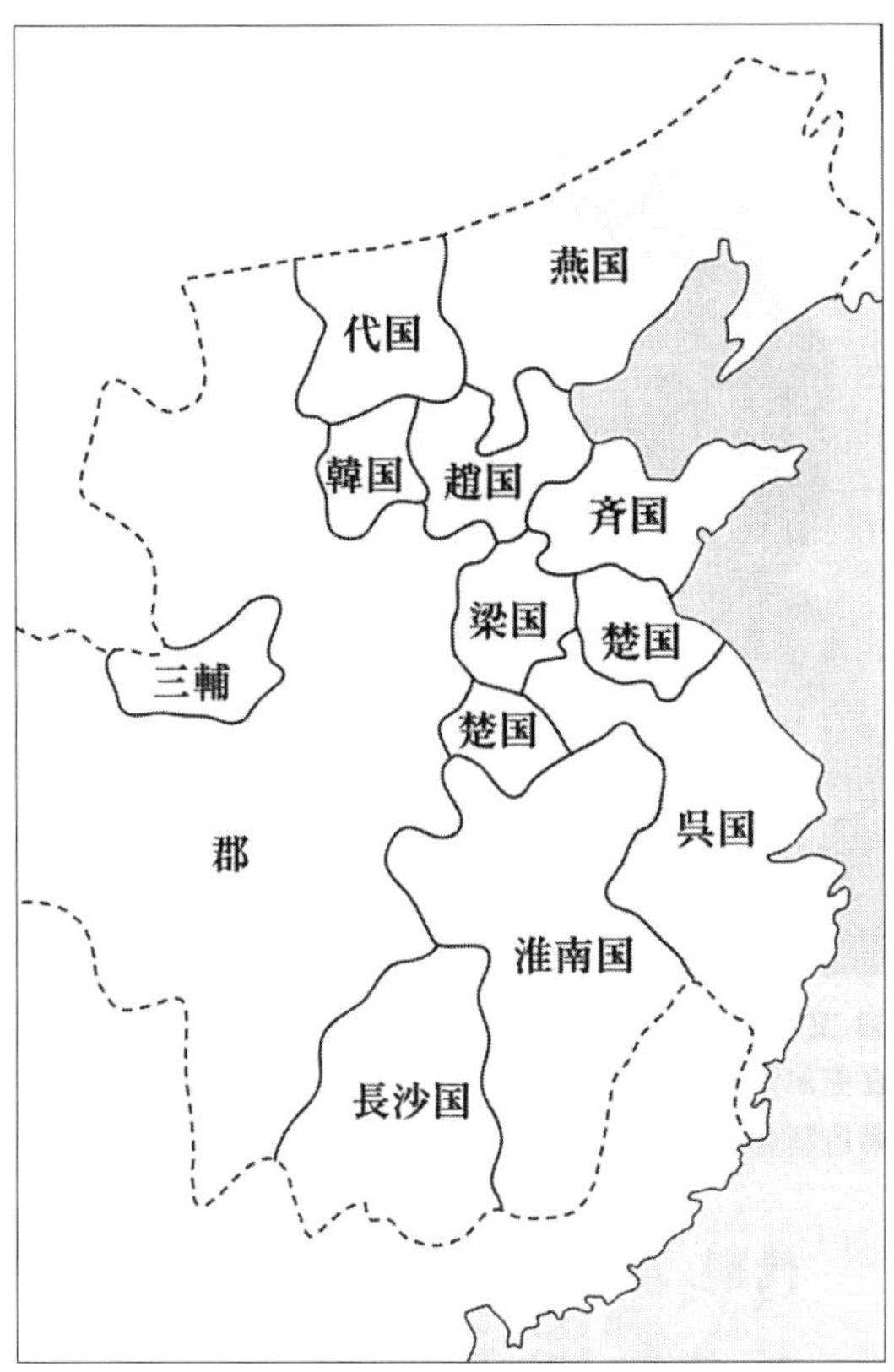

図４－５ 漢高祖期の郡国

出所：鶴間和幸『中国の歴史03　ファーストエンペラーの遺産　秦漢帝国』138頁。

劉邦はまた、長安（三輔）を中心として郡県制を施行する地域と、手柄のあった功臣たちを国王に任命する封建制の地域（人民の支配は国王に任せる）とに分けました。これが郡国制と呼ばれるものです（図４－５）。秦の郡県制と、項羽の封建制を両方取り入れた形です。ただ同時に、王に任命した功臣たちの粛清も行い、徐々に郡県制へと移行していきました。後の第六代皇帝、景帝時代の紀元前一五四年に起こった呉楚七国の乱は、国を潰される国王たちの反乱でした。

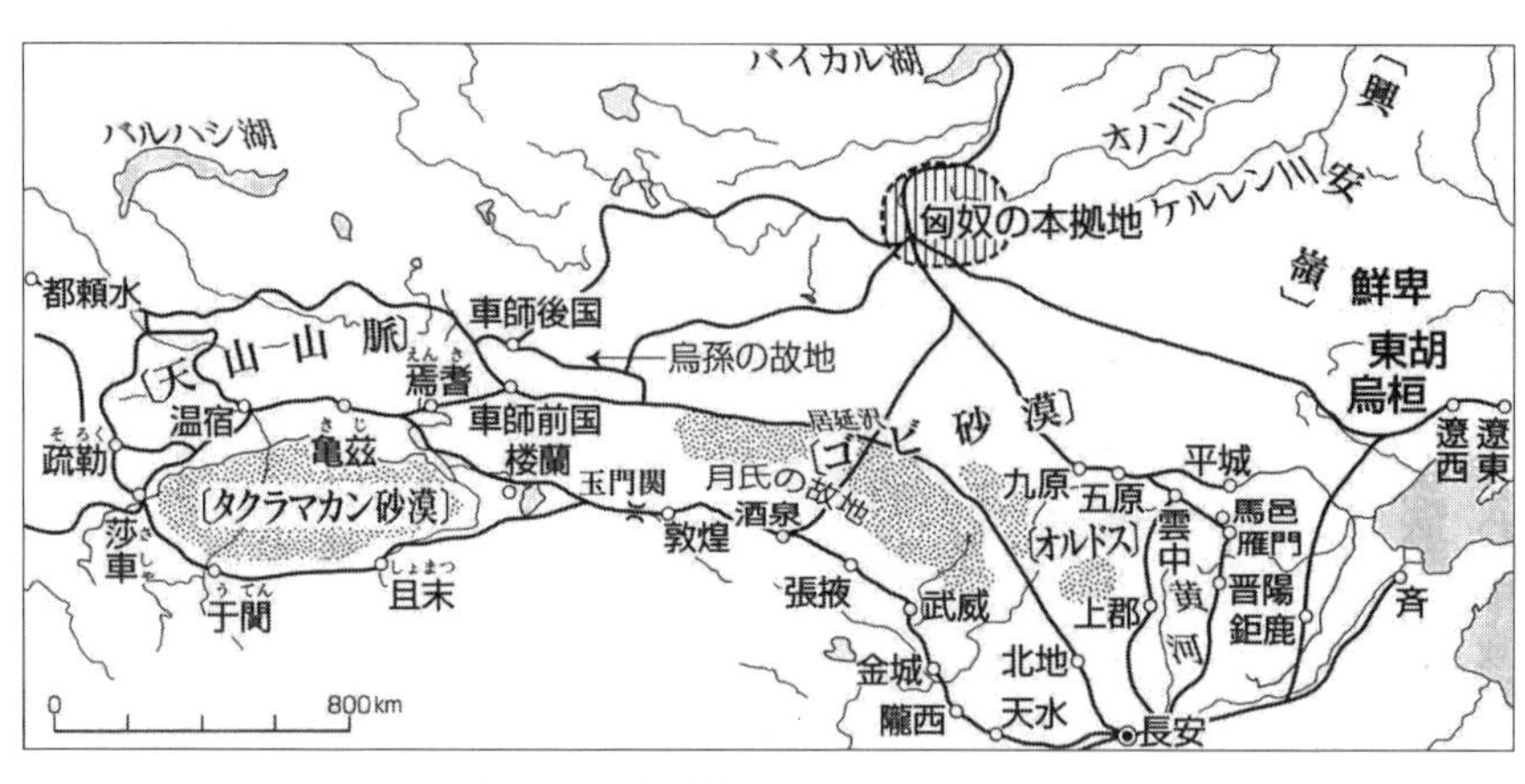

図4－6　前漢時代の北アジアと西域

出所：『中国史１　先史～後漢』（山川出版社、2003年）393頁。

武帝と前漢の全盛期　高祖亡き後、その后であった呂后が専横を振るいましたが、丞相の陳平などによるクーデタによって漢室に実権が戻ると、後を継いだ文帝・景帝の時代には、倹約に励んで国力回復に努めた結果、全国に平穏が訪れ、財庫は溢れるまでになりました。そのおかげで前漢の全盛期を迎えた第七代皇帝、武帝（在位：前一四一～前八七）の事績を最後に見ておきたいと思います。

呉楚七国の乱の鎮圧によって、実質的に郡県制となって以後に即位した武帝は、皇帝権力やその支配体制を確固たるものにすべく、官吏登用制度を改めました。郷挙里選（察挙とも）と呼ばれる制度は、郷里から有能な人材を推挙させ、政治を担わせました。また君臣関係を確立するために儒学も重視し、五経博士を置いて学校で儒学を学んで官僚となる道も設けました。

以前から比較的平和で、自然災害もあまりなかったこともあり、武帝の時代には国庫は潤っていました。武帝は、その財源を使って、北方遊牧民族である匈奴へ対外戦争を何度も行いました。

匈奴は紀元前四世紀ごろにモンゴル高原を拠点として興った遊牧民国家で、前三世紀末に立った冒頓単于のもとで勢力を拡大し、やがて南の中国大陸をうかがうようになりました（図

4-6)。そして紀元前二〇〇年に、冒頓単于率いる匈奴が白登山で前漢高祖率いる親征軍を包囲し、結果として高祖との間で毎年財物を贈らせる条件のもとで講和を結びました。漢にとって屈辱的な講和でしたが、満を持した武帝は反転攻勢に出ました。有名な衛青・霍去病将軍を派遣し、匈奴を何度も打ち負かしました。衛青は、武帝の皇后であった衛皇后の弟で、霍去病は衛青の甥でもありました。なかでも霍去病は、対匈奴戦争でとても大きな戦勝を上げ、大司馬（軍事長官）にまで上り詰めましたが、わずか二四歳で病死しました（前一一七年）。また匈奴より西の月氏と同盟を結ぶために、張騫を派遣したことは有名です。同盟は成りませんでしたが、シルクロードの様々な情報が伝えられ、西域への関心が高まることになりました。

武帝の対外戦争はさらに、朝鮮や南越（ベトナム）にまで及び、郡を設置するようになりましたが、度重なる戦争は当然、国庫を枯渇させることになります。逼迫する財政に対して、財務官僚の桑弘羊の建言を入れ、塩と鉄を専売制にしました。また均輸・平準法によって全国の物流と物価を調整するなど、財政健全化を目指して様々な手が打たれました。

「豪族」の登場

ところが、こうした戦争や増税を伴う財政改革、さらには武帝晩年の自然災害などによって、人々の社会は大きく疲弊し、なんとその人口は半減したとまで言われています。さらには人々の貧富の差が拡大していきました。

春秋戦国時代の氏族解体と、それに伴う小家族農民層（小経営農民）が広範に存在するようになったことによって、中国の郷村社会は漢代までに、小家族農民層を中層（中農ともいう）として、その下に貧農層、上に富豪層という三層構造として成長してきました。富豪層は、数頃～数百頃（一頃は東京ドーム一個分）の大土地を保有し、数百にもなる奴隷を所有することもありましたが、郷村社会においてさほど数は多くありませんでした。圧倒的に中農・貧農が社会の基盤として多数存在していて、中農は一～数頃の土地を持ち、貧農は一〇～数十畝（一畝は一頃の一〇〇分の一）ほどの土地を持つ存在でした。

　ですが、武帝の対外戦争と塩鉄専売の財政改革などによって、中農層が没落して土地の売買が頻繁に行われ、そして貧農層に没落して土地を失う者も増えていき、大土地を所有する富豪の小作となる人も目立ってきました。一方で富豪層はよりいっそう土地を買い漁って大土地を所有するようになりました。そして自身の家族だけでは土地が広すぎて耕作しきれないので、奴婢（ぬひ）・佃僕（でんぼく）といった私的隷属民を多数所有して耕作させたり、小作に出したりするような富豪層が郷村社会上に広範に存在するようになっていきます。また、当時において、牛犂耕（ぎゅうりこう）（ウシ二頭にヒト三人で耕作）が普及することで、大土地を大規模に耕作することができるようにもなり、富豪層の大土地経営を容易なものとしました。そして、彼ら富豪層は同族を結集して大土地を所有し、奴隷労働による経営をしつつ、小作の貧農層を含みこんだ経営を行う、いわゆる「豪族」と呼ばれる人々となって、それから以後、南北朝時代にかけて郷村社会の中心的存在となっていきます。こうして中国社会は、三層構造から豪族─貧農層という二層構造の社会へと変化していきました。豪族は次の後漢時代に政治や社会の中心的役割を担っていくことになります。

参考文献
西嶋定生『秦漢帝国──中国古代帝国の興亡』（講談社学術文庫、一九九七年）
渡辺信一郎『中華の成立──唐代まで』（岩波新書、二〇一九年）

▼人物略伝4

項羽（こうう）：前二三二～前二〇二　秦末の楚の武将。名は籍、下相（江蘇省宿遷県）の人。秦二世皇帝元年（前二〇九）、叔父項梁とともに挙兵、秦を滅ぼして覇権を握ったが、垓下の戦いで劉邦に敗れ、自殺した。

虞美人（ぐびじん）：？～前二〇二　秦末の人で、項羽の寵姫。項羽は垓下（安徽省霊璧県南）で漢軍に囲まれ、四方みな楚歌なるを聞き、漢が楚を得たことを知る。項羽は訣別の宴で虞美人を歌い、虞美人もそれに和したのち、自刎した。

范増（はんぞう）：？～前二〇四　項羽の策士で、居巣（安徽省巣湖市）の人。七〇歳の時項羽に従い、よく項羽を助けて、亜父と呼ばれた。鴻門の会で劉邦を殺そうと謀るも果たせず、かえって漢に内通していると疑われ、怒って帰郷する途中に病死した。

項荘（こうそう）：生没年不詳　項羽の従弟。鴻門の会にて范増の命で剣舞を舞い、劉邦を切り殺そうとしたが、果たせなかった。

劉邦（りゅうほう）（高祖）：前二五六or二四七頃～前一九五　前漢初代の皇帝。在位前二〇二～前一九五。沛郡豊邑（江蘇省沛県）の人。姓は劉、名は邦、中流農家の出身。家業に励まず、泗水の亭長となり、秦二世元年（前二〇九）陳勝・呉広の乱に続いて挙兵し、配下に人材を多く集めた。漢高祖元年（前二〇六）、関中に入り秦を滅ぼしたが覇権は項羽にあり、漢中（陝西省南）の王となった。項羽と争い、高祖五年（前二〇二）に垓下の戦いで項羽を破り天下を統一した。秦の制度を引き継ぎつつ、郡国制をとり、匈奴に対しては消極策をとった。

蕭何（しょうか）：？～前一九三　漢の高祖（劉邦）の功臣。沛（江蘇省沛県）の人で、高祖と同郷。起兵以来の高祖の幕僚で、軍需品の輸送に功を立てた。高祖が天下を統一してより丞相、相国となり、秦律に基づく新法を作って漢帝国の安定を図った。

曾参（そうしん）：？～前一九三　前漢の政治家で、沛（江蘇省沛県）の人。蕭何とともに高祖（劉邦）を助けて天下を定めた。黄老無為の政治を行い、蕭何のあとを受けて相国となり、法を変えず良く政治を守った。

樊噲（はんかい）：？～前一八九　前漢初の功臣で、沛（江蘇省沛県）の人。もと犬殺しを生業としていたが、劉邦に従い軍功を挙げた。鴻門の会では項羽を叱責して劉邦を助けた。漢の天下統一後も韓信や盧綰（ろわん）の謀反鎮圧に功績があった。

張良（ちょうりょう）：？～前一八六　漢創業の功臣。字は子房、韓の貴族の出身。始皇帝を博浪沙（河南省原陽県東南）で暗殺しようとするも失敗した。下邳（江蘇省邳州市）に隠れて、黄石公から『太公兵法』を授かったという。高祖の挙兵に従い軍師となり大功を立てた。漢の統一後、留侯に封ぜられた。

韓信（かんしん）：？～前一九六　漢高祖の功臣で、淮陰（江蘇省淮安市）の人。はじめ項羽に仕えたが用いられず、劉邦に帰した。蕭何から国士無双として劉邦に推挙され、大将に任じられた。斉を平らげて斉王に封ぜられ、項羽討伐に功あって楚王に封ぜられた。のち淮陰侯に落され、高祖一〇年（前一九七）、陳豨の謀反の際に呂后の計によって捕えられ殺された。

陳平（ちんぺい）：？〜前一七八　前漢初期の功臣で、陽武（河南省原陽県東南）の人。幼いとき貧しく無頼の行動が多かった。秦末に魏王咎ついで項羽に従い、のち劉邦に帰した。しばしば献策して劉邦を助け、天下を定める功績があった。恵帝、呂后時代には丞相に任じ、呂后が死ぬのを待って呂氏一族を殺し、周勃とともに漢帝国の基礎を築いた。

呂后（りょこう）：？〜前一八〇　漢の高祖の皇后、また呂太后ともいう。高祖が沛（江蘇省沛県）の亭長のとき妻となった。高祖とともに苦難をともにし、子の恵帝が即位すると実権を握った。呂氏一族を重用したため、呂后の死後、呂氏の乱が起こった。

冒頓単于（ぼくとつぜんう）：？〜前一七四　匈奴第二代の単于。父の頭曼単于を殺して即位し、東胡・月氏を破って広大な遊牧国家を建てた。南の漢と対立し、高祖七年（前二〇〇）に代（山西省太原市）を攻めて南下し、漢高祖を白登山（山西省大同市）で包囲した。高祖九年（前一九八）に和議を入れて、毎年の貢物を受け、漢の公主を娶った。以後も西域への遠征を繰り返し、東は興安嶺、西はパミールにまで及ぶ領域となった。

文帝（ぶんてい）（前漢）：前二〇二〜前一五七　前漢第五代皇帝。高祖の子で、名は恒。在位前一八〇〜前一五七。もと代王であったが、呂氏の乱後、迎えられて即位した。努めて事を省いて民力の休息を図り、租賦や刑罰を軽減した。また諸侯王の力を削ぎ、太平時代を現出し、のちの景帝と並んで文景の治と称される。

景帝（けいてい）（前漢）：前一八八〜前一四一　前漢第六代皇帝。文帝の子で、名は啓、母は竇太后。在位前一五七〜前一四一。鼂錯を用いて法令を改め、また諸王の領土を削減して呉楚七国の乱を招いた。平定後、文帝の政治を受けて民を休息させたので、財政は豊かになった。

武帝（ぶてい）（前漢）：前一五六〜前八七　前漢第七代皇帝。景帝の子で、名は徹。在位前一四〇〜前八七。文景の治を受けて、中央集権的な郡県制を全国に実施し、漢帝国の基礎を確立した。儒学を公認して専制権力の思想的支柱とし、大規模な水利事業を実施した。また対外的には匈奴を攻めるために張騫を大月氏に派遣し、衛青・霍去病を用いて匈奴を討った。しかし財政危機を招き、専売制や税賦の増額を行った結果、農民反乱など社会矛盾が表面化した。

衛青（えいせい）：？〜前一〇六　前漢の名将で、字は仲卿、平陽（山西省臨汾市西南）の人。姉は衛皇后。武帝に重用されて車騎将軍、大将軍となり匈奴を十一年間に七度征伐した。甥の霍去病とともに輝かしい武勲を立てた。

霍去病（かくきょへい）：前一四〇頃～前一一七　前漢武帝の時の名将で、大将軍衛青の姉の子。衛青に従って匈奴を討って、ゴビ砂漠の北に追い払い、大功を立てて大司馬に任じられた。その声望は衛青をしのいだが、二四歳で病死した。

衛皇后（えいこうごう）：？～前九一　前漢武帝の后で、名は子夫、河東平陽（現在の山西省臨汾西南）の人。出自は貧しく、平陽侯家に仕えたが、武帝に見初められて宮中入りした。弟の衛青や外甥の霍去病の活躍が目覚ましく、子の劉拠が皇太子となった。劉拠は反目する酷吏の江充と争って反乱（巫蠱（ふこ）の乱）を起こした挙句自害し、衛皇后も自殺に追いやられた。

張騫（ちょうけん）：？～前一一四　前漢に使者として西域を旅行した人で、成固（陝西省城固県）の出。建元二年（前一三九）に、武帝の命を受けて、匈奴を挟撃するために大月氏と同盟を求めて出発したが、ただちに匈奴に捕えられた。十年余り留められたが脱出し、アム川北岸の大月氏に到着したが、同盟ならず帰途に就いた。帰路再び匈奴に捕えられたが脱出し、元朔三年（前一二六）、長安に帰り着いた。西域諸国の地理・風俗・物産などの知識を多く中国にもたらせた。

桑弘羊（そうこうよう）：前一五二～前八〇　前漢の政治家で、洛陽（河南省）の人。商人の家庭に生まれた。武帝の時、財政立て直しのために均輸・平準法や、塩・鉄の専売を実施し、財政的危機を救った。昭帝が即位すると霍光らと輔政し、始元六年（前八一）に塩鉄会議を開いて塩鉄専売の存続を主張した。のち謀反のかどで殺された。

司馬遷（しばせん）：前一四五 or 一三五～前八七 or 八六　前漢の歴史家で、字は子長、茂陵（陝西省西安）の人。史官の家に生まれ、一〇歳で古文に親しみ、二〇歳で全国を旅行して見聞を広めた。父司馬談の死後、その職を継ぎ、遺業であった修史の完成に努めた。のち匈奴に降った李陵を弁護したため宮刑（宦官にされる刑）を受け、出獄後執筆を続けて『史記』を著した。中国の歴史の父と称される。

第Ⅱ部　世界帝国への胎動——古代の後半

第5章　「虎穴に入らずんば虎児を得ず」——交易の拡大と政治混乱：後漢時代

本章の故事成語も、よく知られているのではないでしょうか。その典拠となったのは、後漢時代のことが書かれた『後漢書』という歴史書の中にある班超という人物の伝記です。班超は、『漢書』という歴史書を書いた班固の弟です。父である班彪も歴史家で、一家で成し遂げた（妹も加わっています）のが『漢書』という書物ですが、これは後の国家が編纂する歴史書（正史と言います）のモデルとなりました。

班超の鼓舞

このように、班家は学者の家柄で、班超も幼い時から学問を修めていましたが、張騫のように西域で功績を挙げることに大志を抱くようになります。そして後漢第二代皇帝明帝の時代に、西域への使者として派遣されました。そして赴いたのが西域シルクロードの鄯善国（または楼蘭とも呼ばれます）でした。最初は、漢王朝からの使者として、国王より厚遇を受けていましたが、その後に匈奴の使者が訪れると国王の態度が一変し、冷遇されてしまいます。そして、次のような事件が起こりました。

わずか三六名の兵士と酒を飲み、酔った挙句に班超は激怒した。「君たちは大功を立てて富や名声を求めんがため、我とこの絶域にやって来た。今、匈奴の使者がやって来るや、鄯善王は我らに対する礼儀を止めてしまっておる。もし鄯善王が我らを捕まえて匈奴に差し出したなら、我らのむくろは延々と狼のえさとなるだろう。さあ、どうする！」。兵士たちは「生きるか死ぬかの瀬戸際です、生死は班超どのにお任せします！」と声をそろえた。

そこで班超は…

虎穴に入らずんば、虎子を得ず！

と叫んで、匈奴の使者を襲い、百数十人を殺害した。

こうして、鄯善国王は態度を改め、漢王朝に降伏することになりました。

ところで鄯善国というのは、西域シルクロード上に存在したオアシス国家です。図5－1にあるように、タクラマカン砂漠（生きては戻れぬ死の砂漠という意味）の東に位置し、楼蘭（クロライナ）を都とし、その他のオアシス都市を支配下に置いていました。

この鄯善国の国王は、なぜ匈奴の使者が来ると、班超への態度を変えたのでしょうか。それは当時のオアシス国家が漢王朝に服属するよりも、匈奴に服属する方を選んだからです。じつは、前漢時代の武帝の外征から以降、西域のオアシス国家群の多くは漢王朝に服属していました。ところが後漢の班超が赴いたときには、漢王朝の服属から離れており、匈奴に服属する国家も多くいました。そもそも班超は、西域のオアシス国家を服属させるために派遣されていました。

では、なぜ鄯善国などは中国王朝の支配から離れていたのでしょうか。それには、前漢と後漢の間に成立した、新という王朝の政策が関わっています。まずは、新王朝の歴史を見ていきましょう。

新と王莽の改革

後元二年（前八七）に前漢の武帝が死去すると、大司馬霍去病の弟として信任された霍光が、幼い新皇帝昭帝を補佐して政治を取りしきるようになりました。その次に宣帝が即位すると（前七四年）、霍光の死後には親政を行い、実権を取り戻しました。しかし、宣帝以後には、朝廷では皇后の

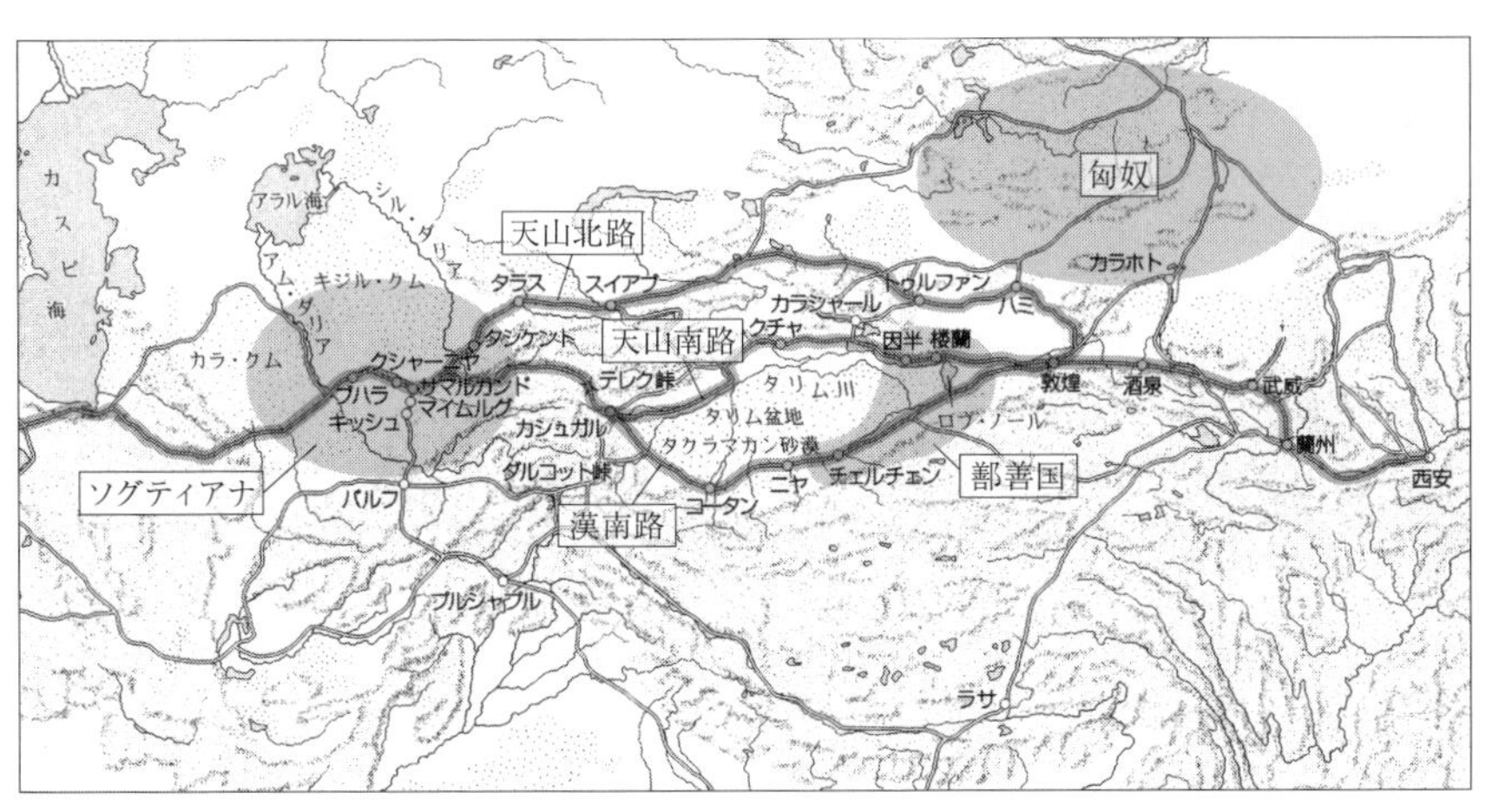

図５－１ 後漢時代の西域

出所：関尾史郎『西域文書からみた中国史』（山川世界史リブレット、1998年）17頁、に加筆。

兄弟一族である外戚と呼ばれる人々が実権を握り始めました。皇帝をすげ替えたり、政敵を謀殺したりと、やりたい放題でした。

その中で前漢末期に実権を握ったのが、第十代皇帝元帝の皇后王氏とその一族でした。王氏は一族を次々と大司馬など重要ポストに就けていきましたが、やがてその甥であった王莽が権力を独占しました。そして紀元後八年、前漢皇帝より皇帝の座を譲り受けるという禅譲によって、皇帝となります（実際には簒奪でした）。王朝の名前を新しく「新」（紀元後八～二三年）と変え、また漢王朝の制度を改めました。

王莽は儒学の経典の『礼記』や『周礼』に基づいて、いにしえの周王朝を理想とする復古政策を掲げ、封建制度の復活や、土地・奴隷の自由売買の禁止、貨幣の改鋳などを断行しました。このことが中国社会の混乱を招き、各地で反乱が起こりました。また徹底した中華思想を推し進めて、諸外国の地位を下げました。当然、諸外国は反発し、また中国王朝の服属から離反しました。鄯善国が離反していたのも、これが理由です。一方で王莽の改革した畿内制度などは、後漢王朝以後の中華帝国の手本となるものであった

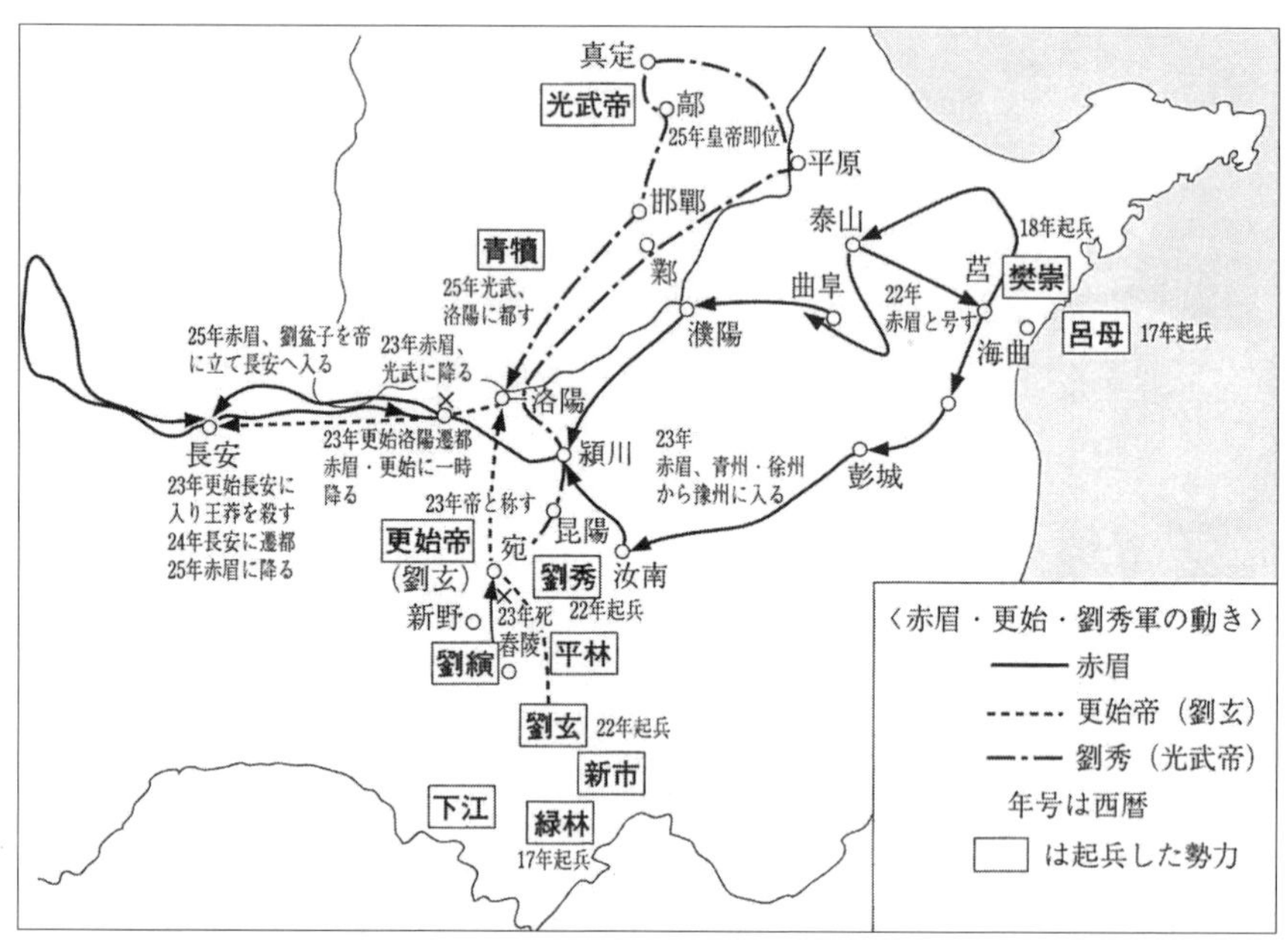

図5－2　赤眉と劉氏反乱図

出所：鶴間和幸『中国の歴史03　ファーストエンペラーの遺産　秦漢帝国』（講談社、2004年）338頁。

ことも注目されます。

王莽の改革による社会の混乱は、農民やならず者、そして在地で力を持っていた豪族を巻き込んだ反乱を生みました（図5－2）。紀元後一八年、山東半島で起こった農民反乱は、眉を赤く染めたことから赤眉の乱と呼ばれ、瞬く間に数万の軍勢に膨れ上がりました。また同時に荊州では緑林軍と呼ばれる豪族中心の反乱軍が起こります。後の後漢王朝を建てる劉秀も、緑林軍に加わった豪族の一人でした。

農民中心の赤眉軍と豪族中心の緑林軍はやがて合流し、王莽の軍隊を破って首都長安を占拠し、王莽を殺害しました。ところが反乱軍で内紛が生じて混乱するなか、台頭したのが漢皇室の血筋を引く豪族出身の劉秀です。二五年に皇帝に即位し、天下を平定しました。後漢王朝の誕生です。

後漢による社会の安定　後漢（二五～二二〇）の初代皇帝、光武帝となった劉秀は、出身地の南陽により近い、洛陽を首都に据えました。そして、王莽によって改められた改革を元に戻し、社会の安定を図ります。そして、諸外国にも使者を派遣し、再び後漢に服属するよう働きかけました。ちなみに、日本史で有名な倭の奴国への金印授与もその一環です。

班超は、鄯善国をはじめとするオアシス国家を次々と服属させ、その数は五〇余りに上りました。三〇年間にわたって班超は西域を服属させ、またその子の班勇もよく治めたので、西域と漢との間で様々なものが行き来しました。当時、西域から来た物品には「胡」の字が付けられました。「胡麻」「胡瓜」「胡桃」「胡豆」「胡蒜」「胡椒」などです。そのほか、にんじんやザクロももたらされました。

シルクロード交易

そうした西域との交易を実質的に担っていたのは、「胡人」と呼ばれたソグド人です。図5－1左側にも示したあたりをソグディアナと呼び、そこに住む人々をソグド人と言います。その中心地はサマルカンドというオアシス都市で、周囲のオアシス都市を統括・支配する立場にありました。そして、このサマルカンドと長安を結ぶのがシルクロードです。主には三つのルートがありました。敦煌から北に行って、ハミやタラスを経由してサマルカンドに出るルートを天山北路と呼びます。また先ほどの楼蘭から北へ行き、クチャを経てサマルカンドに出るルートを天山南路と言います。そしてタクラマカン砂漠の南を沿って行くルートが漠南路です。

この三つのルートを使って、ソグド商人は中国とオアシスの交易を担いました。その移動は数千キロにも及ぶため、命や安全を確保するために、彼らはグループで行動します。こうした商人グループをキャラバンと言います。だいたい、キャラバンの構成は、人間一人に対してラクダ二〇頭を率い、あわせてラクダ三〇〇頭ほどになります。その四分の一にテントや食料などを積み、四分の三に商品を載せます。朝に食事をとって、昼に移動し、一日に約三〇～四〇キロも移動しました。また運ぶ商品も、単価の高い金や宝石、ジャコウ・ウコン・奴隷などです。こうしたソグド商人の活躍で、シルクロード交易は繁栄しました。

コラム6　虎の歴史

虎はネコ科最大の体躯を誇り、森林地帯に生息し、あなぐら（虎穴）や藪に巣を作る性質を持つ。現在の中国大陸では、ほとんど野生の虎はいない。しかし、時代を遡れば野生の虎はそう珍しい動物ではなかった。中国の東北部（一部朝鮮半島にも）に生息したのはシベリアトラで、南西部（現在では東南アジア）にはアモイトラがいた。

班超が部下たちを鼓舞するのに虎の話を持ち出したのは、それだけ虎が一般社会の共通理解となっていたことを表している。ではなぜ虎は現在の中国からいなくなってしまったのか。

中国大陸では何百年のスパンで寒暖期を繰り返していたが、そのつど起こったのは、遊牧民族の南下とそれに伴う漢民族との衝突・戦争であった。その結果、大規模な戦争難民が生まれ、彼らは戦争がなく、人けのない山間・森林へと移動していった。新たな故郷を求めて森を開発したのだ。しかしそこは虎の生活圏でもあった。

当然、人間と虎は共存できない。森を開発する人間と虎は格闘せねばならなくなった。よく、人間が虎に襲われる挿話や虎退治のお話があるが、それは人間が森林を開発し、虎の生活圏を侵害したことによって、虎に襲われたのだ。つまり人間による森林開発と虎の駆逐の歴史があり、結果として、現在の中国でほとんど野生種の虎を見ることはなくなった。

時代を下るごとに虎の数は減って希少価値が出て、またその強さゆえに、虎は人々によりいっそう好まれた。屛風や掛け軸に虎を描くものも多い。なお、日本の桃山・江戸時代に描かれた虎は、ナマの虎を見ていないせいか、どこかネコのようである。

後漢の滅亡

最後に、後漢の滅亡について触れておきます。前漢末期には、外戚と呼ばれる人々が皇帝から実権を奪って政治をわがものにしていましたが、後漢になってもさほど状況は変わりませんでした。第二代明（めい）帝・第三代章（しょう）帝あたりまでは、成年皇帝のもとで国内統治が行われていましたが、第五代安（あん）帝以後の皇帝は幼い子供であることが多く、当然、実権は大人の外戚が握ります（安帝期の鄧騭（とうしつ）や、第八代順（じゅん）帝・第十一代桓（かん）帝期の梁冀（りょうき）が有名）。ただ、皇帝が成人して、実権を握ろうとしたとき、協力する者がいました。

それは、皇帝の身の回りの世話をする宦官と呼ばれる人々です。そうして宦官が政治に口を出すようになり（順帝は宦官が擁立）、外戚との政権争いは悪化の一途を辿りました。
かたや、中国大陸では自然災害が多発して、人々は困窮していきました。そうした人々は、新興宗教へと助けを求めます。そして、後漢末の黄巾の乱へと火がついていくのですが、これは第6章でお話ししましょう。

参考文献
上田信『トラが語る中国史――エコロジカル・ヒストリーの可能性』（山川出版社、二〇〇二年）
長澤和俊『シルクロード』（講談社学術文庫、一九九三年）
西嶋定生『秦漢帝国――中国古代帝国の興亡』（講談社学術文庫、一九九七年）

▼人物略伝5

霍光（かくこう）：？～前六八　前漢中期の政治家で、字は子孟、霍去病の異母弟。兄によって出世し武帝には二〇年余り仕えた。武帝の死後、大司馬将軍となって昭帝を補佐したが、同じく補佐した御史大夫の桑弘羊らを殺して、専権を握った。昭帝死後には宣帝を即位させ、娘をその后に入れて外戚となった。その死後には、反逆を問われて一族は誅殺された。

昭帝（しょうてい）（前漢）：前九四～前七四　前漢第八代皇帝。武帝の子。在位前八七～前七四。八歳で即位し、大司馬大将軍霍光が輔政して政治をつかさどった。武帝の外征による国内の疲弊を回復することに努め、酒の専売をやめ、賦役を軽減した。

宣帝（せんてい）（前漢）：前九一～前四九　前漢第九代皇帝。武帝の曾孫で、戾太子劉拠の孫。在位前七四～前四九。久しく民間で成長したのでよく下情に通じ、前漢賢帝の一人に数えられる。霍光の死後（前六八）親政し、貧民に土地や種食を貸与し、穀物価格を調整する常平倉を設置するなど、農民の便を図った。また匈奴を撃破し、神爵二年（前六〇）に西域都護を置いて西域諸国を服属せしめた。

元帝（げんてい）（前漢）：前七四～前三三　前漢第十代皇帝。宣帝の子。在位前四九～前三三。儒教を好んで、政治は仁慈であったが優柔不断で、宦官と外戚の専横を招いた。皇后王氏を立てると、王氏一族は外戚として勢力を得て、王莽は帝位を簒奪した。

王皇后（おうこうごう）（前漢）：前七一～後一三　前漢元帝の皇后で、成帝の母。魏郡元城県（河北省邯鄲市大名県）の人。一八歳で宣帝の後宮に入り、皇太子であった元帝との子を身ごもって（のちの成帝）後に皇后となった。その兄弟が多く高官につき、成帝即位後も王氏の専権は続いた。一族の王莽が皇帝位を奪うことを快く思わず、失意のうちに八四歳で死去した。

王莽（おうもう）：前四五～後二三　新の建国者。在位八～二三。前漢元帝の皇后王氏の一族で、成帝の外戚として大司馬となった。哀帝の死後（前一）、九歳の平帝を擁立して政権を握り、讖緯（しんい）の説を利用しつつ平帝を毒殺し、新国を建てた（後八）。『周礼』に基づく復古的諸改革を行ったが、社会を混乱させ、農民・豪族の反抗を招き、更始元年（二三）劉玄の兵によって殺された。

光武帝（こうぶてい）（後漢）：前六～後五七　後漢初代の皇帝、名は劉秀。在位後二五～後五七。前漢皇室の一族で、南陽郡蔡陽（湖北省棗陽市西南）で豪族化していた。初め緑林軍に加わり、のち諸豪族を連合して新を滅ぼし、漢を再興した。洛陽を都とし、建武一二年（三六）に天下を統一した。王莽の苛政をのぞき、外戚を退け、儒学を奨励して名節を尊んだ。後漢の礼教主義の政治方針を確立し、対外的には消極策をとった。

明帝（めいてい）（後漢）：二八～七五　後漢第二代皇帝、光武帝の子。在位五七～七五。一〇歳で『春秋』に通じた。内政では外戚を遠ざけて儒学を奨励し、外政では班超を西域に派遣して西域都護に任ずるなど積極策をとった。夢に感じて仏教を西域からもたらせたとされる。

班固（はんご）：三二～九二　後漢の歴史家、字は孟堅、右扶風・安陵（陝西省咸陽）の人。九歳で詩文を巧みにし、あらゆる学問に通じた。父班彪を継いで、二〇年余りを費やして建初年間（七六～八四）に『漢書』を編纂した。将軍竇憲に連座して免官され獄死した。

班超（はんちょう）：三二～一〇二　後漢の将軍で、字は仲升、安陵（陝西省咸陽市東北）の人。班固の一歳下の弟。永平一六年（七三）、竇固の匈奴討伐の際に西域諸国招撫に任ぜられ、鄯善、于闐、疏勒、莎車、亀茲などの諸国を帰服させた。永元三年（九一）には西域都護となり、パミール東西の五〇余国を統轄した。また部下の甘英を大秦国に派遣した。

章帝（しょうてい）（後漢）：五八～八八　後漢第三代皇帝。明帝の子。在位七五～八八。寛政に努めて儒学を重んじ、白虎観で五経の異同を議論させた。皇后は竇氏で、章帝の死後、その兄の竇憲一族が権勢を振るい、外戚専横の端緒となった。

鄧騭（とうしつ）：？～一二一　後漢初の功臣鄧禹の孫で、字は昭伯、潁川潁陽（河南省許昌市）の人。若い時に竇憲に召され、妹が後漢第四代皇帝和帝の皇后となると出世して大将軍となった。兄弟五人みな侯に封ぜられ権勢を極めたが、鄧太后が死去すると（一二一年）、安帝の乳母と宦官の誣告により罪を受け、自殺を迫られ絶食して死去した。

安帝（あんてい）（後漢）：九四～一二五　後漢第六代皇帝。在位一〇六～一二五。一三歳で即位したが、実権は外戚の鄧太后一族が握った。匈奴などが侵入し、また旱害などにより財政は逼迫した。鄧太后の死後（一二一年）、鄧氏一族は失脚し、かわって宦官勢力が専権を振るった。

順帝（じゅんてい）（後漢）：一一五～一四四　後漢第八代皇帝。安帝の子。在位一二五～一四四。宦官に迎えられて即位した。宦官の勢力が増したので外戚梁氏を重用し、かえって政治が乱れた。外政面では、班超の子、班勇を登用して西域諸国を服属させたが、国内では自然災害が頻発し、衰退の兆しが見え始めた。

梁冀（りょうき）：？～一五九　後漢の外戚で後漢草創の功臣梁統の玄孫、字は伯卓、安定郡烏氏（甘粛省涇川県）の人。幼くして遊戯や賭博に通じ、妹が順帝の皇后となると、梁氏一族が国政を握るようになった。永和六年（一四一）に死んだ父に代わって大将軍となり専横をきわめ、八歳で第十代質帝を即位させたが毒殺して第十一代桓帝を即位させた。二〇年にわたって政権を独占したが、梁太后が延熹二年（一五九）に亡くなると、桓帝と宦官単超に謀られて自殺させられた。また一族みな斬罪に処せられた。

桓帝（かんてい）（後漢）：一三二～一六八　後漢第十一代皇帝。在位一四六～一六七。梁太后に迎えられて一五歳で皇帝となり、外戚の梁冀が朝政を握った。宦官単超（ぜんちょう）と謀って梁冀を殺したが、宦官の専横を招いた。宦官陳蕃などの名士がこれを非難して逮捕され、永康元年（一六七）党錮の禁が起こった。後漢衰亡の端緒となった。

▼史籍解題3

『漢書』（かんじょ）　中国正史の一つ。一〇〇編（のちに一編を分けて一二〇巻となる）。後漢の班固の撰。父班彪を継いで建初年間（七六～八四）に成立。漢の高祖から王莽までの漢一代二三〇年間の歴史を記述する。紀一三巻・表一〇巻・志一八巻・伝七九巻よりなる。その体裁は断代史であり、以後の正史は『漢書』を手本とした。

『礼記』（らいき）　古代の礼制度を集めた経典で、五経の一つで三礼の一つ。『儀礼』を解説した部分や、王制・月令などの制度・習俗に関して記されている。

『周礼』（しゅらい）　西周の封建制度を理想化した官制を記した経典で、三礼の一つ。漢代に成立したとされる。宮中の諸官や地方行政・教育、礼楽・祭祀、軍事、司法・外交、工作などを記している。

『後漢書』（ごかんじょ）　中国正史の一つ。一二〇巻。本紀一〇巻、列伝八〇巻は南朝宋の范曄の撰。志三〇巻は西晋の司馬彪の撰で、もと『続漢書』の志であったが、後人が范書に補った。この志が最後に置かれたものと、本紀列伝の間に置かれたものと二種の版本の形式がある。

第6章 「蒼天已に死す、黄天当に立つべし」――分裂時代の幕開け：三国時代

三国時代については、いわゆる三国志として、みなさんも多少はご存じかと思います。劉備や諸葛亮、曹操といった英傑が活躍するこの時代は、ゲームや漫画、また小説など、様々なジャンルで取り上げられています。ただし、その多くは、史実としての三国志ではなく、明代に成立した『三国志演義』という小説をもとにしています。そこでは、たとえば主人公の一人である劉備は、その手の長さが直立して膝まで届くとか、貂蝉という架空の美女が呂布を惑わした、などです。もちろん、本書では史実を扱います。

張角の旗印

ここに取り上げた言葉は、「蒼天已に死す、黄天当に立つべし」です。典拠は『後漢書』の皇甫嵩伝です。そこでは、当時、新興宗教であった太平道の頭領、張角が黄巾の乱を起こす際に唱えたスローガンとして出てきます。これは、漢王朝から新たな王朝への交代を、五行説に従って正当化しようとした言葉です。

五行説とは、春秋戦国時代から存在した思想の一つで、世界の生成・流転を五つの要素で説明しようとする考えです。世界が生まれ、また変化するのは、木・火・土・金・水の五大要素が流転するからと考えます。その流転の仕方には、五行相生説（──→）と、五行相剋説（‐‐‐→）の二パターンありますが、当時は五行相生説が主流でした。つまり木から火が生じ、火から土が生じ、土から金が生じ、金から水が生じ、水から木が生じると考えます（図6‐1）。

よって張角は、漢王朝が火をシンボル（火徳）とする王朝だったので、その次に生じるのは土ですから、土

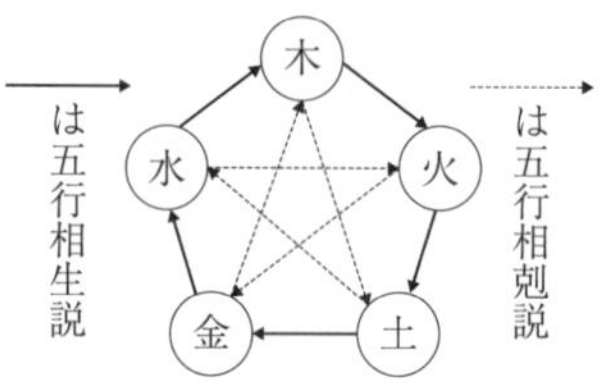

図6－1　五行説
出所：筆者作成。

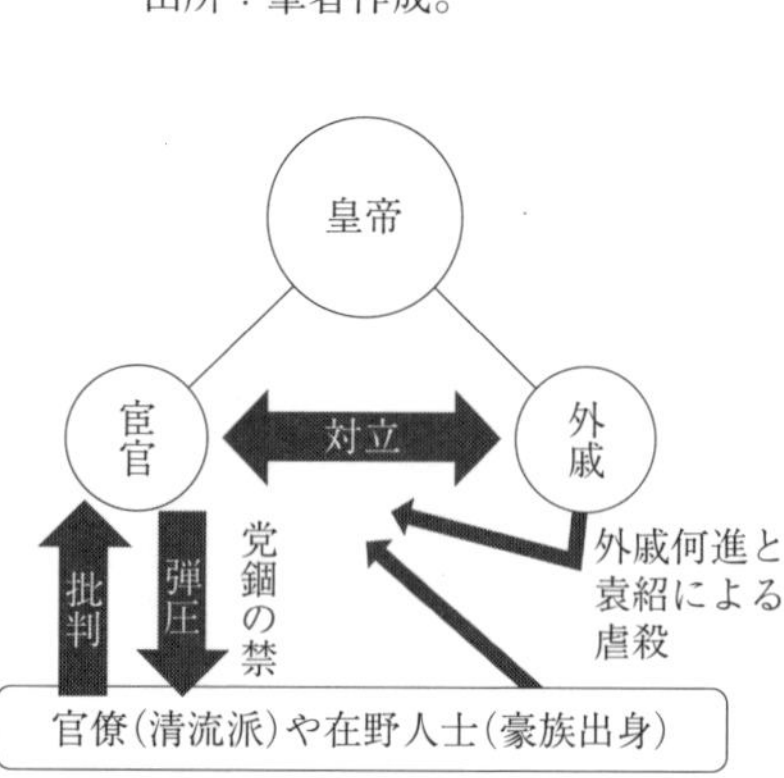

図6－2　後漢末の政治対立
出所：筆者作成。

のシンボルカラーである黄色の天下が次に来るべきだ！と唱えたのでした。張角の企みは以下に見てゆくように頓挫しますが、曹操によって基礎が築かれた魏王朝は土徳をシンボルとしました。

それでは、三国時代の歴史と社会を見ていきましょう。ただ、細かく見てゆくと紙幅が大幅に増えてしまいますので、その時代を決定づけた三つの戦いを取り上げます。官渡の戦い・赤壁の戦い・五丈原の戦いです。

後漢末の政治対立

第5章でも見ましたが、後漢時代は幼い皇帝が即位することが多く、その母である皇后やその一族である外戚が実権を握りました。また成人した皇帝は、外戚を排除しようとして、自らの身の回りの世話をする宦官と協力しました。こうして宦官も権力を握るようになり、皇帝を押しのけるまでに至ります。こうした専横を振るう宦官が起こしたのが、党錮の禁です（一六六年と一六九年）。

宦官による政治の腐敗は、清流派とも呼ばれた高潔な官僚や、在野の豪族出身の人士から批判に晒されました。それに対する弾圧として彼ら人士を捕え、官僚となる資格を剝奪したのが党錮の禁です。こうした宦官による専横に対抗するため、当時霊帝の皇后であった何氏の兄として外戚の地位にあった何進と、代々官僚を輩出した豪族の袁紹が、霊帝の死をきっかけとして、多くの豪族や在野の人士を巻き込んで、一八九年に宦官大虐殺を行いました（ただ何進は先手を打たれて宦官に殺されました）（図6－2）。宮廷で宦官を殺す際に、ひげ

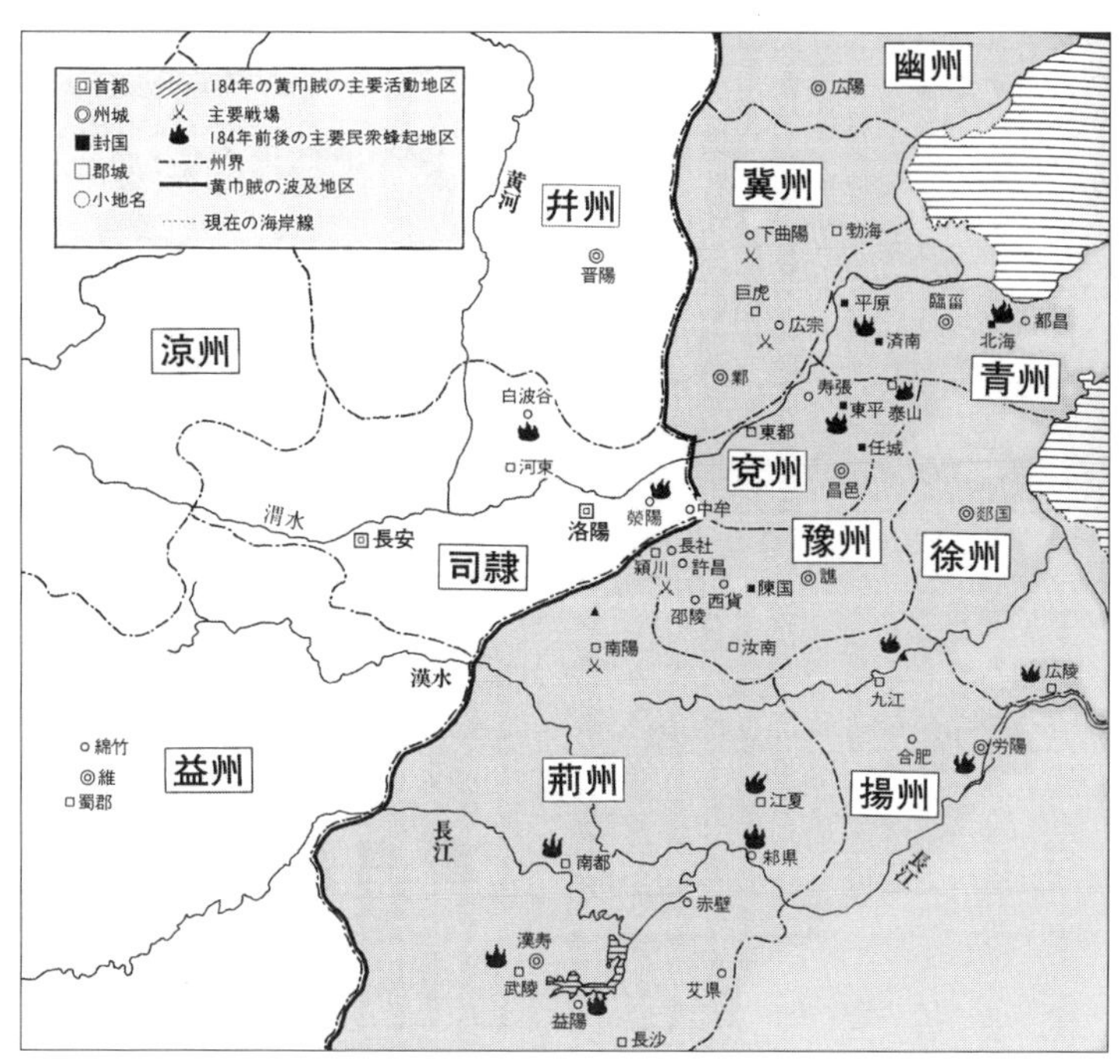

図6－3　黄巾の乱の波及地域

出所：『歴史群像　三国志　上巻』（学研、1990年）39頁。

のない（もしくは薄い）人[*]を片っ端から切り捨てたので、死者二千人にのぼったと言われています。

＊宦官とは、性器の切り取られた男性官人。その多くは戦争捕虜か、あるいは罪を得て、宮刑を受けて宦官となった（有名な歴史家司馬遷も宮刑を受けた）。生殖機能を失った官人は、宮中の女官との〝まちがい〟が起きないので、皇帝の身の回りの世話を行った（皇帝の子を孕んだが、実は別人！とかを避けるため）。後漢時代には、皇帝権力を笠に着て、富み栄える者も出てきたので、望んで宦官になる者もいた。なお生殖器を失うと、男性ホルモンが減退して体格・体質が女性化するとされ、ひげが生えなくなったり、ふくよかな体格になった。宦官は二〇世紀初めまで存在した。ちなみに別称として、黄門・太監などとも呼ばれる。

黄巾の乱

このように、皇帝を中心とした宮中では、外戚や

図6－4　官渡の戦い前の軍閥割拠状況
出所：『中国史２』（山川出版社、1996年）６頁。

宦官、官僚や有力者が権力闘争を繰り広げ、民間で発生していた自然災害への対応が疎かとなっていました。生きてゆくのに困難な人々は、政治に頼ることができず、新興宗教へと心のよりどころを求めるようになります。そうした時に勢力を拡大したのが、太平道という新興宗教でした。

病を癒すと信じられた太平道は、瞬く間に信者を増やします。自然災害によって激増した貧農層がその担い手となりました。そしてその頭領であった張角は、一八四年、全国一斉に蜂起しました。黄巾の乱です。シンボルの黄色の頭巾をかぶっていたので、そう呼ばれます。その地域は八州、人数は三六万人にも上りました（図6－3の網掛けの地域）。

黄巾の乱は、わずか一年ほどでほとんど鎮圧されましたが、その鎮圧にあたった豪族などが力を伸ばし、各地で勢力を張る事態となりました。いわゆる群雄割拠です。

袁紹による宦官大虐殺後に、西方の羌族軍団を率いて長安から洛陽に入った群雄のひとり董卓は、袁紹を追い出して独断で献帝を擁立して即位させました（一八九年）。専権を振るう董卓でしたが、部下の呂布に殺害され、その下を逃れた献帝を迎え入れたのが兗州牧であった曹操です。

官渡の戦い

図6－4にあるように、宦官虐殺を行ったものの、董卓に追い出された袁紹は河北（冀州・幽州）を抑え、非常に強い勢力を誇っていました。そしてその行く手を遮っていたのが、「治世の能臣、乱世の奸雄」と称された曹操でした。曹操は、宦官曹騰の孫（父は曹騰の養子）で、有能な同族や武将・参謀を多く集めて、兗州牧となりました。青州・徐州の黄巾残党軍を降して自らの軍隊に加え（「青州兵」と呼ばれました）、その軍事力を補強しました。建安元年（一九六）に献帝を庇護したので、その軍事行動の正当性を得ることができ、兗州を拠点とし、許を都に据えました。その両者がぶつかり合ったのが官渡の戦いであり、天下分け目の決戦、その一でした。紀元後二〇〇年のことです（図6－5）。

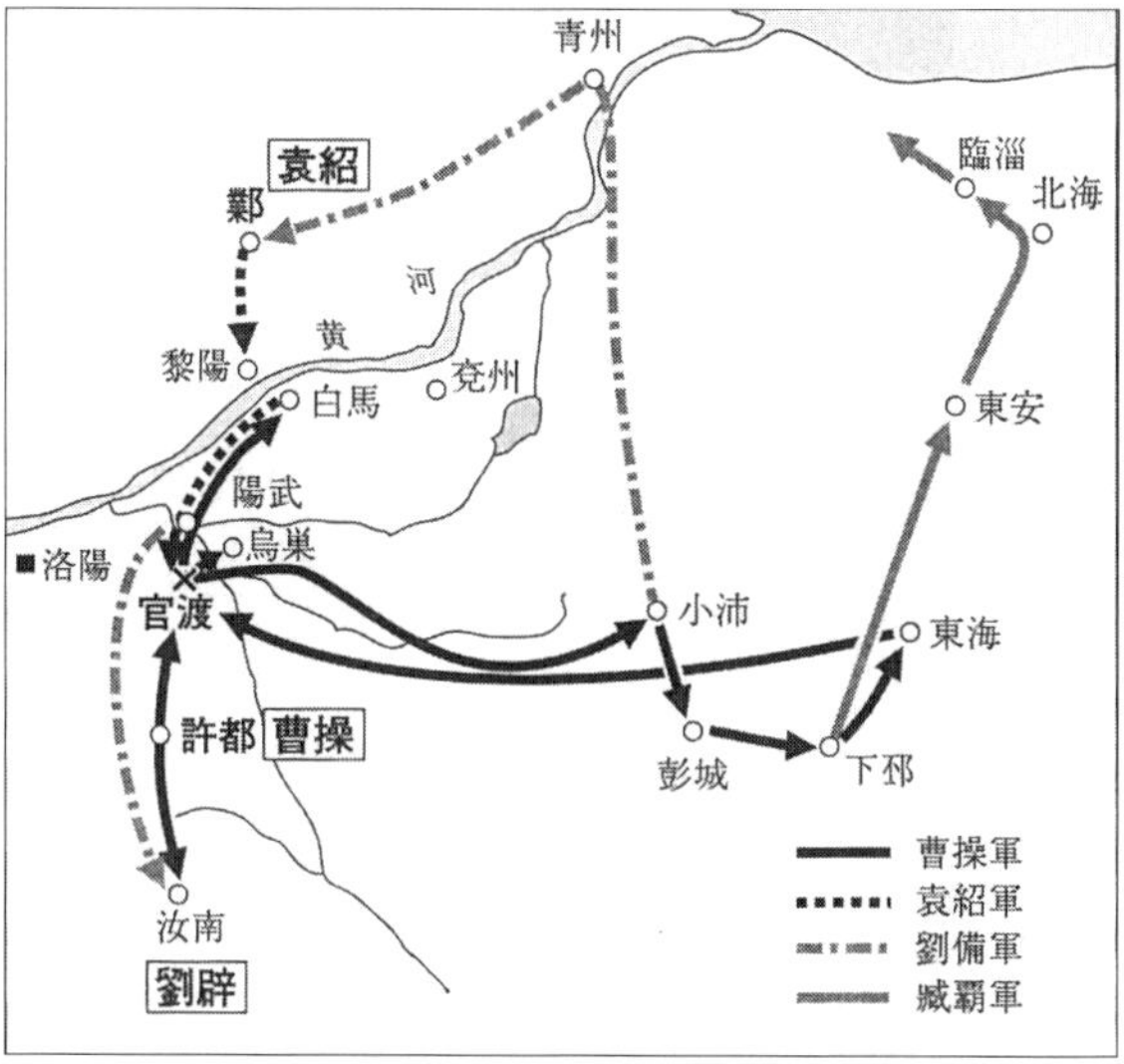

図6－5　官渡の戦い

出所：金文京『中国の歴史04　三国志の世界　後漢 三国時代』（講談社、2005年）69頁。

河南へ進攻する袁紹軍は一〇万、対する曹操軍は二～三万という圧倒的な兵力差のなか、戦いが始まりました。結果は、袁紹の家臣による曹操軍への寝返りや、曹操軍の袁紹軍補給倉庫の焼き払いなどによって、曹操軍の勝利となります。なお『三国志演義』では、曹操軍にいた関羽が白馬にて顔良と文醜（ともに袁紹軍の武将）を切り伏せたエピソードが有名ですが、実際には顔良だけです。文醜は曹操軍により敗死しました。

この大勝利によって、曹操は中原の覇者となりました。また二〇二年、袁紹の病死後に、その息子たちの後継者争いに乗じて曹操は河北の地を手

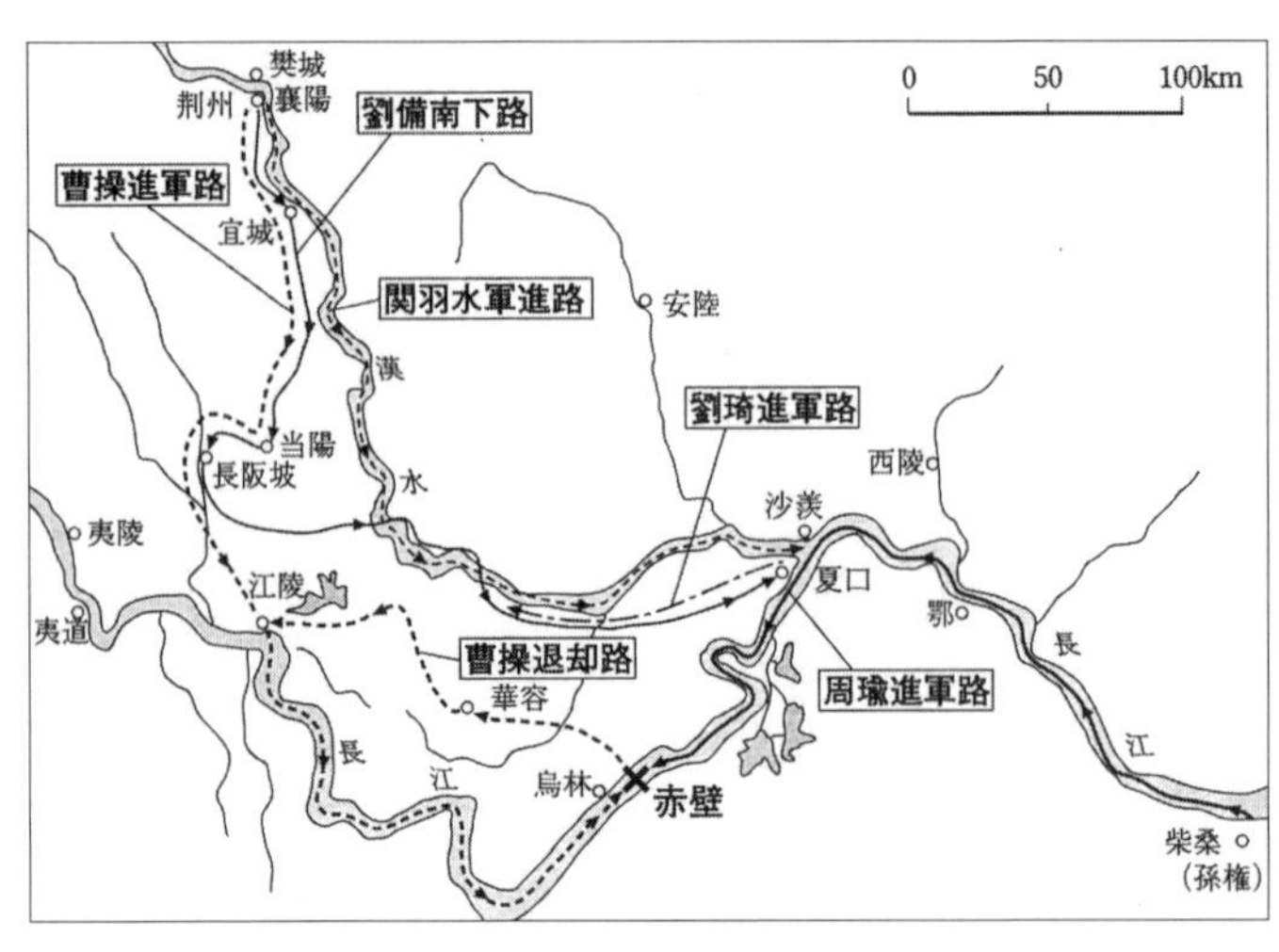

図6－6　赤壁の戦い

出所：金文京『中国の歴史04　三国志の世界　後漢　三国時代』87頁。

に入れ、背後の憂いがなくなりました。天下の趨勢は、曹操に傾いたかのようでしたが、そのようにはなりませんでした。劉備・孫権連合軍によって大敗北を喫したのです。世にいう赤壁の戦いです。

赤壁の戦い　もとは袁紹軍に加わっていた劉備は、官渡の戦い以後、各地を流転し、やがて荊州の劉表を頼りました。そしてこの地で、天下随一の名軍師、諸葛亮を三顧の礼で迎え入れました。そこで諸葛亮は劉備に天下三分の計を授けます。このとき劉表が病死して、跡を継いだ劉琮が南下する曹操軍に帰順しようとすると、曹操との対決を進言した諸葛亮は、南に逃れつつ東の孫権と連合して、曹操軍を迎え撃つ作戦を立てました。

二〇八年、三〇万の軍勢率いる曹操軍は、荊州へと攻め入りました。また帰順した荊州兵一〇万を加え、わずか二〇〇〇人の劉備軍を追いかけます。そこへ諸葛亮や呉の魯粛によって説得された孫権が派遣した周瑜五万の水軍が、長江を遡上して援軍に駆けつけました。そして曹操軍と劉備・周瑜連合軍が赤壁の地で激突しました。赤壁の戦いです（図6－6）。水上戦に不慣れであった曹

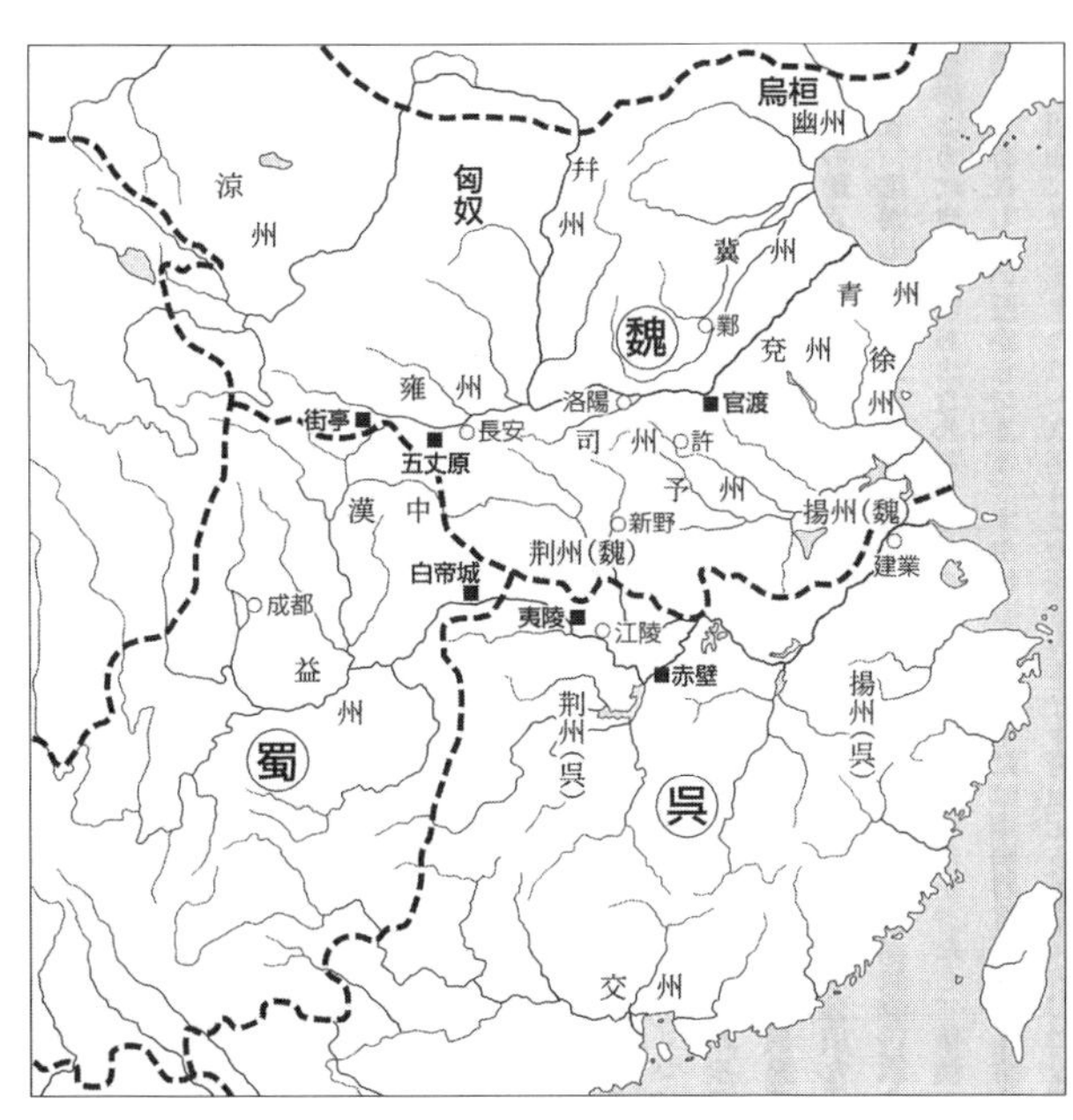

図６－７　三国分立時代

出所：『中国史２』10頁。

操軍では疫病が流行っていたこともあり、周瑜軍の火計によって大敗北しました。曹操は命からがら徒歩で逃げる始末でした。

この曹操の敗戦により、華北の曹操、江南の孫権、そして戦後に蜀の地に入った劉備という三つ巴の状況が生まれました。諸葛亮の言う天下三分の出現でした（ただし諸葛亮は、劉備が荊州と益州を所有して三分とする計略でしたが、関羽の敗北によって荊州は呉に取られてしまいました）。ここに三国時代が始まります（図６－７）。

漢から禅譲を受けた魏（二二〇～二六五）

魏の実質的な建国者は曹操でしたが、彼は皇帝の座に就くことはありませんでした。魏の初代皇帝は、二男の曹丕（文帝とも呼ばれます）で、都を洛陽に置きました。天下三分とはいえ、実質的には中国の北半分を領有した魏は、漢王朝から禅譲を受けて、その正統性を保持していました。

曹操は、疑い深い猜疑心のある人物でしたが、有能な人材に対しては、たとえ敵対していても積極的に登用しました。そのため、配下には、

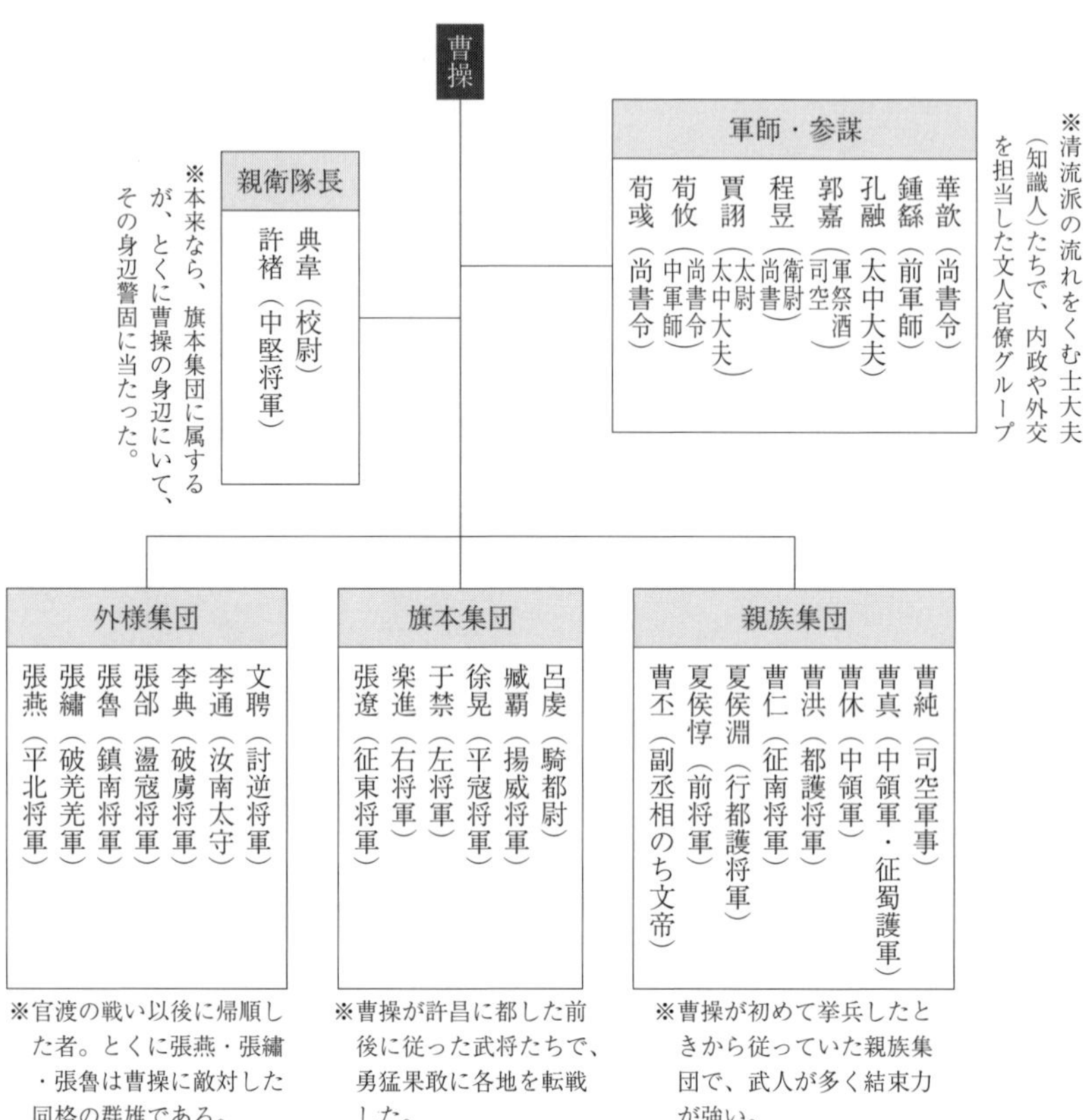

図6－8　魏の政権構成

出所：『歴史群像　三国志　上巻』64頁。

曹操の一族や、豪族、清流官僚といった様々な人材が結集していました（図6－8）。

魏が他の二国に比べて強大であったのは、いくつかの先進的な制度を始めたからです。その一つは兵戸制と呼ばれるもので、これは兵卒を出す戸を定めて兵役義務を課し、戦争に専念させました。また戦争によって荒廃した無主の土地を人民に屯田させ、軍糧を確保しました。こうした軍事態勢を取る一方で、有能な人材を官僚として確保するための官吏登用法として九品官人法を定めます（詳しくは第7章）。

しかし魏は、やがて政権を乗っ取った司馬一族によって滅ぼされてしまいます。

蜀（二二一～二六三）と五丈原の戦い

蜀は三国志の英雄の一人、劉備が二二一年に皇帝に即位して建国されました。都は成都です。天才軍師諸葛亮がよく補佐したので、三国のうち最弱でありながらも、残り

表6－1 蜀の人材

人　名	出身地	出会い	出会い場所
関羽	河東郡	随従	涿郡
張飛	涿郡	随従	涿郡
＊糜竺	東海郡	随従	小沛
簡雍	涿郡	随従	涿郡
孫乾	北海郡	召す	徐州
趙雲	常山郡	随従	鄴
☆諸葛亮	琅邪郡	招聘	荊州
☆法正	扶風郡	随従	荊州
伊籍	山陽郡	随従	荊州
黄忠	南陽郡	随従	荊州
蔣琬	零陵郡	随従	荊州
龐統	襄陽郡	招聘	荊州
馬良	襄陽郡	召す	荊州
馬謖	襄陽郡	召す	荊州
☆馬超	扶風郡	降伏	成都
＊許靖	汝南郡	降伏	成都
董和	南郡	召す	成都
＊黄権	巴西郡	降伏	成都
李厳	南陽郡	降伏	成都
彭羕	広漢郡	召す	成都
＊劉巴	零陵郡	召す	成都
＊費禕	江夏郡	召す	成都

注：☆後漢官僚　＊豪族の家柄

出所：『歴史群像　三国志　上巻』91頁。

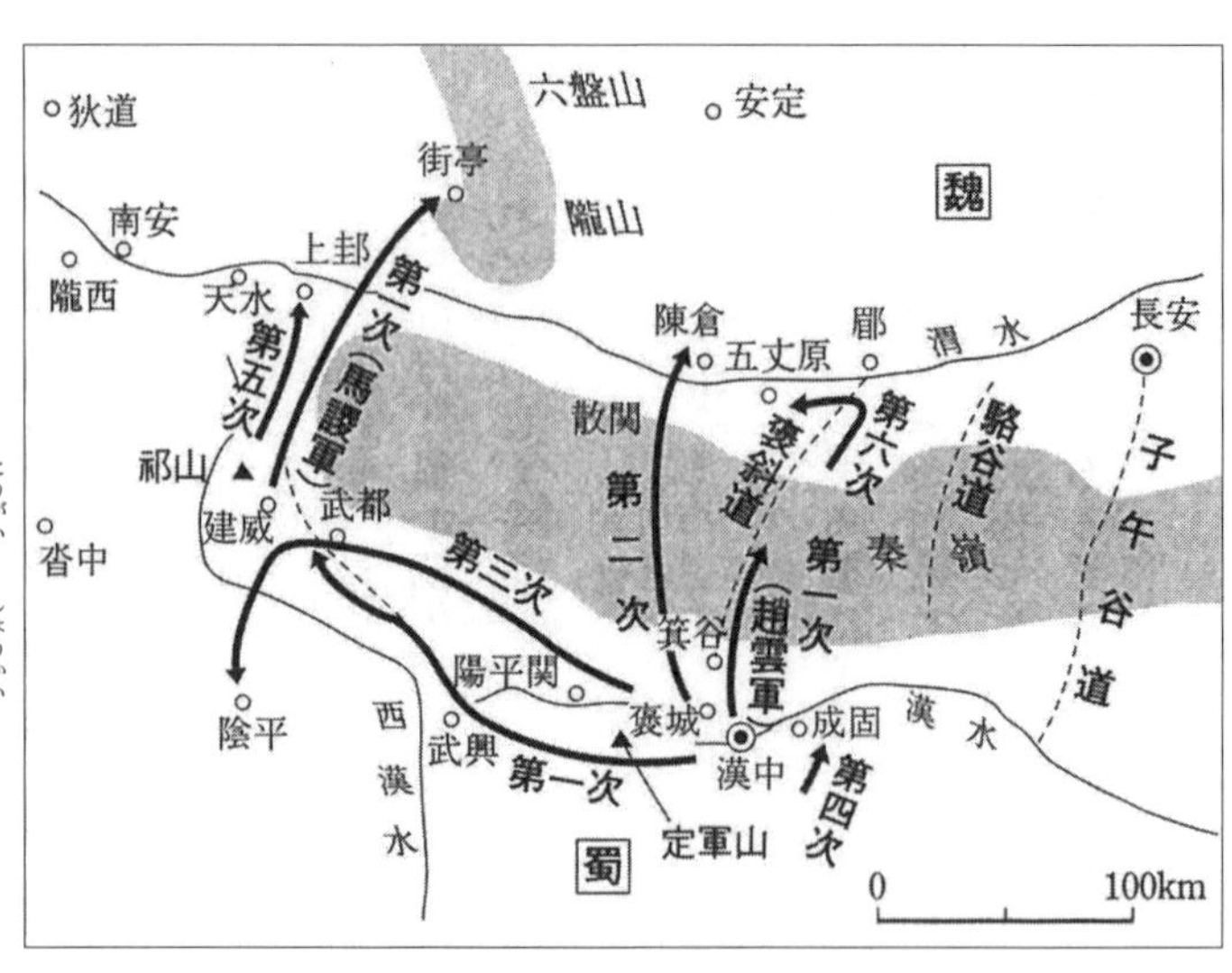

図6-9　五丈原の戦い

出所：金文京『中国の歴史04　三国志の世界　後漢　三国時代』158頁。

続けました。もとは劉備が荊州の人士を引き連れて、蜀の地に入って、その豪族たちの協力を得て出来た国なので、流寓政権として不安定でした（表6-1の蜀の人材を見てください）。そこで、諸葛亮は、魏に対する北伐を何度も行うことで、政権の安定化を図りました。ですが、五度目の北伐で命を落とします。それが二三四年の五丈原の戦いです（図6-9）。

天才軍師の諸葛亮に対峙するために、魏からやはり稀代の軍師である司馬懿が派遣されていました。両軍は長く対峙しましたが、折悪く諸葛亮は病に倒れて陣中で没してしまいました。退却する蜀軍に対し司馬懿は追い打ちをかけましたが、かえって反撃を受けて退却を余儀なくされました。後にこれを「死せる諸葛、生ける仲達（司馬懿）を走らす」（『三国志』巻三五、諸葛亮伝）と言いました。

諸葛亮亡き後、跡を継いだ姜維が強引に北伐を続けますが、結局は魏の鄧艾と鍾会の軍によって滅ぼされてしまいました。

豪族たちの連合政権、呉（二二九〜二八〇）

呉の初代皇帝は孫権ですが、その父孫堅、兄孫策と二代にわたって群雄として勢力を拡大し、江南を支配していました。都は建業（現在の南京）です。呉は長江の北と南の豪族たちが寄り集まった連合政権で、中央の権力はあまり強くありませんでした（図6-10）。

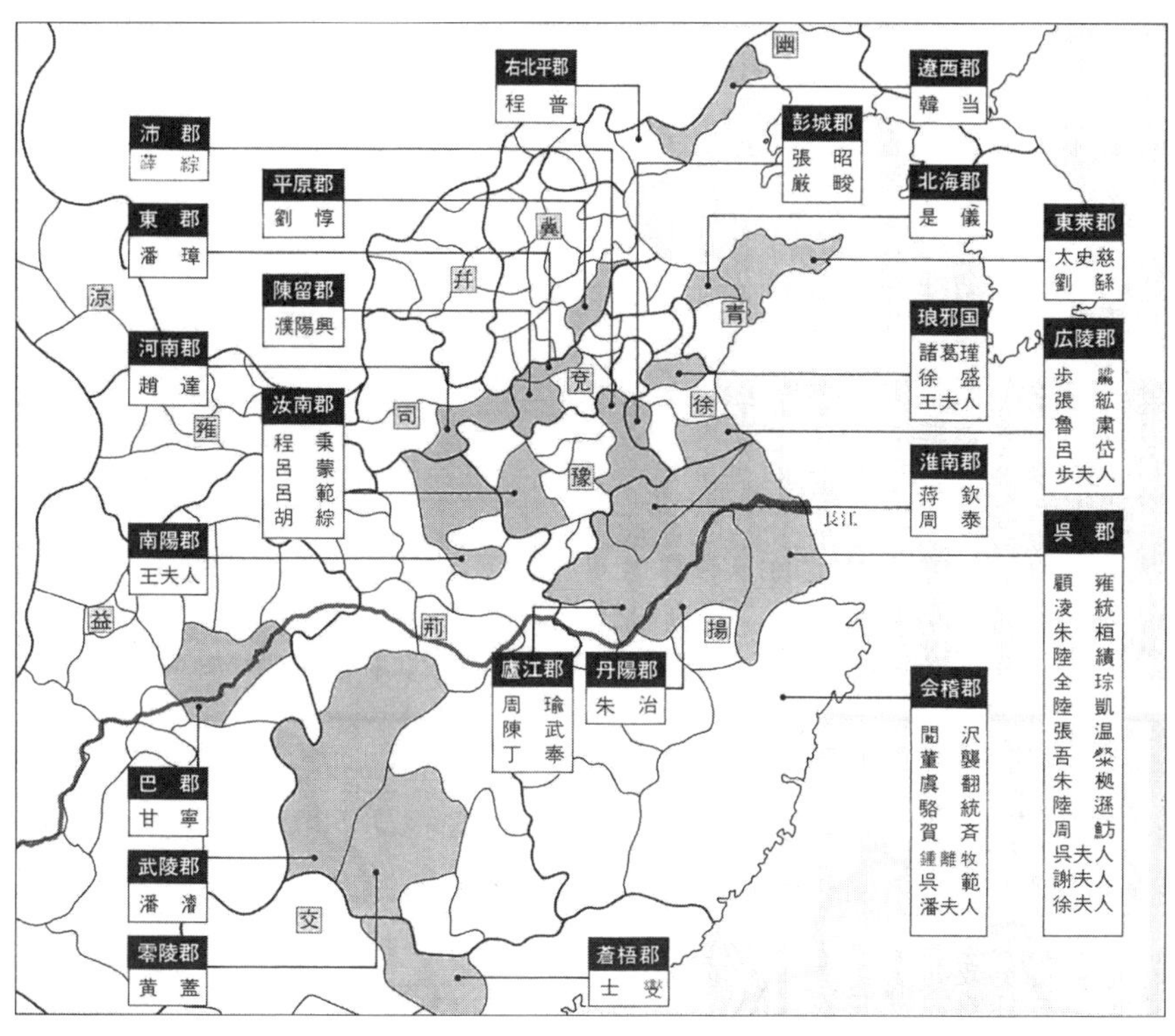

図6-10 呉の人材構成

出所：『歴史群像　三国志　上巻』155頁。

それを象徴するような制度が呉では行われていました。一つに世兵制というのがあり、これは呉の将軍がそれぞれ自らの軍隊を所有し、その軍隊を世襲していくというものです。また将軍たちに手当として、数県の領土を与える奉邑制というのもありました。これらは、言ってしまえば封建制みたいなものでした。孫権のような強力な皇帝がいれば呉はまとまっていましたが、その後の皇帝たちに求心力がないとなると、内紛が頻発するようになり、衰退するうちに晋によって滅ぼされてしまいました。

以上のように、後漢から三国時代は各地の豪族が成長して、地域の有力者という性格だけでなく、

コラム7　神になった関羽

関羽、字は雲長、河東郡解県の人。劉備が兵を集めていた際に張飛とともに加わった。三人が義兄弟の関係を結んだ「桃園の盟」は著名。顔は棗のような色で、白ひげが美しく「美髯公」と称された。武勇にすぐれ、白馬の戦いで顔良を斬り、曹操の勝利に貢献した。

ただし、敵をいたって侮りやすく、結果として見下した呉の呂蒙に敗れて荊州を失い、天下三分を目指した劉備・諸葛亮の計略を台無しにした。

関羽は義理を重んじ信義に厚かったため、後に神とあがめられた。唐宋時代より歴代君主の尊崇を浴び、明代に帝号が贈られる。いつのまにか財神として民間で信仰され、とくに華僑の中華街には関帝廟が置かれた。神戸や横浜などに今も存在する（図6-11）。

図6-11　関帝廟（中国・泉州市）
出所：筆者撮影。

政治権力を目指す存在へとなっていく時代でありました。そして、政治を志向する豪族が政権の中枢に居座る貴族へと変貌し、次の時代を担っていきます。

参考文献

川勝義雄『魏晋南北朝』（講談社学術文庫、二〇〇三年）
金文京『中国の歴史04　三国志の世界　後漢三国時代』（講談社、二〇〇五年）
松丸道雄・池田温・斯波義信・神田信夫・濱下武志編『中国史2　三国～唐（世界歴史大系）』（山川出版社、一九九六年）

▼人物略伝6

曹騰（そうとう）：一〇〇～一五九　後漢末の宦官で、字は季興、沛国譙県（安徽省亳州市）の人。曹嵩を養子にとり、その子が曹操。幼くして宦官となり、皇太子であった順帝の学友となった。安帝から質帝まで四人の皇帝に仕え、中常侍・大長秋にまで昇った。魏の明帝により、諡号として高皇帝を贈られた。

霊帝（れいてい）（後漢）：一五六 or 一五七～一八九　後漢の第十二代皇帝。在位一六八～一八九。竇太后に擁立されて一三歳で即位した。外戚の竇武が名士を用いて宦官を除こうとしたが失敗し、再び党錮の禁が起こった。中平元年（一八四）に黄巾の乱が起こり、平定後も群雄割拠を生じた。

何皇后（かこうごう）（後漢）：？～一八九　後漢霊帝の皇后で、子は少帝、荊州南陽郡宛（河南省南陽県）の人。貧しい屠殺業の出であったが、宦官に賄賂を贈って後宮に入った。霊帝の寵愛を得て少帝を産み皇后となった。少帝が即位すると、皇太后となって朝政を握ったが、異母兄の何進が宦官排除を画策すると、これに反対した。洛陽に入った董卓によって少帝が廃位されて献帝が即位すると、毒殺された。

何進（かしん）：？～一八九　後漢末の外戚で、字は遂高、南陽郡宛（河南省南陽県）の人。貧しい屠殺業者だったが、宦官を通じて異母の妹を後宮に入れ、その娘が霊帝の皇后となると、外戚となって権力を振るった。霊帝が崩御すると少帝を即位させ、何太后と朝政を握った。袁紹に勧められて宦官誅滅を謀ったが、事が露見して宦官に殺された。

献帝（けんてい）（後漢）：一八一～二三四　後漢の第十四代皇帝。在位一九〇～二二〇。董卓に擁立されて即位。董卓の死後は曹操に迎えられて洛陽に帰ったが、以後曹操の傀儡となり、子の曹丕が魏王を継ぐと、迫られて帝位を譲り、漢は滅んだ。のち山陽公に封ぜられた。

皇甫嵩（こうほすう）：？～一九五　後漢末の名将で、字は義真、安定郡朝那（甘粛省平涼市）の人。幼くして詩書・弓馬をよくした。霊帝のとき北地太守となり、黄巾の乱が起こると、自ら軍を率いて各地の黄巾軍を撃破した。実権を握った董卓に殺されそうになるも、息子の計らいで難を逃れた。

張角（ちょうかく）：？～一八四　後漢末の太平道の創始者、冀州鉅鹿（河北省藁城県）の人。太平道は道教の一派とされ、病の根源は犯した罪にあるとし、病人に反省懺悔させて符や水を飲ませた。後漢末の社会混乱の中で信者を多く集め、弟子を各地に派遣して教団をつくらせ、信徒数十万にも上った。一八四年に漢王朝転覆を図って一斉蜂起したが、張角はその年に病死した。

董卓（とうたく）：?～一九二　後漢末の群雄の一人で、臨洮（甘粛省岷県）の人。字は仲頴。もと涼州の豪強で、霊帝の時に前将軍となり、昭寧元年（一八九）に兵を率いて洛陽に入り、少帝を廃して献帝を立て、朝政を専断した。初平元年（一九〇）に袁紹ら連合軍に攻め入られ長安に遷ったが、ますます横暴となり、初平三年（一九二）に王允・呂布によって殺された。

呂布（りょふ）：?～一九八　後漢末の武将で、字は奉先、五原郡九原（内モンゴル自治区包頭市）の人。武勇に優れ、并州刺史丁原に仕え信任された。董卓に誘われて丁原を殺して、董卓に従ったが、やがて董卓も殺して各地を流転した。劉備の下に降って袁術を攻めたが、袁術に通じて劉備を裏切り、劉備の頼った曹操軍に敗れて縊り殺された。

袁紹（えんしょう）：?～二〇二　後漢末の群雄の一人で、汝陽（河南省商水県西南）の人。字は本初。四世にわたり三公を出した名家の出。霊帝が崩ずると外戚の何進と謀って董卓を召して宦官を誅殺せんとしたが、事洩れて何進は殺された。袁紹はすぐさま宦官二千余人を誅殺した。董卓が洛陽で朝政を専横すると、山東諸豪族の盟主となり、董卓を討った。のち冀州を領有して曹操と対立し、建安五年（二〇〇）官渡の戦いに敗れて、まもなく病死した。

顔良（がんりょう）：?～二〇〇　後漢末袁紹配下の武将で、文醜とともに武勇の威名があった。官渡の戦いで白馬にて、単騎駆け付けた関羽に切り殺された。

文醜（ぶんしゅう）：?～二〇〇　後漢末袁紹配下の武将で、顔良とともに勇将とされた。官渡の戦いで顔良が白馬で敗れると、曹操軍は白馬から西に動いたが、袁紹は黄河を渡って文醜にその後を追わせた。曹操軍の策略にはまって敗れ、戦死した。

劉表（りゅうひょう）：?～二〇八　後漢末の群雄で、字は景升、山陽郡高平（山東省鄒県南西）の人。前漢景帝の子孫で、若いとき清流人士と交流した。荊州牧となり、学問を奨励したので優れた人士が多く集まった。劉備が頼ってきた際に曹操との関係が悪化し、曹操の荊州入り前に病死した。

劉琮（りゅうそう）：生没年不詳　後漢末の群雄劉表の子で、兄は劉琦（りゅうき）。劉表後妻の蔡夫人とその弟の蔡瑁（さいぼう）の策略で、劉表の死後に劉琦に代わって後継者となった。南下する曹操軍に降伏し、後に青州刺史となった。一方の劉琦は劉備を頼って南に逃れ、赤壁の戦い後には、劉備から荊州刺史を任された。

曹操（そうそう）：一五五～二二〇　三国魏の創始者で、沛国譙（安徽省亳州市）の人。字は孟徳。宦官曹騰の養子の子であった。黄巾の乱を討ち、董卓討伐軍に加わり、以後独立して兗州を平定、黄巾余賊を治めて勢力を伸ばした。冀州の袁紹を破り華北を統一したが、赤壁の戦いで劉備・孫権連合軍に敗れ、天下三分の形勢となった。漢の丞相として実権を握り、魏王に封ぜられ、鄴（河北省臨漳県）を都として魏王国を立てた。兵戸制・屯田制・戸調制を施行し、文学を奨励して建安文学を興した。

文帝（ぶんてい）（魏）：一八七～二二六　三国魏の初代皇帝、名は曹丕。在位二二〇～二二六。曹操の長子。曹操の死後、後漢献帝の禅譲を受けて即位した。また郷挙里選の法を不十分として、九品官人法を施行した。文才があり『典論』を著して「文学は経国の大業」といった。

司馬懿（しばい）：一七九～二五一　三国魏の大臣で、河内温県（河南省温県西）の豪族。字は仲達。はじめ曹操に仕えて謀略多く、のち曹丕に信任された。魏明帝のとき、大将軍に任じられて諸葛亮と対峙すること多く、魏の重臣となった。明帝の死後、斉王曹芳を補佐し、嘉平元年（二四九）クーデタを行い朝政を独占した。その子司馬師・司馬昭、孫司馬炎（武帝）が西晋を興す基礎を作った。

鄧艾（とうがい）：?～二六四　三国魏の名将で、字は士載、義陽郡棘陽県（河南省新野県）の人。幼くして孤児となったが、司馬懿に認められて魏に仕えた。農政に明るく、屯田を設けて魏の軍糧確保に大いに役立った。以後軍功を積んで安西将軍となり、蜀の姜維と対峙した。鍾会とともに蜀を攻めて滅ぼし、次いで勝手に呉を攻めようとするとするも、反逆の罪を着せられて処刑された。

鍾会（しょうかい）：二二五～二六四　三国魏の武将で、字は士季、潁川郡長社県（河南省長葛県西）の人。幼くして聡明で博学であった。父が魏の太傅鍾繇であったので若くして重用され、司馬師・司馬昭に仕えて腹臣となった。鄧艾とともに蜀を滅ぼしたが、鄧艾を誣告して捕らえ、蜀の地で乱を起こしたが殺された。

劉備（りゅうび）：一六一～二二三　三国蜀漢の建国者で、諡は昭烈帝。在位二二一～二二三。涿郡涿県（河北省涿州市）の人、字は玄徳。前漢景帝の子孫とされる。黄巾の賊を討って勢力を得て、後漢末の群雄割拠の局面を利用して各地を渡った。荊州で諸葛亮を得て天下三分の計を聞き、孫権と結んで赤壁の戦いで曹操を破った。蜀を平定して成都で帝位に就き、漢と号した。呉と荊州領有を争い、親征途中に白帝城で没した。

関羽（かんう）：？～二一九　三国蜀の武将、字は雲長、河東郡解県（山西省運城県）の人。張飛とともに劉備に従い、各地を転戦した。官渡の戦いで顔良を切り伏せ、赤壁の戦い後に劉備が荊州を押さえると、襄陽太守となって湖北を治めた。関羽を恐れた曹操と孫権に同時に攻められ、敗れて斬首された。後に忠義の臣として信仰を集め、関帝として親しまれた。

諸葛亮（しょかつりょう）：一八一～二三四　三国蜀漢の名宰相で、字は孔明、瑯琊郡陽都（山東省沂南県南）の人。鄧県隆中（湖北省襄陽市西）に蟄居していたおり、劉備に招かれて天下三分の計を説き、劉備に仕えてよく補佐した。呉の孫権と結んで曹操を赤壁に破り、巴蜀を得て蜀漢を立てた。章武三年（二二三）に劉備が死ぬと、遺詔を受けて後主劉禅をたすけ、五度にわたって魏へ出兵し中原回復をもくろんだ。建興一二年（二三四）、魏の司馬懿と渭南で対峙し、五丈原の陣中で病没した。

姜維（きょうい）：二〇二～二六四　三国蜀の将軍で、字は伯約、天水郡冀県（甘粛省武山県）の豪族。はじめ魏の官吏として務めたが、郡守に疑われて蜀の諸葛亮に従った。諸葛亮にその才を認められ、やがて大将軍となった。諸葛亮の事業を継いで魏と戦ったが戦果は上がらず、炎興元年（二六三）に鄧艾・鍾会に攻められて蜀は滅んで、姜維も降伏した。鍾会に反逆をそそのかすも失敗し、一緒に殺された。

孫堅（そんけん）：一五六～一九二　後漢末の武将で孫権の父、字は文台、呉郡富春（浙江省富陽県）の人。若いとき県の小役人であったが、黄巾の乱平定に貢献し、董卓討伐の際も袁術に従った。袁術の命で荊州劉表を攻めたが、戦死した。

孫策（そんさく）：一七五～二〇〇　後漢末の武将。孫堅の子であり孫権の兄で、字は伯符。父孫堅の死後、袁術に仕えたが、江東を平定して一勢力となった。曹操と結んで呉侯となったが、官渡の戦いの折に後漢献帝を呉に迎えようとした矢先に殺された。

孫権（そんけん）：一八二～二五二　三国呉の初代皇帝。字は仲謀、富春（浙江省富陽市）の人。在位二二九～二五二。後漢の末、兄の孫策のあとを継ぎ江東六郡を領有した。劉備と連合して曹操を赤壁に破り、また劉備の部下関羽を破って荊州を取った。黄龍元年（二二九）、皇帝となり、建業（江蘇省南京市）を都とした。また江南の開発を進めた。

魯粛（ろしゅく）：一七二～二一七　三国呉の建国の功臣で、字は子敬、臨淮郡東城（安徽省定遠県南東）の人。富豪の出で、家財を散じて人士と交わった。孫権に仕えて、劉備と組んで曹操と戦うことを勧めた。劉備が蜀に入ってからは、湘水を国境として呉と蜀が荊州を領有することを約束させた。

周瑜（しゅうゆ）：一七五～二一〇　三国呉の功臣で、廬江郡舒県（安徽省舒城県）の人。字は公瑾。はじめ孫堅の起兵に従い、のち孫策とともに江東を平定して孫氏政権を打ち立てた。孫策の死後は、張昭とともに孫権を補佐し、建安一三年（二〇八）に曹操軍が南下すると、多くの降服論者を抑えて自ら軍を率い、赤壁で打ち破った。その功により南郡太守に任ぜられたが、まもなく病死した。

▼史籍解題４

『三国志』（さんごくし）　西晋の陳寿の撰で、三世紀末に成立した。六五巻。後漢末から三国時代の記録で、正史の一つ。魏書三〇巻、蜀書一五巻、呉書二〇巻から成るが、志はない。内容は簡略であったので、南朝宋の裴松之が注を作った。この裴松之注は関係する諸書を網羅して、本文をよく補っている。

『三国志演義』（さんごくしえんぎ）　元末明初の羅貫中が著した長編白話小説。正史・雑記・異聞などを参照して創作された。一〇〇年の三国時代について記し、七割真実、三割虚構の内容であったという。脈絡明晰・言語流暢で、長編歴史小説の最高峰とされる。

第7章「石に漱ぎ、流れに枕す」——貴族と胡族の政治文化：南北朝時代

孫楚のこじつけ

天下の大半を支配した魏でしたが、司馬一族が政権を簒奪し、司馬懿の孫にあたる司馬炎が魏より禅譲を受けて晋国を建てました（二六五年）。晋は二八〇年に呉を滅ぼして、ひとたび天下を統一しました（統一期間は二〇年足らず）。ですが、各地の王に封建された司馬一族が内乱（八王の乱）を繰り広げたことで衰退し、その軍事力として利用された異民族の五胡が華北に入って次々と建国することとなりました（五胡十六国）。そして匈奴の劉聡が都の洛陽を陥落させ、晋を滅ぼしました（永嘉の乱）。

司馬一族であった瑯琊王の司馬睿は、南の建業（かつての呉の都、現在の南京）を守っていましたが、そこで晋王朝を継承していくことになります。都を洛陽から東の建業に置いたので、以後の晋を東晋と呼びます（それ以前を西晋と呼んで区別します）。東晋以後は、建康（建業より名を変更）を都に宋・斉・梁・陳と王朝交代が続きます（図7-1）。

こうして北に北方異民族の国家、南にとりあえずの正統王朝国家という南北朝時代が始まります。この南北朝時代は、秦と漢が中国大陸を統一してから四〇〇年の後、三国分裂時代の後を受けた時代です。その期間は、三国時代から南北朝の終わりまで、およそ四〇〇年です。つまり、中国大陸は四〇〇年の統一の後、四〇〇年の分裂時代を迎えたのです。そしてこの分裂時代には、ある特徴的な人たちが登場しました。

そのことを理解するために、一つの故事成語を挙げました。「石に漱ぎ、流れに枕す」と読みます。「漱」

の字は難しい漢字ですが、夏目漱石の字です。漱石も、この故事成語からペンネームを取りました。意味は、自分の失敗を認めず屁理屈を言うこと、といったところです。それでは、これはどんなお話なのでしょうか。典拠は、晋の時代について書かれた歴史書『晋書（しんじょ）』の孫楚（そんそ）伝です。そこには次のように書かれています。

孫楚は三国魏に重臣の中書令（ちゅうしょれい）として仕えた孫資（そんし）のまご。まだ若いころ、隠遁しようとして、同郷の友人王済（おうさい）に語った。

「石に漱ぎ、流れに枕す」と。すると王済は「流れに枕することができるのか？　石で漱ぐことができるのか？」と問い質した。本当は「石に枕し、流れに漱ぐ」（隠遁した自然の中での生活を指す）だからだ。ところが孫楚は流れに枕するのは耳を洗うため、石に漱ぐのは歯を磨くためだと切り返した……。

その後、王済が大中正（だいちゅうせい）から孫楚の人物評価を求められると、「天才英博、亮抜不群」と推薦した。

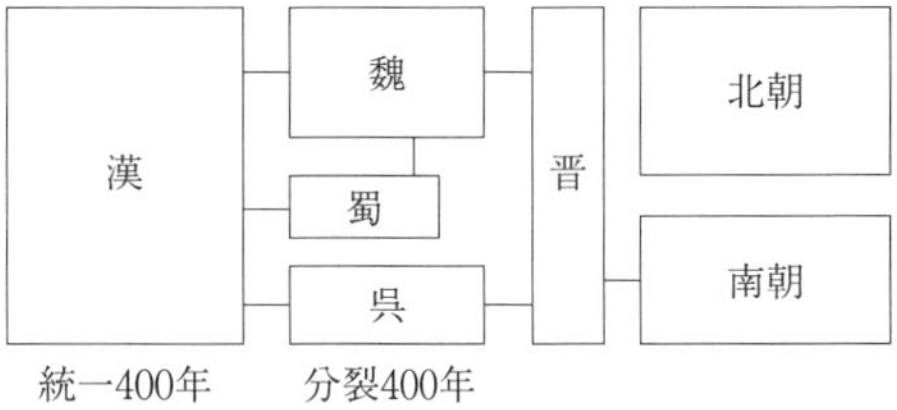

このエピソードは、孫楚という人物が言い間違いを認めず、こじつけたことが面白いのですが、この中に、南北朝時代を理解する重要なキーワードが出てきます。「隠遁」と「大中正」という役職です。そして、このキーワードから導かれるのは、この時代を理解するうえで重要な存在である「貴族」という人たちです。どのような人たちだったのでしょうか。次に見ていきましょう。

漢	魏	晋	北朝
	蜀		
	呉		南朝
統一400年	分裂400年		

図7－1　統一から分裂へ

出所：筆者作成。

貴族の世界――南朝の政治社会

第6章でも見ましたが、後漢末から三国時代は、豪族という在地勢力が政治に参画しようとする時代でした。そして豪族で政治的権力を握り、政権の中枢に居座るようになった者を貴族と言います。そ

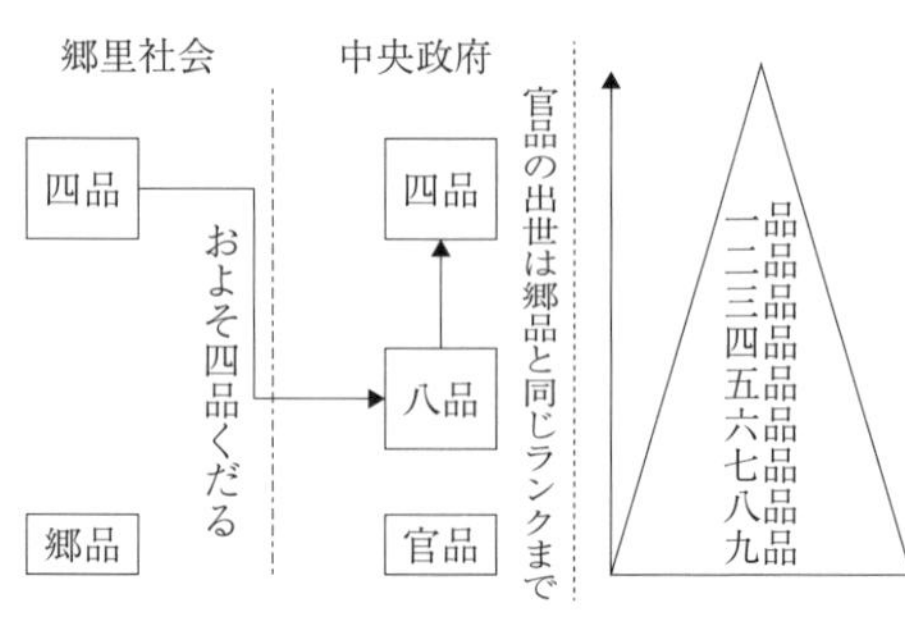

図7－2　九品官人法

出所：筆者作成。

して豪族が貴族へと登っていく制度として魏の時代に出来たのが、九品官人法と中正官(ちゅうせいかん)の設置でした。

九品官人法とは、中央政府の官僚を九つのランクに分けて序列を明確にする法です（図7－2）。そして官僚は昇進して品階を上っていきますが、最初に就く位は、在地の郷里社会での評判に拠りました。在地の郷里社会での評判に基づき、その在地での位（「郷品(きょうひん)」と言います）を授ける官を「中正官」（後に「大中正」も置かれます）と言います。たとえば、郷里社会で郷品「四品」をもらった人は、中央政界で四つ品階を下して、「八品」の官から出発し、そして「四品」まで昇任して終わりとなります。

このように中正官は、郷里社会の評判に基づき人物評定を行いますが、その評判とは、推挙する人の家柄を記したものと個人のことを書いた書類に基づきます。また在地などで語られる人物品評の風聞（郷論(きょうろん)や清議(せいぎ)と言います）も参考にしました。それらを勘案して中正官は、推挙する人材の郷品によって、そのまま出世の行きつく先まで決まってしまいました。

ですから推挙されようとする人は、いかに良い郷品を得るかに腐心しました。徳のある行いに努めたり、学識を誇ったりと、自分の評判を上げようとします。その方法の一つが「隠遁」でした。隠遁は、俗世間を離れて自然の中に暮らすのですが、それは言わば世間の泥に汚れていない、きれいな人間をアピールするという、きわめて〝汚い〟戦略でした。先の故事成語の孫楚が隠遁しようとしたのも、評判を上げて高い郷品を得ようという「下心」があったのです。ですがこうした「正攻法」だけでなく、中正官に賄賂を贈って郷品を得る者や、在地での名声だけを頼りにする豪族も多く、中正官と豪族が癒着することも多くありました。

このように、九品官人法と中正官によって、在地の有力者である豪族が貴族へと昇進していく道筋が作られていましたが、やがて貴族はその地位を世襲化してゆくようになりました。先の評判も、家柄をより重視するようになり、貴族層が階層化され固定化していきました。これは東晋時代以降に顕著となります。

貴族層のトップランクは「門地二品」「甲族」と呼ばれ、上級官僚の役職を独占しました。こうした上級貴族は豪奢な生活を送っていました。

一方で、貴族層の下層の者たちは「寒門」「寒人」と呼ばれました。こうした固定化した状況を批判して「上品に寒門なく、下品に勢族無し」とも言われます。

上級官僚を独占した貴族は、また官職の中でも実務の少ない、名誉職的な官僚職（清官と呼ばれます）に就くことを望み、一方で寒門貴族は品位の低く実務の多い官職（濁官と言います）に就きました。なかでも上級貴族は軍事に携わる職を避けるようになり、代わって寒門貴族が軍事職に多く就くようになります。挙句の果てには、皇帝そのものが寒門から輩出されるようになりました。南朝の皇帝は、ほぼ寒門出身の軍人であるという特徴があります（図7-3）。

こうして上級貴族は名誉のみあって実務をこなさない存在となっていきました。その容姿について、北朝の人ですが顔之推という貴族が述べた文章『顔氏家訓』には次のようにあります。

都はいずれも建康（現在の南京市）

東晋	宋	斉	梁	陳
司馬睿	劉裕	蕭道成	蕭衍	陳霸先
	寒門出身			

図7-3 南朝

出所：筆者作成。

「着物には香をたきこめ、顔には剃りをあて、紅やおしろいでお化粧をする。〔外出には〕長轅の動揺少ない馬車に納まり、足には高歯の下駄をうがつ。〔部屋にいるときは〕碁石模様のついた広い厚座布団に腰をすえ、斑糸で飾ったクッションによりかかり、趣味の品々を左右に並べまわす。いるにも立つにも、その態度たるや誠

コラム8　貴族の贅沢比べ

石崇は客を招いて宴会するたびにいつも美人にお酌をさせ、客のなかに飲み干さぬ者がいると美人を斬り殺させた。

石崇の厠にはいつも着飾った婢十余人が控え、香粉・沈香汁などがそなわっていた。用を足した者を新衣に着替えさせたので、客は恥じて厠に行けなかったという。

劉寔という者が石崇を訪れ厠に行くと、赤絹のカーテンのベッドにクッションが並び、二人の婢が錦香嚢を捧げている。寔は慌てて崇に「間違ってあなたの居間に入ってしまいました」と詫びると、「あれは厠ですよ」と答えた。

司馬炎（晋武帝）が二尺の珊瑚樹を王愷に贈ったのを見せつけられた崇は、鉄如意で叩き割ってしまった。愷が咎めると、崇は左右に命じて三・四尺の見事な珊瑚樹を六、七本取り寄せ返したので、愷も茫然自失した。

また王済は司馬炎を邸宅でもてなしたおり、きれいに着飾った婢百人をはべらし、手ずから食事を与えさせた。出された煮豚の味が絶品だったので、炎が尋ねると、「人間の乳を飲ませた豚の肉です」と答えたという。

に悠然たるもので、遠くから眺めておれば、神仙もかくやと思わるるばかり。」

南朝の後半には、顔之推に形容されるような、名誉ばかりで実務をこなさない上級貴族に代わって、寒門貴族が皇帝をはじめ、政界にどんどん進出するようになりました。

胡族の世界――北朝の政治社会　八王の乱をきっかけとして、北方から匈奴・鮮卑・羯・氐・羌の五胡と呼ばれる異民族が中国へと侵入し、さらなる混乱が生じました。五胡十六国と呼ばれます（図7-4）。西晋を滅ぼした匈奴の劉聡政権は、父の劉淵の時から自立して建国していて、前趙と呼ばれます。おおむね華北を支配した前趙でしたが、部下の石勒が自立して後趙を建てて前趙を滅ぼしました（三二九年）。後趙が内乱で滅ぶと、代わって華北を支配したのは前秦の苻堅（氐族出身）でした。彼は三七六年に華北を統一すると、天下統一を目指して南の東晋と淝水で戦いましたが敗れます（三八三年）。この敗戦によって、苻堅の部下たちは自立してしまい、華北は再び国々が乱立する事態となりました。この分裂状況の中から、鮮卑族の拓跋部が勢力を伸ばし、華北に建国します。北魏王朝の誕生です。

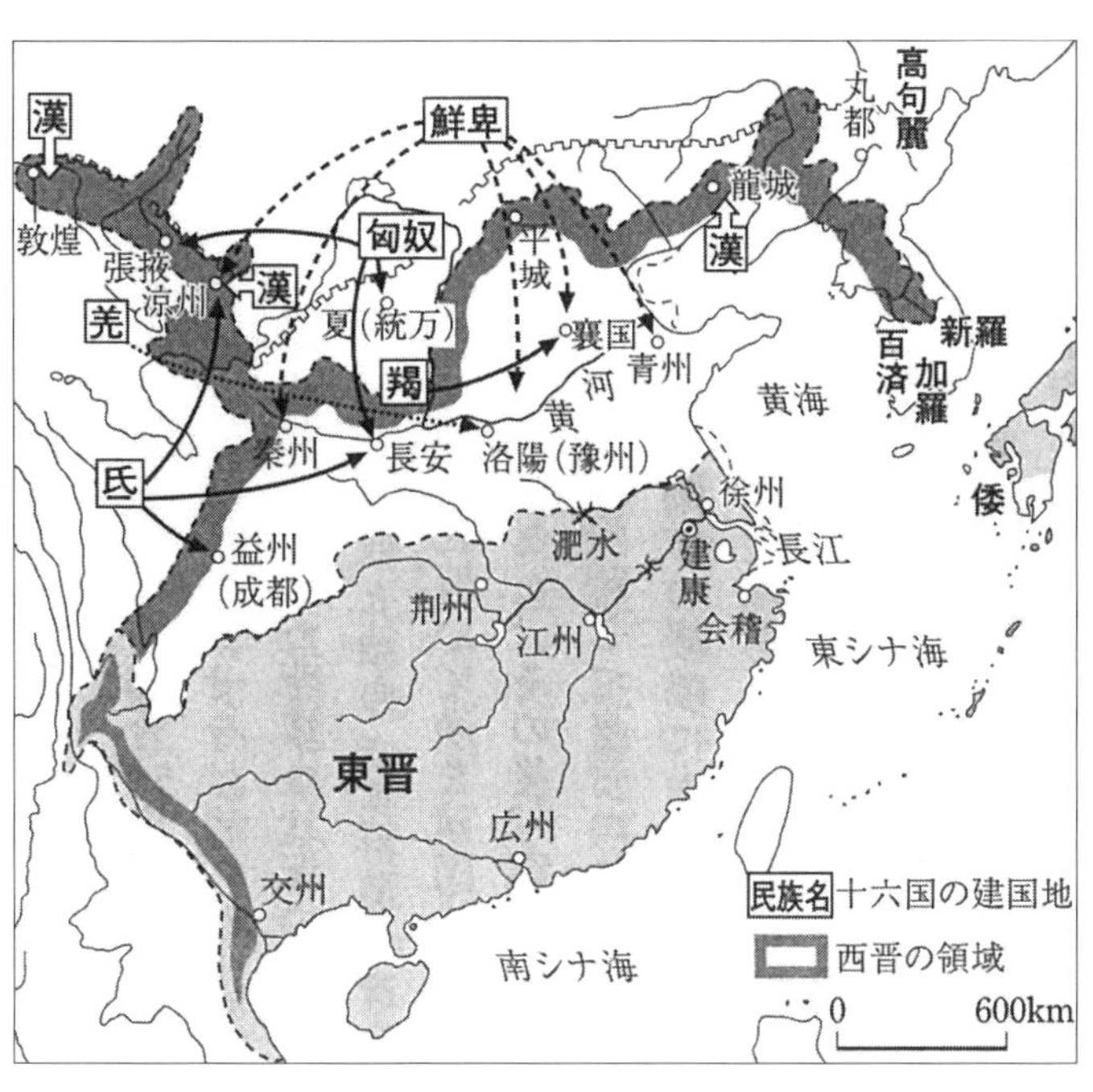

図７－４　五胡十六国時代

出所：川本芳昭『中国の歴史05　中華の崩壊と拡大　魏晋南北朝』（講談社、2005年）63頁。

北魏（三八六〜五三四）　鮮卑族の拓跋部という部族のリーダー拓跋珪（道武帝とも呼ばれます）が、他の諸部族をまとめて建国しました。当初、首都は平城に置かれ、部族制を維持した部族連合政権でしたが、中原へ進出するに伴い、漢人官僚などを登用することで、中華帝国の国家体制を導入するようになります。そして第三代皇帝の太武帝が四三九年に華北を統一しました（図７－５）。

そして第六代皇帝の孝文帝は、中華帝国を目指して、より強力に漢化政策を推し進めました。都を中原の洛陽へと遷し、平城の官僚や軍隊を移住させました。また北方民族固有の服装や言語を禁止して中国風に改め、名前も拓跋から「元」という一字姓へと変えました。そして南朝

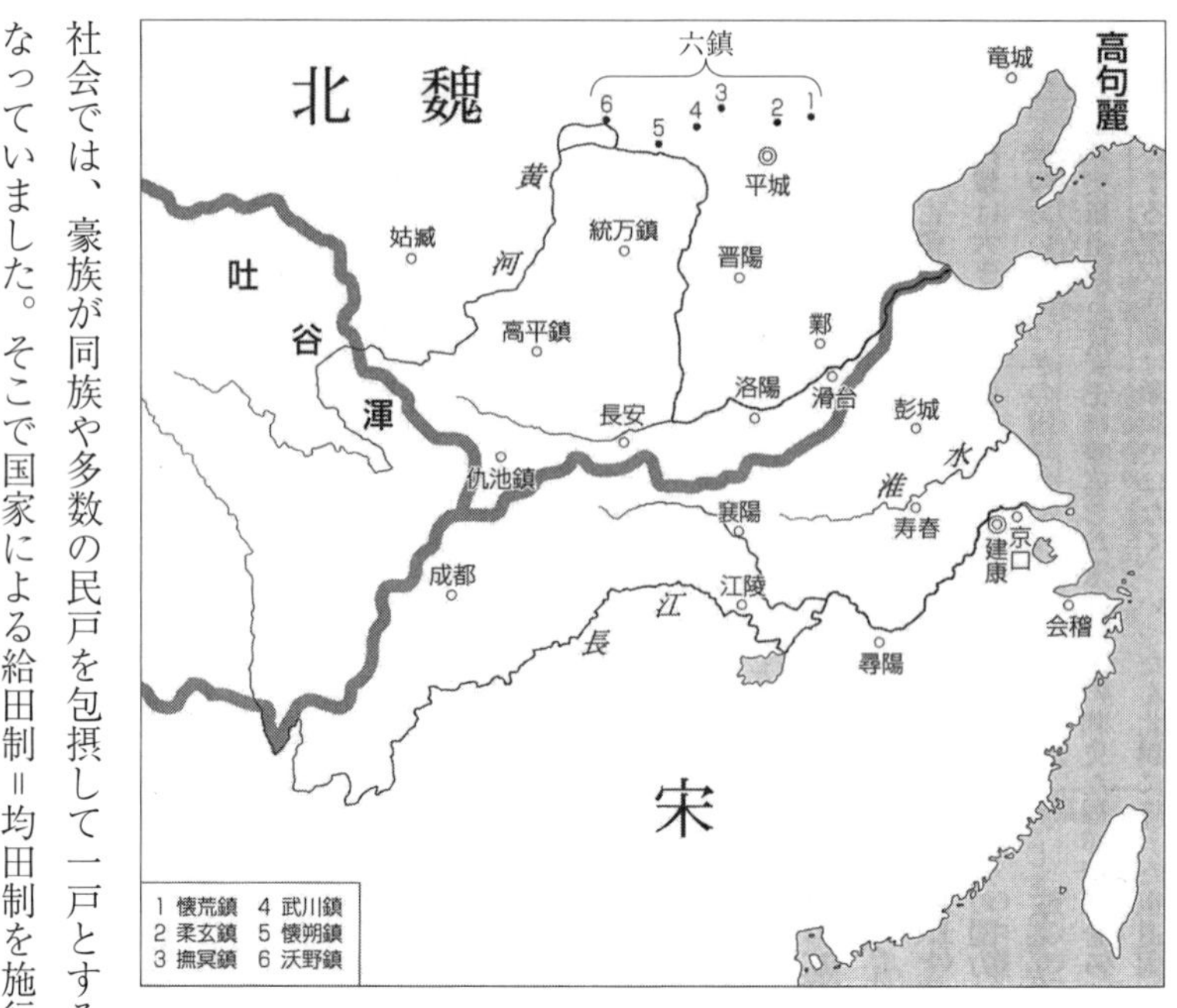

図7－5　北魏と宋の対立

出所：『中国史２』（山川出版社、1996年）176頁、に加筆。

で発達した貴族制を北魏の政治・社会に導入することを目指して、官僚制度などの改革にも乗り出しました。

さらに注目すべき社会制度として、均田制・三長制を施行しました。当時の華北社会では、豪族が同族や多数の民戸を包摂して一戸とすることも多く、戸籍に基づいた租税徭役徴収の妨げとなっていました。そこで国家による給田制＝均田制を施行しました。これは、夫婦・奴隷・牛に対して田土を支給するもので、豪族や貧農層各戸の労働力・経営に見合った分の耕作地を分配しました。各戸一律に支給したわけではないので注意が必要です。そして戸籍を造りなおしつつ、三長制を設けました。これは、郷村を再

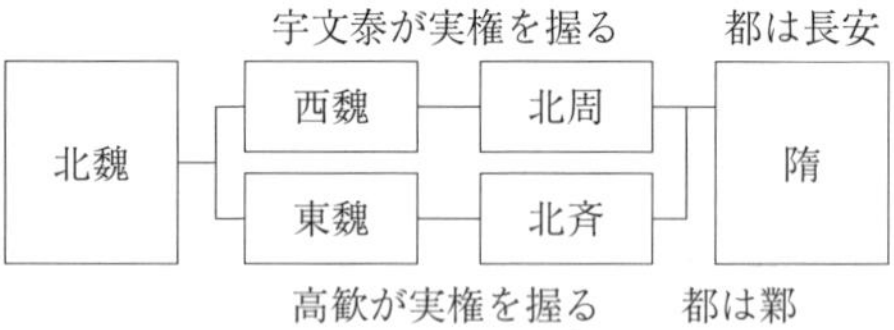

宇文泰が実権を握る　都は長安

北魏 ― 西魏 ― 北周 ― 隋

北魏 ― 東魏 ― 北斉 ― 隋

高歓が実権を握る　都は鄴

図7－6　北朝

出所：筆者作成。

編成する制度で、五戸ごとに隣長、五隣ごとに里長、五里ごとに党長を設けて、給田と租税徭役徴収を担当させました。また一党（五里＝一二五戸）ごとに毎年五人を兵役として徴集させました。こうした制度は、後の隋唐時代にも受け継がれていきました。

こうして北魏は華北社会を支配する中華帝国へと変貌しましたが、異変はその北辺で起こっていました。はじめ平城に都が置かれていた時、その北辺を守備する軍隊がありました。六つの要塞よりなるので六鎮（りくちん）と言います。その当時は、首都警護という役目を負っていて、きわめて重視されていました。ところが孝文帝によって首都が洛陽へと遷されると、六鎮はたんなる国境警備兵と見なされるようになり、冷遇されていきました。当然、六鎮の軍隊は不満を抱くようになります。そして五二三年に六鎮の乱が起こって北魏を弱体化させ、六鎮の武将であった宇文泰（うぶんたい）と高歓（こうかん）が覇を争って、北魏を東西に分裂させてしまいました（図７-６）。次の時代は、宇文泰とその家臣たちが担っていきます。

コラム９　孝文帝と文明皇后馮氏

文明皇后馮（ふう）氏は孝文帝の祖父・文成（ぶんせい）帝の皇后であり、孝文帝にとっては祖母にあたる。ところが当時の歴史書によると、どうも馮氏は孝文帝の生母であったらしい。では父は誰か。孝文帝の父と伝えられるのは献文帝だが、孝文帝が生まれた時に彼は一三歳であった。子をなすには若すぎる。ならば祖父の文成帝か？　しかし文成帝は孝文帝の生まれる二年前に崩御していた。ならば…？

胡族にはレヴィレートの風習がある。父の生前の夫人を、その子が妻とするものだ。文成帝が亡くなったとき、馮氏は二六歳、子の献文帝は一三歳。胡族では一三歳男子が子をなすのは珍しくない。やはり献文帝が実父なのだ。

つまり孝文帝にとって馮氏は祖母であり生母であった。そして馮氏は実子孝文帝に帝位を与えるために、夫の献文帝に退位を迫るのであった。なお、北魏では皇帝の実母は殺害されるが、孝文帝即位の時には、別の李氏が殺害され、以後、この制度は止められた。

参考文献

川勝義雄『魏晋南北朝』（講談社学術文庫、二〇〇三年）

川本芳昭『中国の歴史05　中華の崩壊と拡大　魏晋南北朝』（講談社、二〇〇五年）

松丸道雄・池田温・斯波義信・神田信夫・濱下武志編『中国史2　三国～唐（世界歴史大系）』（山川出版社、一九九六年）

▼人物略伝7

司馬炎（しばえん）：二三六～二九〇　西晋の初代皇帝。字は安世、諡は武帝。在位二六五～二九〇。司馬昭の子。司馬昭が咸熙二年（二六五）八月に病死すると、そのあとを継ぎ、一二月に魏の元帝より禅譲を受けて帝位に就いた。咸寧六年（二八〇）に呉を滅ぼし、天下を統一した。晋の律令を完成し、戸調式を発布して占田・課田の法を定めた。晩年には勢族が寒門を圧迫し貴族制の矛盾が強くなり、北狄の侵入も始まった。

孫資（そんし）：？～二五一　三国魏の官僚で、字は彦竜、并州太原郡（山西省太原市）の人。曹操に仕えて秘書郎となり、文帝のときには中書令となって機密を掌った。魏の明帝臨終に際し、司馬懿起用を勧め、司馬氏簒奪の因をつくった。

孫楚（そんそ）：？～二九三　西晋の武将で、字は子荊、并州太原郡（山西省太原市）の人。祖父は魏の重臣であった孫資。魏の時代では対呉戦争を担う石苞（せきほう）の参軍事となり、西晋となっても対呉戦争の最前線に立った。自らの才能を鼻にかけ、対立することも多かった。

王済（おうさい）：生没年不詳　西晋の政治家で、字は武子、并州太原郡晋陽（山西省太原市）の人。若くして逸才があり、弓馬を好んで『易』『荘子』『老子』にも通じ、当時名を知られていた。西晋武帝の娘を娶り、清言を善くして弁舌に長けて侍中となり、出世の速さもその才に拠ると言われた。ただ内に含むことも多く、悪口を好んだ。

石崇（せきすう）：二四九～三〇〇　西晋の官僚で大富豪、字は季倫、渤海郡南皮県（天津付近）の人。父は魏・西晋の武将石苞で、末子のため父の財産分与を受けなかったが、理財の才覚があり水碓三〇区あまり、倉頭八〇〇人余りを有した。洛陽の西北に別荘を構え、贅沢な宴会を競い合った。八王の乱に遭って、その妓女緑珠の提供を拒んだことで恨まれ趙王司馬倫によって殺された。また緑珠も楼閣から飛び降りて殉死した。

劉淵（りゅうえん）：?～三一〇　五胡十六国時代漢（のちの前趙）の初代皇帝。在位三〇四～三一〇。南匈奴単于の正系匈奴人の出。新興（山西省忻州市）の人。祖父は南匈奴単于で、幼少期に経史を学び、武芸にも通じた。父の死後、西晋恵帝から五部大都督の称号を与えられ、三〇四年に離石（山西省離石県）で建国し、漢王と号した。永鳳元年（三〇八）に皇帝を称し、南下して平陽（山西省臨汾県）に遷都した。西晋の都であった洛陽を攻めたが失敗し、翌年没した。

劉聡（りゅうそう）：?～三一八　五胡十六国時代漢（のちの前趙）の第三代皇帝。在位三一〇～三一八。字は玄明、新興（山西省忻州市）の人。父は劉淵で、幼くして経史に通じ武力にも優れた。新興郡太守に推挙され右部都尉となり、匈奴五部はみな帰順した。父劉淵が没すると、兄を殺して即位した。永嘉五年（三一一）には洛陽を陥落させ（永嘉の乱）、建興四年（三一六）には長安を攻めて西晋を滅ぼした。官制を整備して胡漢の人民を統治したが、晩年に酒色に溺れ残忍となった。

司馬睿（しばえい）：二七六～三二二　東晋初代皇帝。字は景文、諡は元帝。在位三一七～三二二。一五歳で瑯琊王を継ぐも、八王の乱を逃れてのち建康に鎮した。西晋愍帝が長安で劉曜に捕らわれ殺害されると、皇帝に即位した。瑯琊の名族であった王導・王敦に軍政を握られ、王敦に武昌に拠って反乱を起こされるまでになった。

王愷（おうがい）：生没年不詳　東晋の政治家で、字は茂仁、名族であった太原王氏の出。若くして清官を歴任し、父の爵を継いで、侍中・右衛将軍に上った。桓玄が建康に迫ると王愷は石頭を守ったが、のち病を得て卒した。

劉裕（りゅうゆう）：三五六～四二二　南朝宋の初代皇帝で、字は徳輿、諡は武帝、彭城郡綏里県（江蘇省銅山県）の人。在位四二〇～四二二。幼くして貧困で無頼であった。隆安三年（三九九）の孫恩の乱で参軍となって手柄を立て、建武将軍となった。桓玄が反乱すると義兵を挙げてこれを破った。山東の南燕や四川の後蜀を攻め滅ぼし、洛陽・長安を奪還して後秦を滅ぼした。西晋安帝を暗殺して恭帝を立て、その禅譲を受けて即位した。

蕭道成（しょうどうせい）：四二七～四八二　南朝斉の初代皇帝で、字は紹伯、南蘭陵（江蘇省常州市西北）の人。諡は高帝。在位四七九～四八二。前漢の臣蕭何の子孫とされる。高祖父の時に山東から江南に移住した。父の武功高く、自身も参軍となって武功を立てた。南朝宋の明帝没後、機事に加わり軍政を統べるまでになった。元徽元年（四七三）に相国となり、禅譲を受けて皇帝に即位した。寡黙で度量があり、質素倹約に努めた。

蕭衍（しょうえん）：四六四～五四九　南朝梁の初代皇帝で、字は叔達、南蘭陵（江蘇省常州市西北）の人。諡は武帝。在位五〇二～五四九。父は南朝斉の皇帝の族弟。博学で文武の才があった。斉の内乱に乗じて帝位を奪取した。治世の前半は倹約に努め、名族を用いて律令を制定し、流民対策を行ったが、後半には仏教に傾倒して莫大な財産を投じ、侯景の反乱によって憂死した。

陳霸先（ちんはせん）：五〇三～五五九　南朝陳の初代皇帝で、字は興国、呉興郡長城県（浙江省長興県）の人。諡は武帝。在位五五七～五五九。先祖は微賤で、建康で油庫吏となったが、参軍となって交州での反乱平定に貢献した。侯景の乱では、軍三万を率いて北上し、王僧辯（おうそうべん）とともにしばしば勝利した。後に王僧辯を討って南朝梁の敬帝を廃して皇帝となるも、在位二年で没した。

顔之推（がんしすい）：五三一～六〇二　南朝の文臣で、字は介、もとは瑯琊郡臨沂県（山東省臨沂市）の人。先祖が華北から江南に移住して東晋に仕え、代々『周礼』『春秋左氏伝』の学を受け継いだ。顔之推も学問・文章で知られたが、侯景の乱後には流浪の生活を送り、江陵に帰った。五五四年、西魏が江陵を落とすと捕らえられたが、亡命して北斉に仕えて重用された。以後、北周・隋に仕え、病死した。その著『顔氏家訓』は伝統的生活態度に通じ、中国人士に尊重された。

石勒（せきろく）：二七四～三三三　五胡十六国時代後趙の建国者で、字は世竜、并州上党郡武郷県（山西省晋中市楡社県）に居した羯の出。諡は明帝。在位三一九～三三三。もとは一酋長の子であったが奴隷狩りに遭って山東に売られ、のち盗賊の頭目となった。劉淵が漢を立てると、烏桓（うがん）諸部を誘って帰順し、山東・河南の経営を任された。三一九年に劉曜が長安に拠って前趙を立てると、石勒も趙王・大単于となって独立した。三二九年に前趙を滅ぼし帝位に就いた。蛮漢融合の政策を立て、漢文化を重んじて、僧の仏図澄（ぶっとちょう）を尊崇した。

苻堅（ふけん）：三三八～三八五　五胡十六国時代前秦の第三代皇帝。在位三五七～三八五。前秦初代皇帝苻健の甥で、字は永固、一名を文玉という。略陽郡臨渭（甘粛省秦安県東南）の氏族出身。名臣王猛の補佐を得て内政を整え、前燕・前涼を滅ぼして、いっとき四川から西域まで勢力を伸ばした。建元一九年（三八三）、淝水の戦いに敗れて軍隊は瓦解し、羌族首領の姚萇に捕らわれて殺された。

道武帝（どうぶてい）（北魏）：三七一～四〇九　北魏建国の皇帝、名は拓跋珪、在位三八六～四〇九。鮮卑族拓跋部の出。三八五年に淝水の戦いで前秦が東晋に敗れると、その機に乗じて牛川（内モンゴル自治区フフホト東）にて代王となり、ついで魏と国号を定めた。旧部族を糾合して国力を増強し、登国六年（三九一）にはオルドスを手中に収め、皇始元年（三九六）には皇帝を称した。のち後燕を滅ぼして中原を入手し、新都平城（山西省大同県）を建設した。中国礼教による統治政策を用い、北方部族を戸籍に編入した。内外の政治に精を出したが、晩年に狂疾に病み、次子に殺された。

太武帝（たいぶてい）（北魏）：四〇八～四五二　北魏第三代皇帝、名は拓跋燾、字は仏狸、道武帝の孫にあたる。在位四二三～四五二。性格は豪勇であったが、即位後には謀臣崔浩の策に従って、南朝宋と修交し華北統一に力を注いだ。外モンゴルで柔然を討ち、夏を攻めて長安をとり、北燕・北涼を滅ぼして華北統一を完成させた。太平真君一一年（四五〇）に衆一〇〇万と号して黄河を渡って宋を討った。広く人材を登用して、賞罰を厳正にしたが、後に宦官によって殺された。

文成帝（ぶんせいてい）（北魏）：四四〇～四六五　北魏第四代皇帝で、名は拓跋濬、太武帝の孫にあたる。在位四五二～四六五。幼いころから鋭敏で、太武帝にかわいがられた。民生回復と国力充実に努めたので、天下は良く治まった。また太武帝の行った仏教弾圧を止めて保護し、雲崗石窟の造営を始めた。

文成文明皇后馮氏（ぶんせいぶんめいこうごうふうし）：四四二～四九〇　北魏文成帝の皇后で、献文帝・孝文帝のときの太后、馮太后とも呼ばれる。父は北燕の皇族だったが、北燕が北魏に滅ぼされて後宮に入った。文成帝が和平六年（四六五）に崩御すると、皇太后となって、幼くして即位した献文帝を補佐した。成長した献文帝と対立し、承明元年（四七六）には献文帝を毒殺して専権を握った。孝文帝を即位させるも、政治を担って均田制・三長制など政治改革を推し進めた。

献文帝（けんぶんてい）（北魏）：四五四～四七六　北魏第五代皇帝で、名は拓跋弘、文成帝の長子。在位四六五～四七一。三歳で皇太子となり、文成帝が亡くなると皇帝位に即したが、皇后馮氏が皇太后となり、朝政を握った。皇興五年（四七一）には皇太子に譲位したが、皇太后によって暗殺された。

孝文帝（こうぶんてい）（北魏）：四七六～四九九　北魏第六代皇帝で、名は拓跋（元）宏、献文帝の長子。在位四七一～四九九。五歳で即位するも、政治は馮太后が握り、孝文帝もよく仕えた。均田制・三長制を施行し、儒教的礼制を取り入れて農業を勧め、漢文化の摂取に努めた。太和一〇年（四八六）に太后が没すると親政をはじめ、洛陽への遷都、胡俗の禁止、王室の名を拓跋から元氏に変更するなど、漢化政策を推し進めた。

宇文泰（うぶんたい）：五〇五～五五六　西魏の宰相で、字は黒獺（こくだつ）、武川鎮（内モンゴル自治区フフホト市武川県）の人。六鎮の乱に際して挙兵し、北魏の将軍爾朱栄（じしゅえい）に従った。将軍として頭角を現し、長安に拠って陝西・甘粛に勢力を張った。北魏孝武帝が高歓を嫌って洛陽から長安に身を寄せると、高歓は孝静帝を立てて鄴に遷都したので、北魏は西魏・東魏に分裂した（五三四）。宇文泰は大丞相となって実権を握り、『周礼』に則って官制を改革し、府兵制・六柱国十二代将軍を定めて軍事力の増強に努めたとされ、北周・隋唐の基礎を作った。第三子の宇文覚が北周を立てた。

高歓（こうかん）：四九六～五四七　東魏の実権者で、字は賀六渾（がろっこん）、渤海郡蓨県（河北省衡水市）の人とされるが、祖父は法を犯して懐朔鎮に流された。六鎮の乱に参加して、のち降伏して爾朱栄に従った。爾朱栄の死後、独立し河北の信都（冀県）に拠った。山西を取って孝武帝を立てて実権を握ったが、孝武帝が宇文泰の下に逃れると、孝静帝を立てて鄴に遷都した。ここに東魏の実権者となったが、河東奪還を図って出陣のさなか病没した。第二子高洋が北斉を創建した。

▼史籍解題5

『晋書』（しんじょ）　唐の房玄齢が勅命を受けて編纂し、貞観二二年（六四八）に成立した。一三〇巻。西晋から東晋、五胡十六国の記録で正史の一つ。唐太宗の命で編纂され、房玄齢や褚遂良、また太宗自身によって執筆され、分担執筆による正史編纂の端緒となった。本紀一〇巻・志二〇巻・列伝七〇巻・載記（五胡十六国の記録）三〇巻よりなる。

『顔氏家訓』（がんしかくん）　北斉の顔之推の著した子孫への訓戒の書。家族の道徳から、学問・教養・思想、生活様式・態度、処世や交際の方法などを記し、質朴堅実な家族生活を理想として描く。解体期の貴族社会を生き抜く心構えを子孫に書き残した。

第8章　「良薬は口に苦し」——世界帝国の完成：隋唐朝時代

第8章は隋唐朝時代を取り上げます。とくに唐という王朝は、遣唐使を取ってみても分かりますが、東アジアの世界に君臨し、まわりの国々に非常に大きな影響を与えました。まさに世界帝国であり、その繁栄は中国史随一と思います。この唐王朝の礎は、その前の隋王朝のときに築かれていましたので、中国史ではこの時代を隋唐時代と呼んでいます。

張玄素の教え

この隋唐時代の繁栄をもたらした人物の一人に、唐の第二代皇帝、太宗という人がいます。その名は李世民（図8-1）。世の民を救うとして名付けられた彼は、中国皇帝史上、最高の名君と讃えられています。その治世を記した『貞観政要』という書物は、東アジアの君主に広く読まれ、北条政子や徳川家康も愛読していました。

その『貞観政要』の中に、「良薬は口に苦し」が出てきます。それが出てくる巻の四「規諫太子」という章は、ちょっと困った長男を戒める内容です。李世民の長男李承乾は次期皇帝となる皇太子として日々教育を受けていましたが、その行いはとんでもないものでした（詳しくは章末）。家庭教師の張玄素はその行いを正すべく、李承乾に対して「苦薬は病に利き、苦口は行いに利く」と述べました。苦い薬は病に効くし、苦々しい言葉はその行いを正すのに効くのですよ、というのです。

父であった李世民は、なんとかして李承乾の態度を正そうとするのですが、それはたんなる親心から来てい

図8－1　李世民

出所：Wikimedia Commonsより。

るのではありませんでした。実は、彼がまだ皇帝となる前の、ある事件が李世民をその行動に掻き立てていたのです。その事件とは、なんと実の兄と弟を殺害して、皇帝の座を奪ったという「玄武門の変」と呼ばれるものです。つまり、李世民は皇帝となるために、血を分けた兄弟を殺害しており、その意味では簒奪者でした。

さて、李世民は名君か、それとも簒奪者か。その背後には、北朝時代から隋唐時代まで連綿と続く、貴族グループの政権争いが渦巻いています。それでは、李世民が皇帝となるまでの経緯を見ていきましょう。

関隴貴族集団

第7章でも見ましたが、北魏王朝は北方の軍隊組織であった六鎮の乱によって分裂しました。六鎮のうち、武川鎮の武将などを率いたのは宇文泰という人物で、彼は長安を都に定めて、傀儡政権として西魏を補佐し、やがてその三男が皇帝に即位して北周という王朝を建てます。一方で、懐朔鎮出身の高歓は東の鄴という都市を都に定めて、東魏という傀儡政権を経て、その次男が皇帝に即位して、北斉という王朝を建てました（王朝の移り変わりは図7－6参照）。西魏・北周、東魏・北斉を立てたのは、軍隊を率いる武将・軍人でしたが、政権の中枢にいて、言わば貴族として政権を担っていました。南朝の貴族が言わばお飾りのように実務をこなさないのと対照的に、北朝の貴族は軍事力を持つ（というか武将・軍人が貴族化する）存在でした。

このうち、宇文泰率いる政権トップの貴族は長安近辺に居を定めたので、そうした集団を「関隴貴族集団」と呼んでいます。関隴とは、長安を中心とする関中と隴西を指しています。この関隴貴族集団は、もともとは北方民族の血筋を引いていて、西魏・北周、そして隋・唐の政権の中枢を占めました。またお互いに婚姻関係を結んで、結束を図っていました。図８－２を見ても、北周・隋・唐の皇帝たちが親戚関係にあったことが分かります。

また関隴貴族集団は、軍事態勢を取る西魏や北周などの軍隊の長となり、国家運営を支えました。その役職を六柱国・十二大将軍といいました（図８－３）。六人の柱国（後に八人）と、そのもとに二人の大将軍を置く制度（後になってから後付けで整理されたとする説もあります）で、その役職は、関隴貴族集団内で固定していました。柱国には、宇文氏と、北魏の皇室（元氏）、また独狐氏、そして李世民の祖先である李氏がいます。大将軍家には、後に隋を興した楊氏がいました。

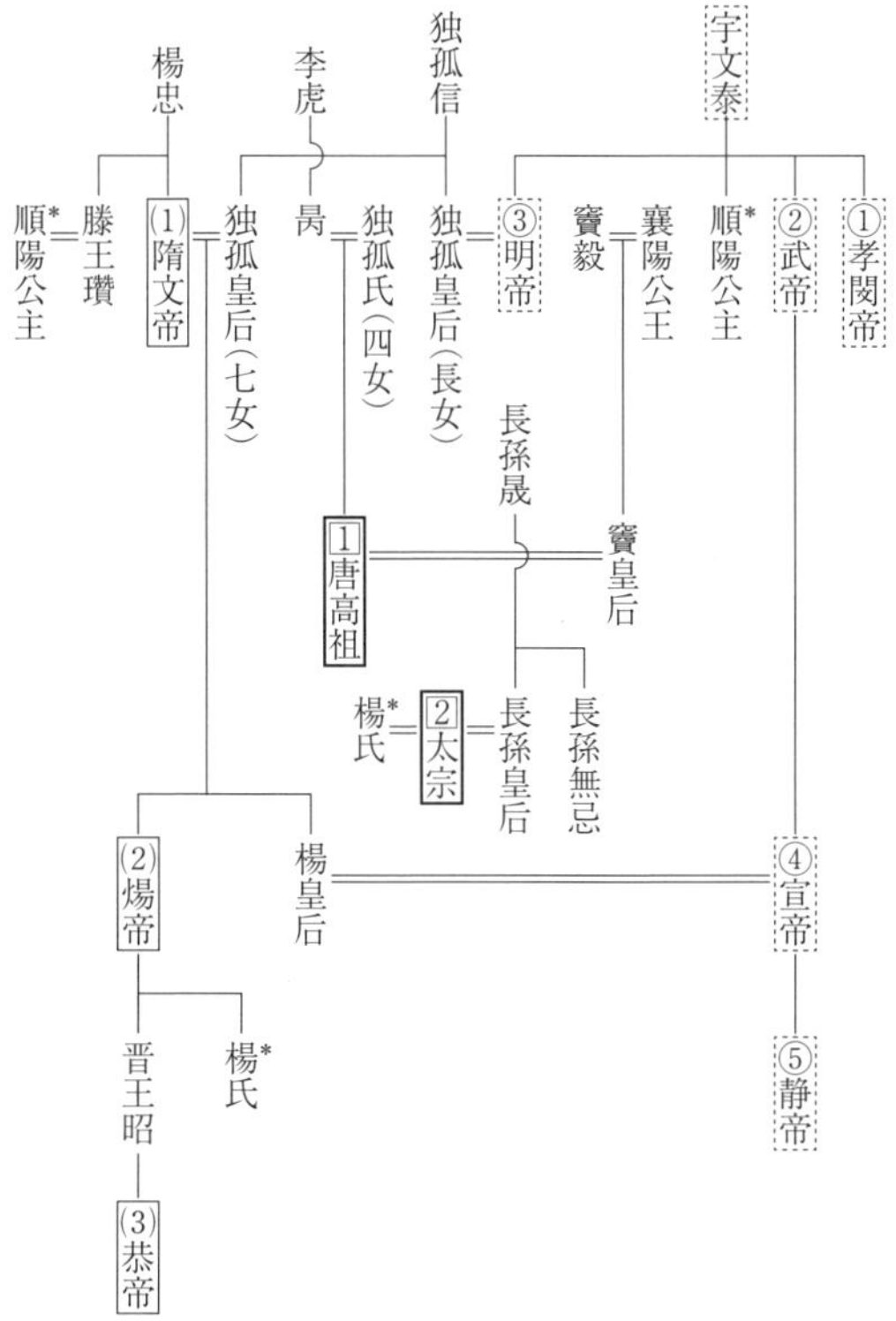

注：［点線枠］が北周、［枠］が隋、［太枠］が唐。＊は同一人物。

図８－２　関隴貴族集団

関隴貴族集団は，互いに婚姻関係を結び結束を図り，西魏・北周・隋・唐の政権を運営した。

出所：『中国史２』（山川出版社，1996年）309頁。

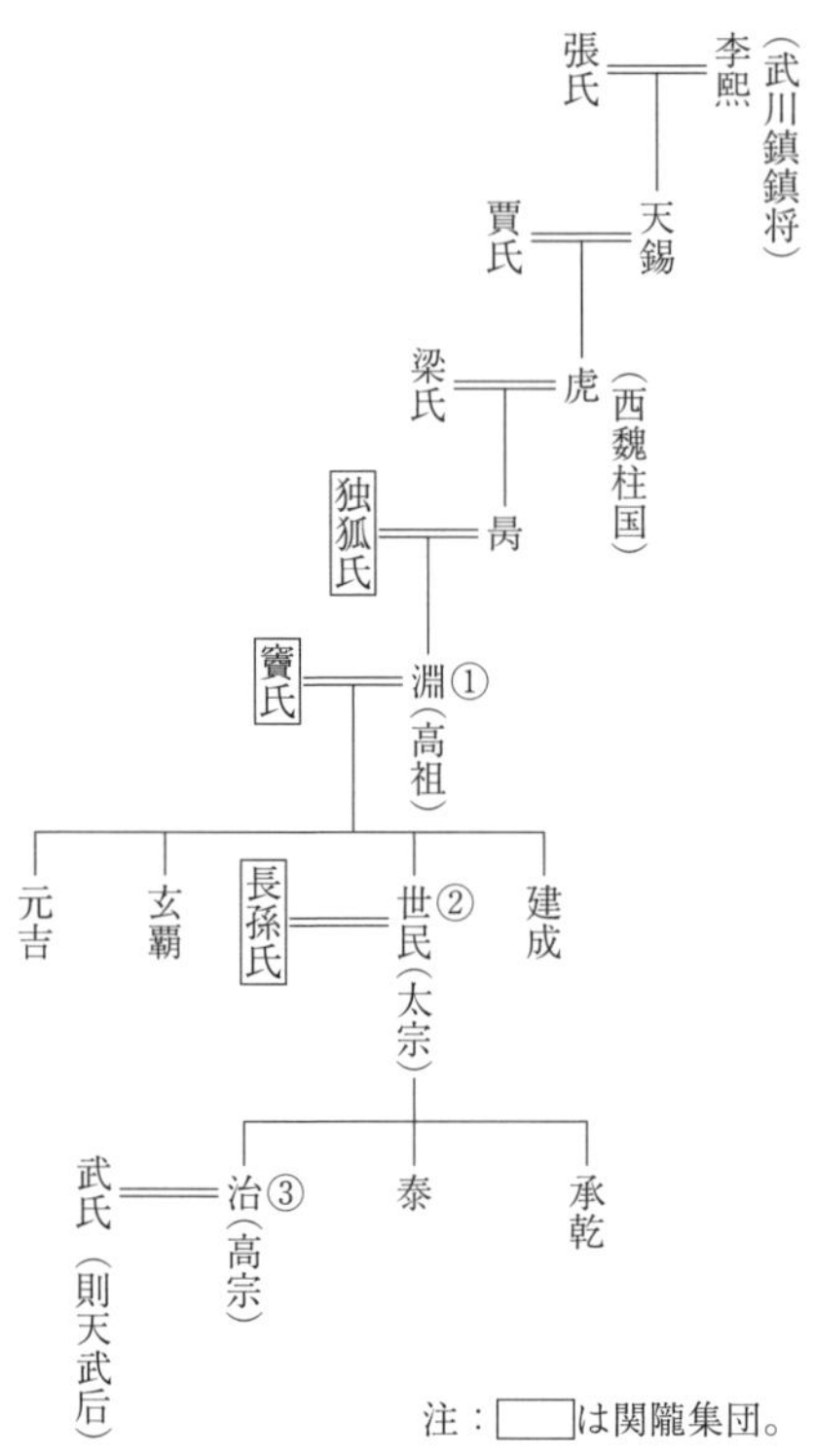

図 8－4　唐室李氏

代々、関隴貴族集団と婚姻し、勢力を固めた。李氏ももとは鮮卑族であったとされる。

出所：『中国史２』307頁。

八柱国		宇文泰*
		元欣（宗室）*
	（六柱国）	李弼
		李虎*
		独孤信*
		趙貴
		于謹*
		侯莫陳崇*
十二大将軍		元賛*
		元育*
		元廓*
		宇文導*
		侯莫陳順*
		達奚武*
		李遠
		豆盧寧*
		宇文貴*
		賀蘭祥*
		楊忠*
		王雄

＊は胡族出身者を示す。

図 8－3　八（六）柱国・十二大将軍

関隴貴族集団の中枢。もとは武川鎮出身の胡族、西魏建国の中心的政治集団と化した。

出所：右図『新版　中国の歴史　上―古代・中世』（昭和堂，2009年）211頁。

唐を興した李淵は、柱国の李虎を祖父に持つサラブレッドでした。やはり李氏も関隴集団内で婚姻関係を結び、勢力を固めていました（図８－４）。

隋末の反乱と李淵の挙兵

北周の大将軍家であった楊堅は、政権を奪って禅譲を受け、隋王朝を建てました（五八一年）。隋の文帝とも呼ばれます。彼は五八九年に南朝の陳を滅ぼし、四〇〇年にわたる中国分裂状況を打破し天下を統一しました。また革新的な制度改革を次々と行い、次の唐王朝の基礎を築くことになりました。西晋以来の律令を集大成して『開皇律令』を制定し、中央官制として三省六部を整理しました。また地方行政制度として、後漢末から州郡県の三級制となっていたのを、郡を廃止して州県の二級制にして政治手続きの簡素化を図りました。州刺史配下の人事権はそれまで州刺史にありましたが、それを中央官府に回収させ、人事権を中央に一本化させました。

そして官吏登用制度として九品官人法を止めて科挙という試験制度を始め、また北魏の均田制・西魏の府兵制を整備しました。後者の二制度は後で確認します。

その子であった第二代皇帝煬帝は、自身が北方の出であったことなどから、南朝の華やかな貴族文化に強いあこがれを持ち、その南朝の都に出かけるために、当時開削が進められていた大運河をよく利用しました。ただこのことによって、大運河を経路として中国の南北が連結するようになりました。また一方で朝鮮の高句麗遠征なども行い、大いに人民を苦しめたと言われます。結局、南朝の都市であった揚州に滞在中、部下の裏切りによって殺害されてしまいました（六一八年）。

隋末の混乱のなか、李淵とその子、李世民はというと、柱国の家柄ということもあり、隋の都であった大興城（長安）に近い太原という都市を守護していました。そして煬帝が長安不在のなか各地で群雄割拠状態となると、六一七年に李淵は挙兵し、長安を目指しました。七月に太原を出発すると、その三カ月後には長安を包囲、一一月には長安城を手に入れました。そして翌六一八年、煬帝死すの報が入ると、自ら皇帝に即位しまし

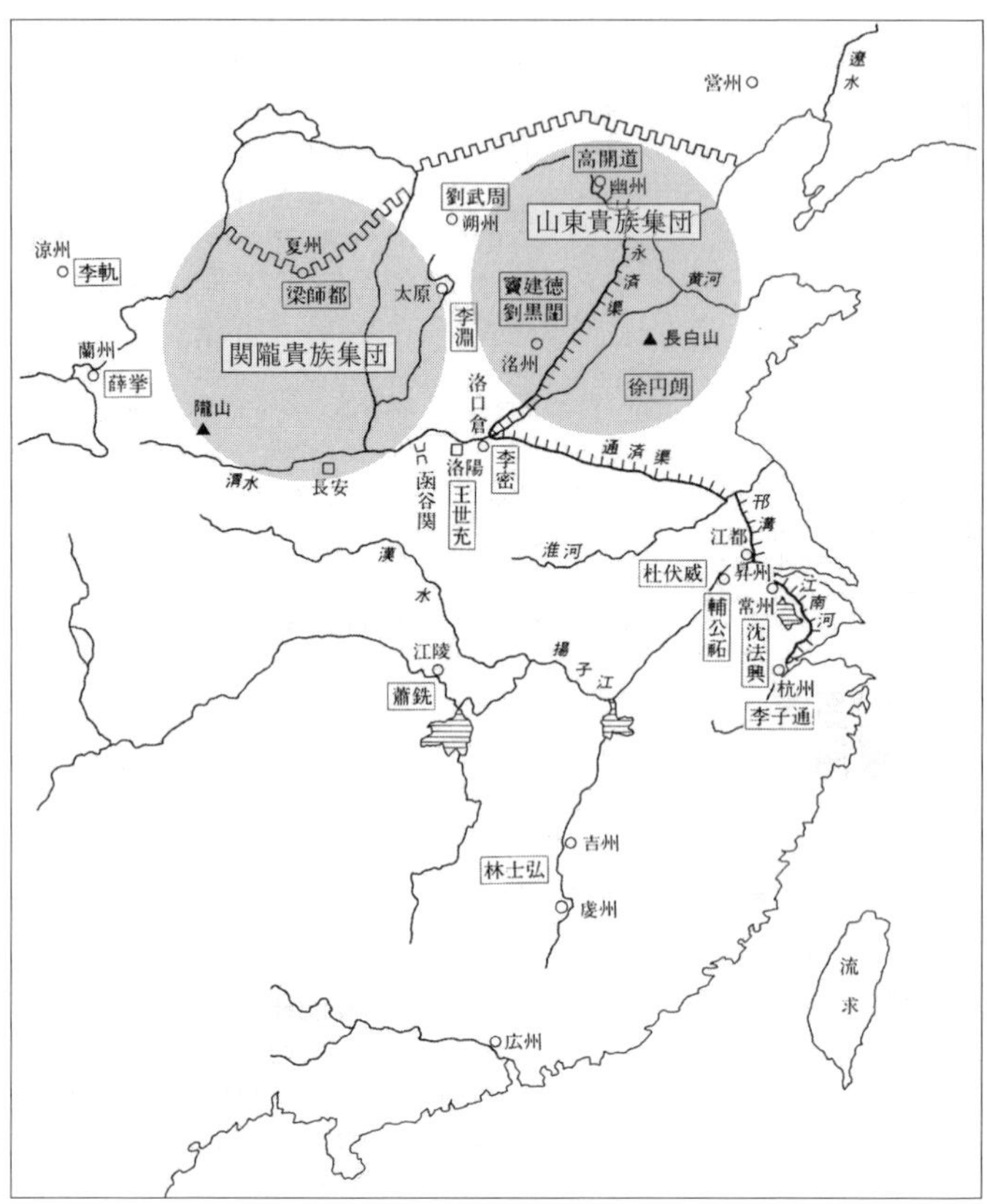

図8－5　隋末の群雄割拠

出所：『アジアの歴史と文化２』（同朋舎出版、1995年）109頁、に加筆。

た。唐の高祖とも呼ばれます。

高祖李淵には、当時三人の子供がいました。長男を李建成（りけんせい）といい、李淵即位後は皇太子として、その政治をサポートしました。次男が李世民ですが、その下の弟を李元吉（りげんきつ）と言います。李淵が即位して間もない頃は中国大陸は群雄割拠状態でしたので、各地の勢力を掃討する必要があり、その任に当たっていたのが李世民でした。李世民の部下には関隴貴族集団が多く含まれましたが、李世民の軍事的才能もあって、各地の勢力を次々と撃破していきます。そうすると、李世民の人望も手伝い、唐朝廷内で次期皇帝は李世民がふさわしいのではないかという風潮が生まれました。

そこで立場を危うくしたのが、兄の李建成でした。このままでは皇太子の座を追われかねないと思った彼は、李世民に与している関隴貴族集団を頼ることもできず、他のグループ、つまり山東（さんとう）貴族集団を頼ろうとします。山東貴族集団とは、旧北斉を支えた貴族集団でした。ただし山東貴族集団に先に手をかけていたのは李世民陣営であり、立場を危うくした李建成陣営が自陣に引き込もうと画策していました。

こうして関隴貴族集団を背景とする李世民と、そうした背景のない李建成との争いが始まります。先手を打ったのは李世民でした。李世民は、山東貴族集団に接触し、自陣営に加えようとします。それを危うく思った李建成は、やはり李世民を快く思わない弟の李元吉と共謀して、李世民を毒殺しようとしました。李建成と李元吉は酒宴を設け、李世民を呼んで毒酒を飲ませます。結果、多量の吐血をして、命からがら逃げだした李世民でした。後に父である李淵に呼ばれ、「お前は酒に強くないから飲みすぎないように」とたしなめられたと言います。

堂々と命を狙われるようになった李世民は、その腹心であった房玄齢（ぼうげんれい）や長孫無忌（ちょうそんむき）らと協議しました。腹心たちは早々に李建成を排除すべきと献言しますが、李世民は受け入れませんでした。

次に李建成たちは、李世民のボディガードを排除しようとします。とくに身辺警護する尉遅敬徳（うっちけいとく）を亡き者に

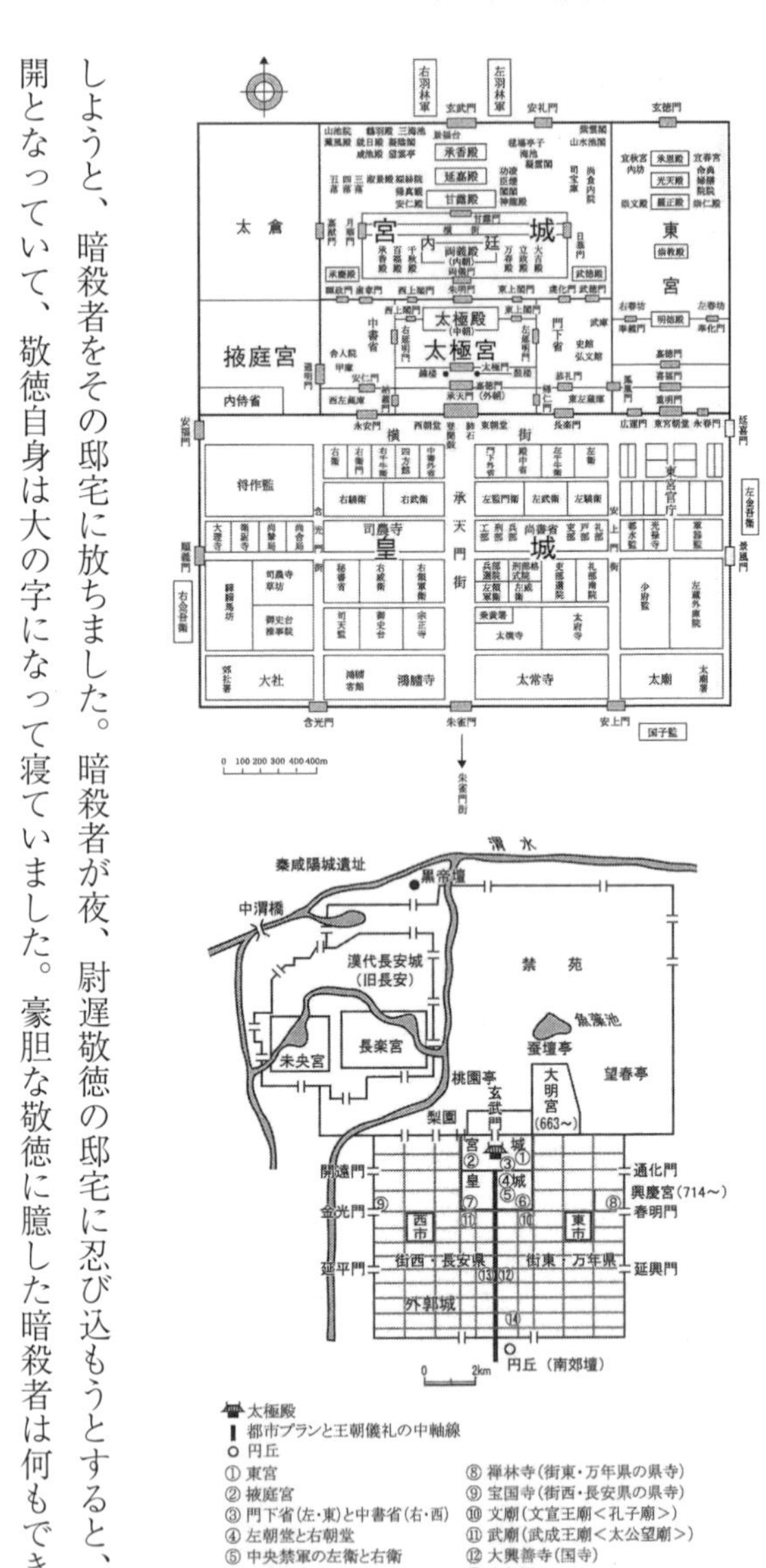

図8－6　長安城と玄武門

出所：妹尾達彦『長安の都市計画』（講談社メチエ、2001年）123、142頁。

しようと、暗殺者をその邸宅に放ちました。暗殺者が夜、尉遅敬徳の邸宅に忍び込もうとすると、その門は全開となっていて、敬徳自身は大の字になって寝ていました。豪胆な敬徳に臆した暗殺者は何もできませんでした。

また李建成は、父李淵に頼んで、李世民の頭脳である腹心の杜如海（とじょかい）・房玄齢を宮中から追い出しました。このように様々な工作を仕掛けてくる李建成に対し、長孫無忌や尉遅敬徳は早く排除するよう勧告します。それでもなかなか決断できない李世民でしたが、ついには李建成と李元吉の殺害を計画します。それが玄武門の変です。

玄武門というのは、長安城の中で、皇帝の私的空間である宮城の北門です。この周囲は一般人が立ち入ることができない場所でした（図8－6）。

玄武門の変

六二六年、計画は実行されます。李世民はまず父李淵に対し、李建成・李元吉が後宮に出入りして宮女と遊んでいると糾弾しました。そこで李淵は二人を呼びます。李建成は皇太子でしたので、その邸宅は「東宮」にありました。そのため、李建成と李元吉は東宮の北門を出て玄武門から宮城内に入ろうとします（図８－７）。

李世民一派はそれを見越して、玄武門内に伏兵していました。李建成には近衛兵もいましたが、宮城内に連れて入ることはできず、門外で待機していました。玄武門をくぐった李建成・李元吉は、宮城内の殺気立った雰囲気に気づきます。まずいと思った両名は引き返そうとしますが、そこに馬で駆け付けた李世民に一矢射られ、李建成はあっけなく死んでしまいました。李元吉も応戦し、たまたま李世民の馬が暴れてあらぬ方向に走り、李世民が木に引っ掛かってもんどり打つと、李元吉は李世民に馬乗りになって、奪った弓で首を絞めつけました。あわやというところで、尉遅敬徳が駆けつけ、「李元吉！」と名を大声で叫んで、弓矢を放ち、李元吉を殺害しました。

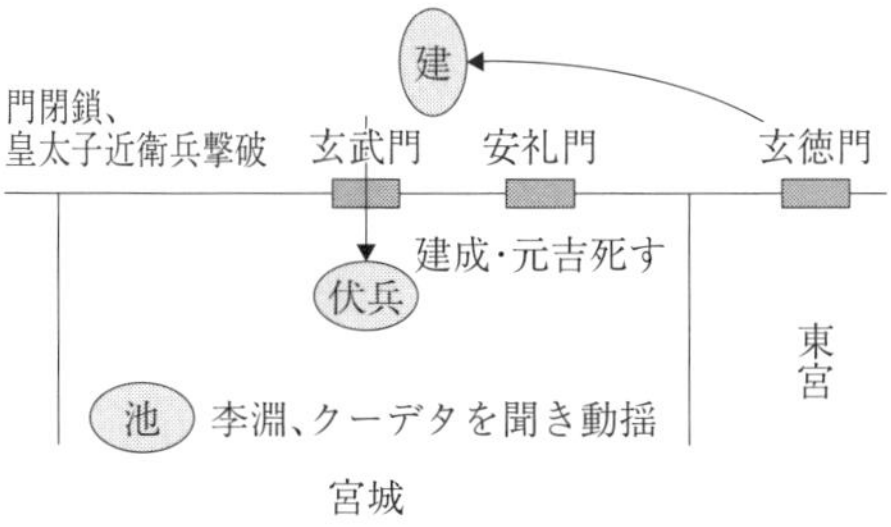

宮城内の出来事に気づいた皇太子近衛兵は玄武門に入ろうとしますが、李世民配下の張公瑾（ちょうこうきん）が自慢の怪力をいかして城門を閉じてしまい、近衛兵は李世民の別動隊によって撃破されました。

このような状況下、なんと宮城内の池でボート遊びをしていた李淵のもとに、李建成・李元吉の首級を持った尉遅敬徳がやってきます。そして敬徳は「李建成・李元吉がクーデタを起こしたので殺害しました」と述べ、李世民が排除したことを報告しました。おそらく、まったく気付いていなかった李淵は「二人がそうすると思ったわ」と、その場を取り繕いました。

玄武門の変後、李建成・李元吉の家族は皆殺しにされましたが、その部下

図８－７　玄武門の変

出所：筆者作成。

は許しました。その中に、のちに李世民の政治をよくサポートした名宰相魏徴がいました。そして李淵は正式に李世民を皇太子に任命し、その二カ月後、六二六年九月に父から皇帝の座を譲り受け、二代目皇帝として即位しました。太宗とも呼ばれます（以上、『資治通鑑』に拠る）。

律令制の整備

即位した太宗は、善政に努めました。また様々な制度を整理し、国家体制を確固としたものにします。府兵制・均田制・租調役、そしてそれらを法としてまとめた律令制を整備します。

中央軍に関わる府兵制は折衝府の置かれた州で、正丁（二一～五九歳）およそ三人につき一人を府兵として徴集し、その中から首都の宿営（衛士）や辺境防備（防人）をさせました。それとは別に地方軍では、各州県の正丁から防人を徴発して、辺境を中心に設置された鎮戍（軍隊）や関津に派遣したり、州県の城門や倉庫を守備させました。

均田制は、北魏以来の制度を踏襲・整備し、一般人戸には丁男一〇〇畝（永業田二〇畝・口分田八〇畝）支給を基準にしていましたが、官人身分の者に対しては、一〇〇頃から二頃まで段階を設けて永業田を支給しました。

租調役は、正丁一人に対して、租として穀物二石、調として絹二丈・綿三両（麻布の場合は二丈五尺・麻三斤）、正役として二〇日の労働（州を越えての租税輸送労働）を課しました。

これらを律令として成文化して編纂し、国家運営の根本としました。この律令制は朝鮮や東南アジア、そして日本にも導入された、当時の最先端の法でした。

こうした善政も、もしかしたら簒奪者である李世民が、自らの正当性を証明するために行っていたのかもしれません。理由はどうあれ、李世民の治世は「貞観の治」と称され、太平の世として、後の政治家の手本とされました。

李世民の苦悩

名君李世民の悩みは、後継ぎ、つまり皇太子問題でした。皇太子に任命したのは長男李承乾でしたが、彼は先祖がえりしたのか、北方民族の服装を好んで着、また宮殿内にテントを張って暮らし、贅沢三昧でした。こんな李承乾に対して、家庭教師の張玄素は冒頭の語を発したのです。

やがて宮中内で皇太子が李承乾でいいのかという意見が出始め、代わって若き日の李世民に似た四男の李泰が注目されるようになります。李世民も李泰を愛していました。ところがこのままいくと、皇太子李承乾と弟李泰の対立が、また「玄武門の変」のようにならないかと恐れた李世民は、両名を退け、かわって関隴集団である長孫無忌の妹の子である李治が、皇太子に立てられました。これが、第三代皇帝高宗です。

第三代皇帝高宗の皇后は則天武后といい、中国の歴史上、唯一の女性皇帝となった人物です。そもそも高宗の正妻であった王氏を押しのけて皇后となり、病弱であった高宗になりかわって垂簾の政を行いました。高宗の死後には、皇帝となった我が子を廃立して、中国史上唯一女性の聖神皇帝として即位し、周と国号を改めました（六九〇年）。則天武后は、則天文字を作成したり仏教を重んじたり、官職名を改称したりと、新たなことを始めましたが、その治世は長くは続かず、晩年には退位して（七〇五年）、唐王朝が復活しました。

その後、玄宗皇帝が即位して、唐王朝の最盛期それから凋落期を迎えます。

コラム10　良薬はどこから

いまでも飲み薬などに使用される漢方薬。それらはすべてが中国産ではない。たとえば、下剤として使われた呵梨勒や、止血・口臭予防などのための丁字（クローブ）、健胃のウコン（ターメリック）、血行促進・強心剤としての樟脳（カンフル）は東南アジア・インドから中国に輸入され、漢方薬として調合された。また滋養強壮の人参、鎮痛・止咳の桔梗は朝鮮から、興奮・強心作用のジャコウ（ムスク）はチベットからなど、漢方薬は中華世界を表現するかのように、世界の薬剤を調合した。

遠志（イトヒメハギ：去痰）・甘草（止渇）などは中国原産であるが、唐朝が世界帝国となることによって、漢方医学が発達したのだ。

参考文献
布目潮渢・栗原益男『隋唐帝国』（講談社学術文庫、一九九七年）
森安孝夫『シルクロードと唐帝国（興亡の世界史5）』（講談社、二〇〇七年）
原田種成編訳『貞観政要』（明徳出版社〔中国古典新書〕、一九六七年）
渡辺信一郎『中華の成立――唐代まで』（岩波新書、二〇一九年）

▼人物略伝8

文帝（ぶんてい）（隋）：五四一～六〇四　隋の初代皇帝。在位五八一～六〇四。名は楊堅、弘農郡華陰（陝西省渭南市）の人。北周の功臣楊忠の子で、北周宣帝の外戚として朝政を専らにした。大定元年（五八一）静帝を廃して隋を立て、開皇七年（五八七）に陳を滅ぼして南北統一を果たした。中央官制を整備して科挙を始め、府兵制・均田制を拡充し、貴族勢力を統制して集権体制を強化した。

煬帝（ようだい）（隋）：五六九～六一八　隋の第二代皇帝。在位六〇四～六一八。名は楊広、文帝の第二子。即位すると洛陽を造営し、また大運河の掘削、長城の修築、高句麗遠征などを行った結果、国内矛盾を激化させ、天下は混乱した。江都（江蘇省揚州市）にあった煬帝は禁軍によって殺害された。

高祖（こうそ）（唐）：五六六～六三五　唐の初代皇帝で、名は李淵、字は叔徳。在位六一八～六二六。先祖は隴西（甘粛省）の人という。隋文帝の姻戚で、隋末に太原留守となり勢力を結集して挙兵した。長安を占拠して煬帝の孫を擁立し、翌年には譲位されて帝位に就いた。武徳七年（六二四）にはほぼ天下を平定し、唐室の基礎を定めた。

太宗（たいそう）（唐）：五九八～六四九　唐の第二代皇帝で、名は李世民、李淵の次子。在位六二六～六四九。隋末に父に挙兵を勧め、たえず全軍を指揮して天下を平定した。人望高く、兄の皇太子李建成と対立したが、機先を制して玄武門の変で殺害し、同年に即位した。また北辺・西辺・西域を服属させ、未曾有の版図となった。国内では賦役・刑罰を軽減し、人材登用に意を用いた。その治世は貞観の治と呼ばれて、後世の手本となった。

李建成（りけんせい）：五八九～六二六　唐の高祖李淵の長子。父が挙兵して皇帝に即位すると、皇太子となった。李世民の名声に不安を感じて、弟の李元吉とともに排除しようとするも、武徳九年（六二六）に玄武門の変で殺された。

李元吉（りげんきつ）：六〇三～六二六　唐の高祖李淵の第四子。建国にあたって活躍したが、驕逸多く素行が悪かった。兄であった李建成と、李世民排除を企むも、玄武門の変で殺された。

房玄齢（ぼうげんれい）：五七八～六四八　唐初の名臣で、斉州臨淄（山東省淄博市東北）の人。字は喬（また諱が喬で字が玄齢とも）。隋末の混乱期に李世民に帰し、秦王府十八学士の一員となった。玄武門の変を謀って李世民を帝位に就かせた。宰相にあること一五年、杜如晦・魏徴などとよく李世民を補佐した。

杜如海（とじょかい）：五八五～六三〇　唐初の名臣で、京兆郡杜陵県（陝西省西安市）の人。代々官吏の家柄で、はじめ隋に仕えたが官を捨てて故郷に戻った。房玄齢に見出されて、李世民の幕下に加わった。秦王府十八学士の一員となり、房玄齢とともに房杜と称され、のちの貞観の治を導いた。房玄齢は善策に長じ、杜如海は決断に長じた。

長孫無忌（ちょうそんむき）：？～六五九　唐初の功臣で、字は輔機、洛陽（河南省洛陽市）の人。太宗の長孫皇后の兄。学問を好んで文史に通じ、若い頃から李世民と交わった。玄武門の変で活躍して功績第一とされた。皇太子李承乾廃位後に、李泰の立太子に反対し、御しやすい李治（高宗）を皇太子に立てた。高宗即位後、王皇后を廃して武昭儀（則天武后）を立てることに反対し、讒言に遭って流された挙句殺された。

尉遅敬徳（うっちけいとく）：五八五～六五八　唐初の名将で、名は尉遅恭、字は敬徳、朔州善陽（山西省朔州市）の人。隋末に劉武周に従い、のち唐に帰した。李世民に従って各地を平定し、玄武門の変では李世民の命を助けて帝位に就かせた。晩年には方術に篤信し、門を閉ざして出なかった。

張公瑾（ちょうこうきん）：五九四～六三二　唐初の功臣で、字は弘慎、魏州繁水（河北省南楽県北）の人。隋末に王世充に従ったが、唐に降って李世民の幕下に加わった。玄武門の変で功績があり、太宗即位後は、貞観三年（六二九）から突厥計略に当たった。活躍して大功を立てたが、三九歳で没した。

魏徴（ぎちょう）：五八〇～六四三　唐初の名臣で、字は玄成、鉅鹿郡曲陽（河北省晋県）の人。隋末に李密に従い、のち唐に帰降した。はじめ太子李建成に仕えたが、玄武門の変ののち、太宗に召され諫議大夫となった。直言をもって太宗を二〇〇回以上諫め、貞観の治に大いに貢献した。

李承乾（りしょうけん）：六一八〜六四五　唐太宗の長子で、母は長孫皇后、字は高明。太宗が即位すると皇太子となった。幼いころは聡敏であったが、成長するにつれ遊興に節度無く、孔穎達（くようだつ）・張玄素らに補導させたが収まらなかった。第四子の李泰に皇太子位を奪われるのを恐れて、謀殺を図るも失敗し幽閉された。皇太子を廃されて黔州（重慶市彭水県）に流され死した。

張玄素（ちょうげんそ）：生没年不詳　蒲州虞郷の人。はじめ隋に仕えたが、唐になって景城都督府録事参軍となり、太宗に抜擢されて侍御史、給事中となった。右庶子・行左庶子となって皇太子李承乾を幾度も教導したが、改心させることができず、免官して庶人に落とされた。のち鄧州刺史に任じて、永徽中に老齢でもって辞任した。

李泰（りたい）：六一八〜六五二　唐の太宗李世民の第四子、字は恵褒。武徳四年（六二一）に衛王に進封され、貞観年間に揚州大都督等に任ぜられ、魏王に改封された。太宗の寵愛を受け、文学を好んだので文学館を置いて学士を招かせた。皇太子李承乾に取って代わろうとするも、李承乾と同じく幽閉され、降格された。のち均州鄖郷県（湖北省十堰市鄖陽）に居を移した。

高宗（こうそう）（唐）：六二八〜六八三　唐第三代皇帝、名は李治、字は為善、太宗の第九子。在位六四九〜六八三。皇太子李承乾と李泰の争い後に皇太子に立てられた。即位当初は長孫無忌や褚遂良（ちょすいりょう）など貴族官僚を用いたが、武昭儀が皇后となるに及んで、科挙官僚と結んで長孫無忌や褚遂良など貴族官僚を排除した。のち痫癪を病んで政治を武氏に委ね、傀儡皇帝となった。

王皇后（おうこうごう）（唐）：？〜六五五　唐第三代皇帝高宗の廃后、もと并州祁県（山西省晋中市）の人。高宗が晋王のとき妃となり、高宗が即位して皇后となった。蕭淑妃に寵愛が移ると、対抗するために武氏を後宮に入れた。しかしかえって武氏の策謀で武氏の娘を殺した嫌疑をかけられ、廃されて庶人となり惨殺された。

則天武后（そくてんぶこう）（周）：六二四〜七〇五　唐第三代皇帝高宗の皇后で、唐室を奪って即位した中国史上唯一の女帝。在位六八四〜七〇五。名は武照、并州文水（山西省文水県東）の人。父は富裕な材木商人で、李淵の挙兵に参加した。一四歳の時に太宗の後宮に入ったが、帝の死後、高宗の目にとまり再び後宮に入った。以後勢力を得て皇后となり、病身の高宗に代わって朝政を独裁し、高宗の死後は実子の中宗・睿宗を廃して即位した。神聖皇帝と称して国号を周とし、科挙官僚を重用して則天文字を作り、酷吏を用いて容赦ない弾圧を行った。晩年には土木工事によって人民を苦しめ、神龍元年（七〇五）に中宗が復位し、同年　病死した。

▼史籍解題６

『貞観政要』（じょうがんせいよう）　唐の玄宗頃の呉兢撰。一〇巻。唐の太宗が在位した貞観年間に臣下と交わした政治問答を収録したもので、政治の手本として中国のみならず、日本でも広く読まれた。

『資治通鑑』（しじつがん）　北宋の司馬光の編集による編年体の史書。二九四巻。周威烈王二三年（前四〇三）から後周顕徳六年（九五九）までの一三六二年間に及ぶ。大義名分、正統論の歴史意識による政治道徳の革新を企て、君主の治政の参考資料とすることから、神宗より『資治通鑑』の名を賜った。後世名著の誉れ高く、学者必読の書とされた。

第Ⅲ部　分裂と変革の中世

第9章　「万事休す」――中国の再分裂と社会変革：五代十国時代

中国史上最後の大分裂時代である五代十国は、華北に五つの王朝と、華南に十国（一国は華北）の地方国家が建った時代とされ、およそ五〇～八〇年にわたりました。この分裂状況は、それ以前の唐後半期、安史の乱以降の歴史の影響を受けていますので、そのあたりから見ていきたいと思います。

高従誨の溺愛

「十国」の一つに数えられる荊南（あるいは南平）を興したのは、後梁を興す朱全忠の下で活躍した高季興で、荊南節度使となって以後、子の高従誨、その子の高保融、その弟の高保勗と代々荊南節度使を受け継ぎました。高保勗が三九歳の若さで亡くなると、翌年には、全国統一を図る宋に降って滅びました（九六三年）。

その高保勗がまだ幼子だった時の話です。父の高従誨は、十番目の子であった高保勗を溺愛していました。高従誨が時に大いに怒ることがあると、周りの者は目を向けることができませんでしたが、高保勗が見つめると、父の怒りが収まり笑顔になったとか。それを見た荊南の人々は「万事休す」と称したそうです。実はここでは「これでおしまい！（すべてよし！）」の意味で使われていました（「休」は良いの意味）が、高保勗の死後、荊南はすぐさま滅んだので、「これでおしまい！」（ここでは「休」はおしまいの意味）の予兆だったのだ、と伝わります（『旧五代史』『宋史』の高保勗列伝による）。いまでは後者の意味でよく使われます。

さて、荊南は十国に数えられることもありますが、実際には華北五代王朝の一節度使で、国と呼べる存在で

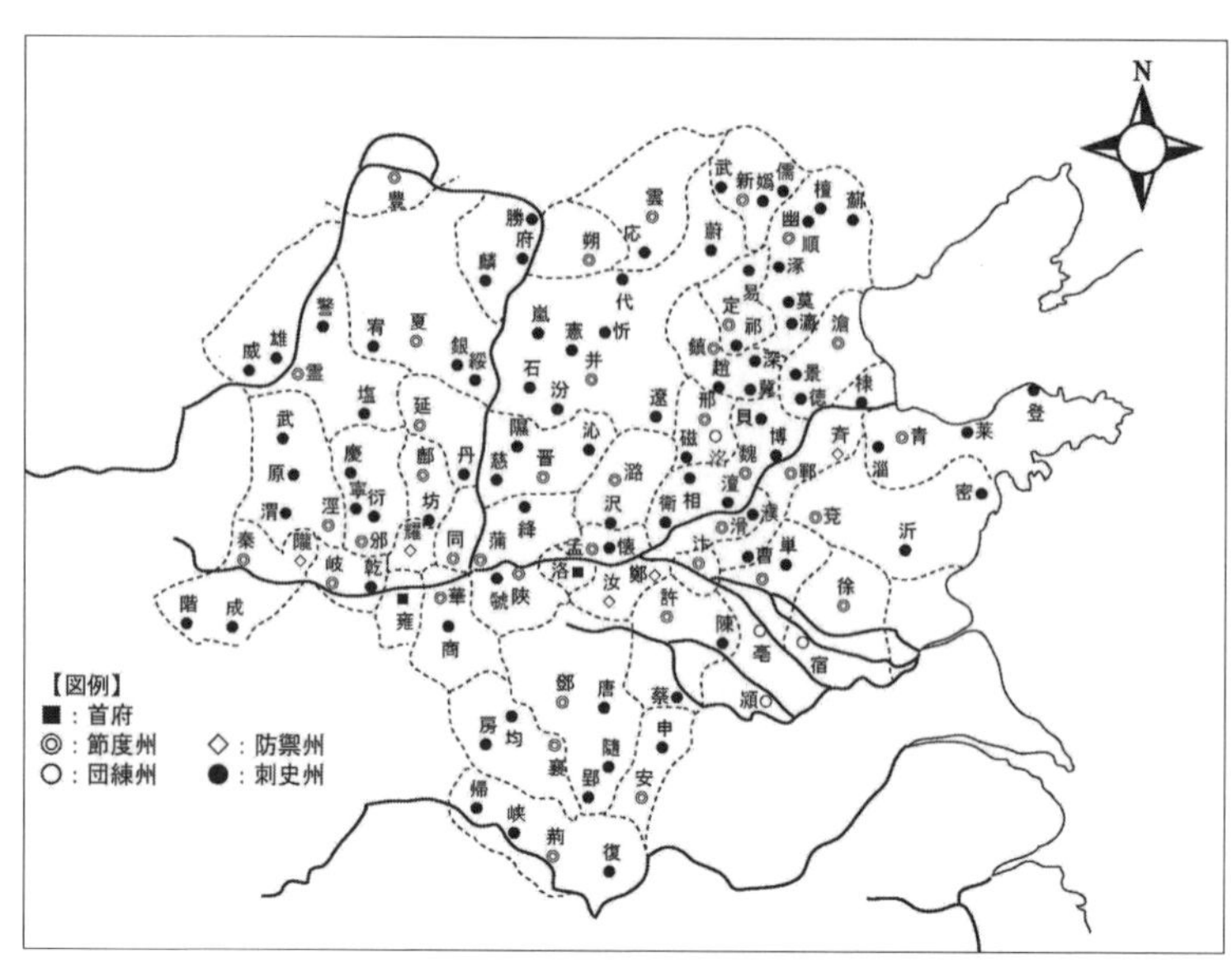

図9－1　後唐同光二年藩道図

出所：筆者作成。

はありませんでした。図9－1の最下部に位置する「荊・復・峡・帰州」が荊南節度使です。ここには、唐後半期以降の国家と社会、それに宋代の歴史観が複雑に絡み合っています。それらを解きほぐしながら、五代十国時代を見ていきましょう。

唐後半期国家体制の変革

二八歳で即位した第六代皇帝玄宗は、当初は意欲に燃えて積極的に政治に参画し、「開元の治」と呼ばれる唐代の全盛期を現出させました。ですが、晩年になると、楊貴妃を見出して没頭するようになり、政治を皇室出身の宰相李林甫や、楊貴妃の親族楊国忠に任せるようになってしまいます。二人は専権を振るいましたが、その邪魔になっていたのが、河北で強大な軍事力を保有していた安禄山でした。

安禄山は、もとソグド人と突厥人の混血児で多言語を操り、巧みに出世して范陽節度使（幽州）・平盧節度使（営州）・河東節度使（太原）を兼務するまでに至ります。二〇万弱にも上る軍隊を保有する安禄山は、楊国忠と反目し、結局、国賊楊国忠を除くとして、一五万の蕃漢兵を率いて叛旗を翻しました。安史の乱の勃発です（七五五〜七六二年）。

安禄山は洛陽に攻め上って皇帝に即位し、ついには長安を陥落させました。玄宗は楊貴妃を連れて四川に逃れましたが、途中で近衛兵の騒乱によって、叛乱の原因だとして楊国忠や楊貴妃を殺さなくてはなりませんでした。

安禄山に対する討伐軍を指揮した皇太子は、霊武で即位し（粛宗と言います）、ウイグル軍の援助もあって反乱を鎮圧していきました。安禄山は自らの息子に殺されてしまいますが、部下であった史思明が引き継ぎます。ですが史思明も結局は自らの息子に殺されてしまい、乱は終息しました。この反乱によって、唐朝国家は、その在り方を大きく変えなければならなくなりました。

逃戸問題と節度使

変革の兆しは、則天武后期より始まっていました。第8章で紹介しましたように、農民等の一般人戸は、兵役や正役といった労働の義務を負っていましたが、やはり重い負担であったので、戸籍の登録地から逃げてしまう（逃戸と呼ばれます）ことが頻出し、社会問題となっていました。玄宗の時に逃戸を戸籍に再登録させることも行われましたが（宇文融の括戸政策）、根本解決には至りませんでした。

律令制に基く均田制・兵制・租調役はすべて戸籍が基礎となっていました。唐代の戸籍の作成は、まず各人戸が毎年、自身の家族構成（名前・年齢）と所有地を記した「手実」を作成して提出し、それを里（一〇〇戸）、さらに郷（五里）ごとにまとめました。この戸籍は州県で管理され、三年ごとに計帳として中央政府に収められました。

ですが戸籍地から逃げてしまうと、戸籍に従って給田・徴兵・課税ができなくなってしまいます。逃戸問題は、国家を揺るがす大問題だったのです。ほころびは徴兵制度から始まりました。律令制下では、一般農民から府兵・防人を徴集する兵農一致の社会でした。ですが逃戸現象によって戸籍から徴集できなくなったので、玄宗の開元二十五年（七三七）、中央軍の府兵で先んじて行われていた召募制に、地方の鎮戍防人も切り替えることとなりました。ここに兵士は基本的に兵士（職業兵士）という兵農分離社会へと移り変わっていきます。

こうした兵士たちの所属先は、地方の場合、節度使配下の軍でした。当初は、唐王朝の辺境に設置された軍隊で、その長官を節度使と言いました。この「○○使」というのは、律令官制にはもともとなかったもので、皇帝の直命を受けて設けられる臨時官職でしたが、唐後半期以降の多様な国家・社会変革の中で、それに対応するために常設されていくようになります。「使」の字が最後に付く官職なので「使職」と呼ばれました。

安史の乱をきっかけに、節度使は中国内部でも設置されるようになり、やがて内政官の観察使や刺史を兼務することによって、一地方行政府と化していきます。それらは主に「道」と呼ばれることとなり、唐後半期の地方行政制度は、道州県の三級制度となっていきました。こうした節度使を中心として、いくつかの州県（大きい道で十数州、少ないと二州程度）を管轄する道を、また藩道・藩鎮とも呼びました（図9-2）。

全国に設置された節度使軍を構成する兵士（健児と言います）は、先に言いましたように召募制で招集されていました。彼らはつねに国家より衣服や食費を支給されます。そのため、国家は当然ながら、財政支出を考えたうえで、財政収入を講じないといけません。ですが、逃戸問題で、租税徴収がうまく立ち行かなくなっていました。そこで、何十万といる兵士を養い、国家財政を立て直すために、塩・鉄・酒・茶の専売（とくに塩の利益は国家財政の二分の一から三分の一を占めるほどになります）、そして七八〇年には、徳宗が宰相楊炎の建言に従い、均田制・租調役に代わって両税法を施行しました。

両税法

両税法の内容は以下のようでした。まず、それまでの戸籍にかかわらず、一般人戸の現在住む場所を認めて戸籍を再作成し、土地の私有を認めて所有する土地にも制限を設けませんでした。所有する土地に対しては、その広狭・肥沃度に応じて、夏と秋に収穫される穀物を税として納めました。同一田土から二回ではなく、夏収穫（コムギなど）と秋収穫（コメ・アワなど）それぞれ収穫時期に合わせて、徴収時期を二回設けました（場所によっては三回）。こちらを両税斛斗と言います。また所有する財産価値を案分して、両税銭も課しました。こちらも年に二回（夏と秋、場所によって三回）徴収しました。ただ、当時では、社会に「銭」が多く流通せず、とくに農村にはほとんど出回っていませんでしたので、農民は絹や穀物などで代納しました。人戸の土地や財産は、三年に一回見直し調査をすることになっていました（実際は

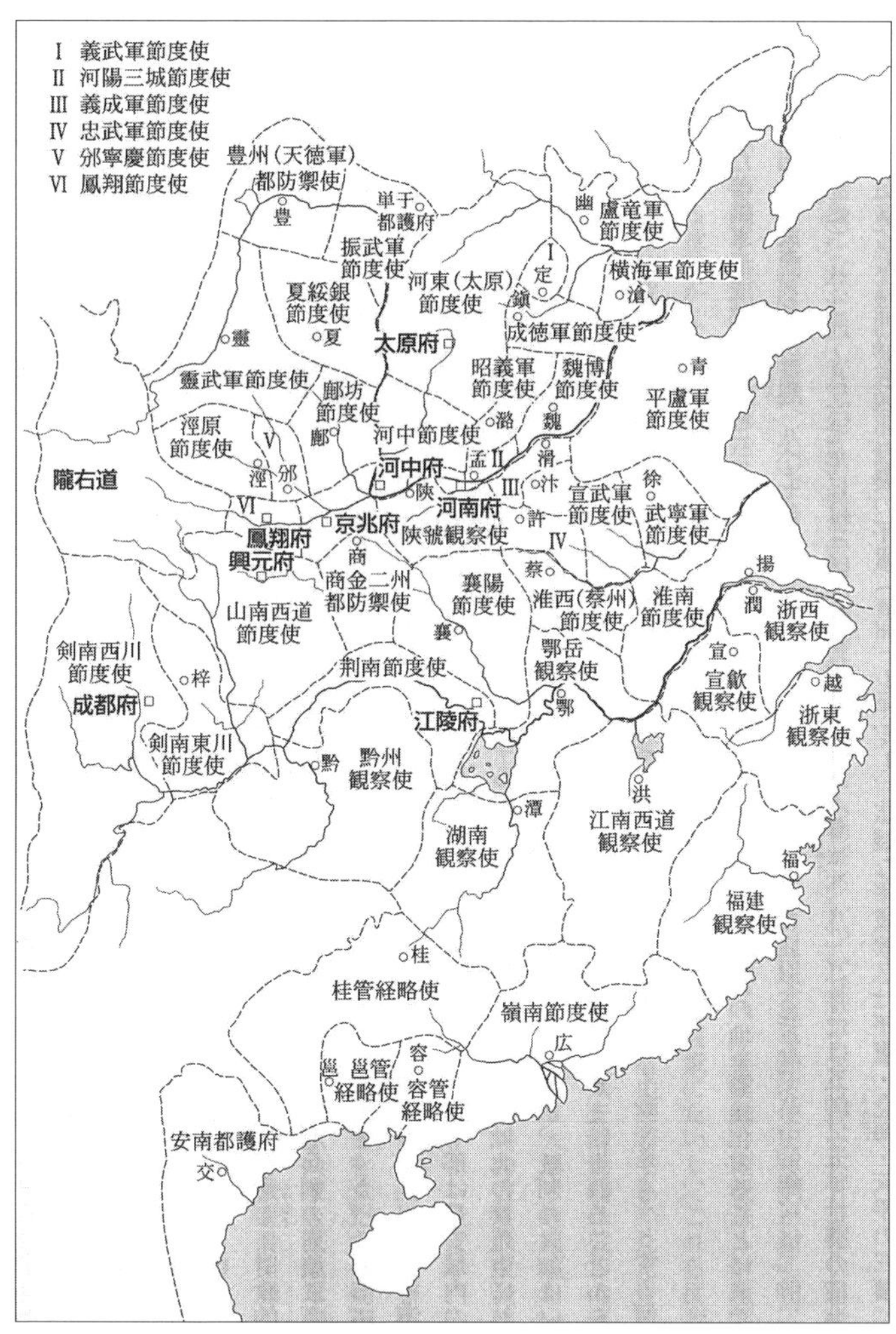

図９－２ 唐代の藩鎮

出所：『中国史２』（山川出版社、1996年）458頁。

できなかったので、税負担の不公平という社会問題ともなります）。

なお宋代になると、両税銭の課税対象は稲田や桑畑・麦田・山地・竹林・菜園などの土地が中心となり、その肥沃度や所有数等に応じて夏税として賦課されました（やはり絹などで現物納）。もちろんコメやアワなどが収穫される耕作地に対しては、秋税として両税斛斗の納入も課されました。なので穀物の収穫できる秋税地である「田」を所有していれば秋税として両税斛斗と夏税として銭がともに課され、それ以外で夏税の課税対象の「地」を所有していれば夏税のみが課されることになります。また重要なのは、土地の調査によって「田」や「地」と登録された土地を所有していれば、その「田地」が郷村にあっても都市内部にあっても夏税・秋税は課されたことです。また都市民であっても、郷村等に課税地を所有していれば両税を納めなくてはなりませんでした。よって両税賦課にあたって、郷村と都市（坊郭と言います）の違いはありませんでした。

この両税は、租調役のように、人ごとにいくら、といった定額があるわけではありません。国家が必要とする財政支出を計算して、そこから各州県の各人戸に割り当てられていきます（量出制入と言います）。そのため、原則的に各人戸が毎年決まった額を課されるわけではありませんでした（実際には固定化することも多くありました）。

黄巣の乱

こうして財政の立て直しを図った唐王朝は、以後藩鎮体制の下で一五〇年近く存続しました。ややこしい皇帝が即位したり（順宗や武宗）、朋党闘争が起こったり（牛李の党争）、各地の節度使が叛乱を起こしたり（安禄山の拠点であった河北三鎮や淮西節度使）、外国が攻め込んだり（吐蕃が長安を落とし、唐と吐蕃が〝対等〟に同盟する唐蕃会盟など）しましたが、その命運が尽きるのに決定的であったのが塩賊黄巣の乱です（図9-3）。

国家による塩の専売といっても、塩の販売は商人に任されていました。ですが、そうした国家の塩（官塩）は税が上乗せされて基本的に高価だったので、こっそりと私塩を密売するする塩の闇商人（塩賊）が、自然災害が多発した唐末に跋扈するようになります。塩賊の一人であった黄巣は、八七四年に徐州で挙兵し各地を略奪して回りました。このように、略奪しながら各地を移動し、各地の無頼や貧下民を吸収して雪だるま式に増長するものを流賊と言います。黄巣は南の広州から湖南・江南・河南、そして長安まで略奪を繰り返して、唐皇帝僖宗を追い出して皇帝を称しました。黄巣から寝返った朱温（のちの朱全忠）と、援軍として活躍した沙陀突厥族の李克用によって反乱は鎮圧されて黄巣は自害しましたが、もはや唐王朝に国家を立て直す力は残っていませんでした。九〇七年に、朱全忠が唐より禅譲を受けて即位し、梁（後梁）を建てます。五代十国の始まりです。

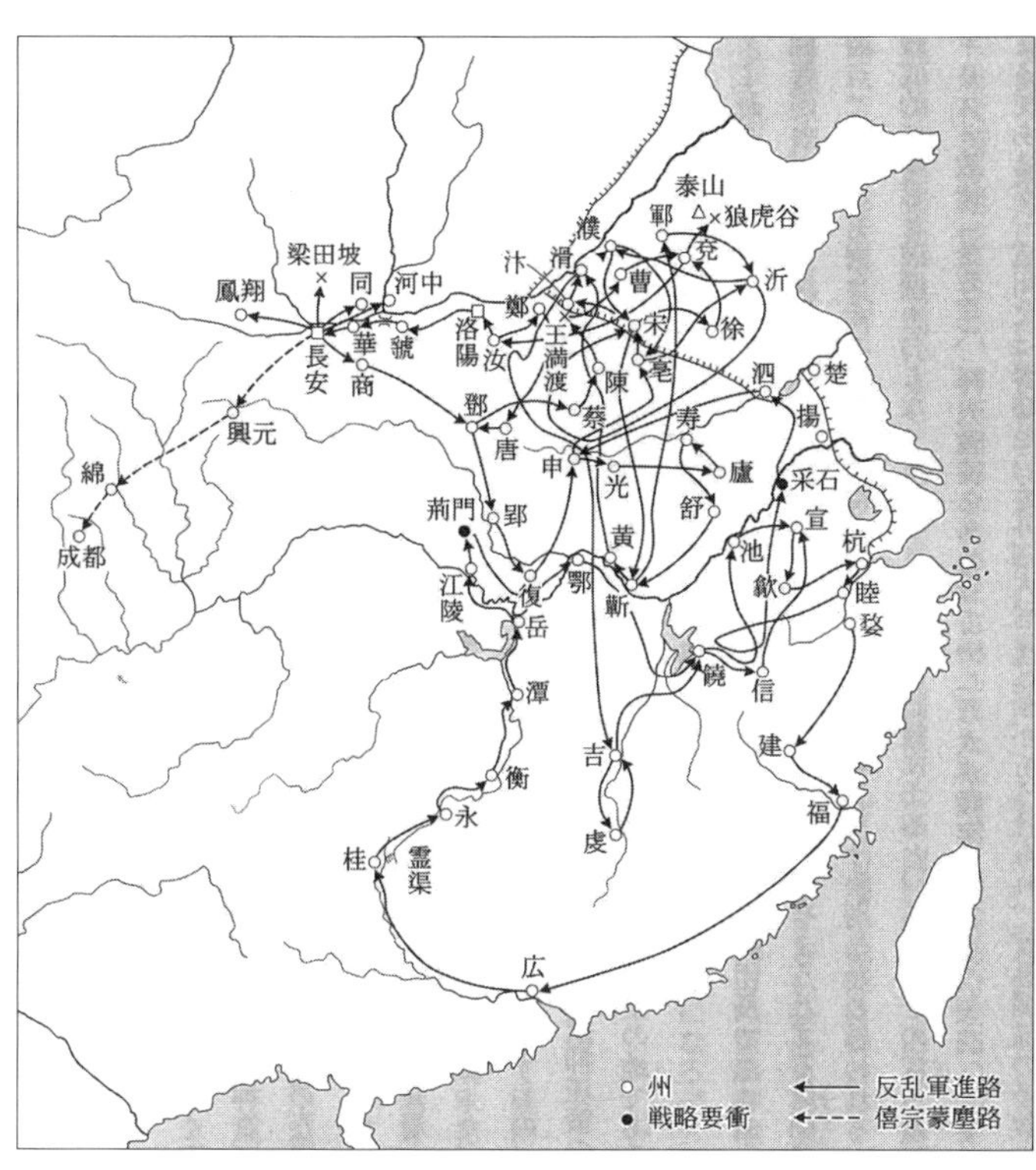

図９−３　黄巣の乱図

出所：『中国史２』479頁。

「五代」王朝

朱全忠は、九〇七年に禅譲を受けて後梁を建てました。都は、当時の流通の中心点となっていた開封に定めました。華北の大部分を支配しましたが、太原には宿敵の李克用が対抗していました。後梁第三代末帝の時に、李克用の跡を継いだ李存勗との戦いに敗れて滅亡しました。

後梁の次に起こったのは、太原に拠点を持っていた李存勗勢力です。後梁を滅ぼすと、李存勗は九二三年、洛陽を都として即位しました（荘宗と呼ばれます）。唐王朝を受け継ぐとして国号を唐に定めました（本家と区別するために後唐と呼びます）。李克用の養子であった李嗣源＝第二代皇帝の明宗は名君の誉れ高く、均税に努めるなどして国内は安定しました。ですが、その没後に養子の李従珂が帝位を奪い（廃帝あるいは清泰帝と呼ばれます）、それに反対したのが根拠地の太原を守備していた河東節度使石敬瑭でした。

石敬瑭は、契丹軍の援助を得て後唐を滅ぼしました（九三六年）。開封を都に定めて国号を晋（後晋）として即位し、援軍のお礼として、幽州を中心とする燕雲十六州を割譲し、かつ契丹第二代皇帝太宗と仮父子関係を結びました。契丹太宗が父皇帝、石敬瑭が児皇帝です。なお、唐末からこの五代にかけては、君臣関係を結ぶ際に、擬制親族関係（仮の父子関係が多い）を用いることが多く、李克用と仮父子関係にあった明宗や、明宗の養子となった李従珂だけでなく、十国勢力や節度使となった武将の間でも見られました。

しかし後晋第二代少帝は契丹と対立するようになり、結果として契丹によって開封は陥落して後晋は滅びました。その跡を継いだのは契丹太宗で、九四七年に開封に入って国号を遼と称しました。そのため、一般に「五代」と呼んで後梁・後唐・後晋・後漢・後周を数えますが、実際の歴史上では、遼も加えて「六代」とすべきなのです。

契丹太宗は、華北支配に失敗してすぐさま三カ月後に契丹に戻りました（ただ、その道中で病死してしまいます）。こうした契丹に対抗していたのが、河東節度使から後漢初代皇帝に即位（九四七年）した劉知遠でした。契丹退却後の開封に入って都としましたが、納得しない節度使も多く、配下の郭威が帝位を奪いました（九五一年）。その王朝を後周と言いますが、第二代世宗は五代随一の英主とされ、禁軍改革や検田実施など国内統治に尽力し、また天下統一をもくろみ北漢・後蜀・南唐・契丹と戦争して領土を拡大しましたが、夢半ばの三九歳で病死してしまいました。

その世宗配下に趙匡胤がいて、中央禁軍に推戴されて開封で皇帝に即位しました（九六〇年）。宋王朝の開始です。五代諸王朝の皇帝は、太原の河東節度使軍下であった者が多く、清朝の歴史家趙翼が「一軍中五帝有り」（李存勗・李嗣源・李従珂・石敬瑭・劉知遠の五人）と述べています（『廿二史箚記』）。また沙陀突厥等の北方民族出身者が多いのも特徴でした。五代諸王朝は、藩道（藩鎮）体制のもとでおおむね華北を支配しました。

「十国」の国々

十国とは、呉・南唐・前蜀・後蜀・南漢・呉越・楚・閩・荊南・北漢と数えられますが、これはかなり恣意的に選んだものです。すべてが同時に存在していたわけではありませんでした。少し整理して説明します。

華北の五代王朝に対して自ら皇帝を称したのは、呉・南唐・前蜀・後蜀・南漢・北漢でした。呉は、盗賊あがりの楊行密が唐末に淮南の揚州に拠って起こりました。楊行密は九〇二年に呉王となり、息子たちが後を継ぎ、第四代楊溥は呉皇帝となりましたが、宰相の徐知誥に帝位を奪われました（九三七年）。呉より禅譲を受けた徐知誥は、名を李昪に改め、国号を唐とします（南唐）。都は江寧（現在の南京）に置きました。兵を休ませて民を保護し、内政に努めました。南唐第二代皇帝李璟の時には、九四六年に閩を滅ぼし、九五一年には楚を滅ぼし、福建・湖南を合わせて南唐最大版図を誇りました。ですが、九五七年に後周世宗の親征によって長江以北が奪われると、帝号を廃して国主と称し、後周の冊封（封建）国となりました。九七五年、宋に攻められ滅びました。

前蜀は、無頼で盗賊の王建によって四川成都に建てられました。九〇七年に後梁が興ると、王建は蜀皇帝を称しました。四川の豊富な天然資源を頼りとして文化も盛んとなりましたが、蜀第二代皇帝の王衍のとき、後唐荘宗の派遣した軍によって滅ぼされました（九二五年）。

蜀の地を統治することを任された後唐の武将孟知祥は、明宗と反目して自立しました（九三〇年）。九三四年に明宗が崩御すると、蜀皇帝を称しました。しかし九六五年、宋によって滅ぼされました。

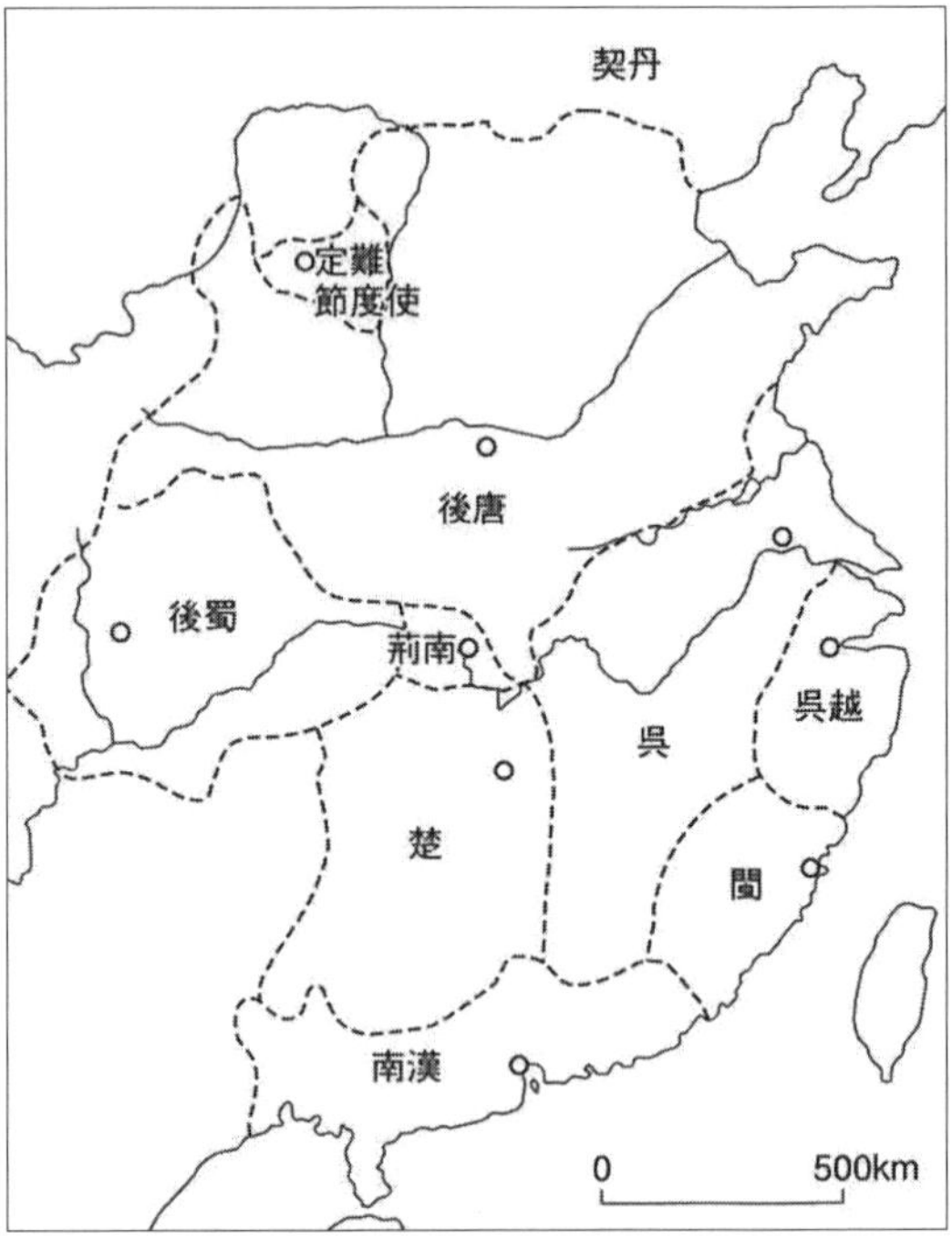

図９－４　五代十国の形成

出所：『新版　中国の歴史　下―近世・近現代』（昭和堂、2009年）12頁。

南漢を興したのは、アラブ系とも言われる南海貿易商出身の劉隠（りゅういん）でした。後梁の成立とともに自立化を図り、弟の劉龑（りゅうげん）が後を継いで九一七年に広州で皇帝を称しました。南海貿易によって国力は充実していましたが、後継者争いで混乱した挙句、九七一年に宋によって滅ぼされました。

北漢は、もとは後漢皇帝劉知遠の弟であった劉崇（りゅうすう）が、後周郭威の即位に反対して、太原で皇帝に即位して成立しました（九五一年）。契丹の援助を得て後周と対立しましたが、世宗との戦争に敗れて衰退し、九七九年、宋によって滅びました。

以上は、五代王朝と対立し皇帝を称していた国々でしたが、恭順的な国々もありました。両浙地方に起こった呉越は、もと塩賊の銭鏐（せんりゅう）が杭州（こうしゅう）を拠点に建国しました（九〇七年）。五代王朝より呉越王・呉越国王に冊封され、なおかつ天下兵馬都元帥（てんかへいばとげんすい）の肩書を加えられて、他の諸国を教導する「真王（しんおう）」という地位を得ました。春秋時代の覇者にもなぞらえられます。南海貿易や日本との通交など、東アジア海域に勢力を張り出しましたが、第五代国王銭弘俶（せんこうしゅく）のとき、他の諸国が滅びた後（北漢を除きます）に、九七八年、国土を宋に返上するという形式で滅びました。

福建では、河南からの移民であった王潮・王審知兄弟が福州に閩国を建てました。王審知は九〇九年に閩王に冊封されましたが、その亡き後は後継者争いで混乱しました。明宗崩御の際に一時的に皇帝を称することもありましたが、度重なるクーデタによって分裂・衰退しました。九四六年に南唐李璟によって滅ぼされました。湖南に興った楚は、河南のもと木工の馬殷が潭州（現在の長沙）に拠って成立しました。九〇七年に、後梁から楚王に冊封されました。以後、五代王朝に恭順的でしたが、馬殷亡き後、やはり後継者争いが多発し、九五一年に南唐によって滅ぼされました。

これまで見てきましたように、五代十国という時代は、華北に五代王朝が「中国」として君臨し、南半分には、皇帝を称する呉＝南唐、蜀、南漢（「敵国」と言われました）の三国と、五代王朝より冊封を受ける呉越・閩・楚の三つの封建国とが分立する時代でした。

最後に荊南ですが、皇帝を称したわけでもなく、また「〇国」として冊封されたわけでもありません。あくまでも五代王朝の一節度使でした。代々その地位を自立して世襲したこと（他の節度使でも例はあります）、また宋が自ら荊南を接収したことから、北宋の欧陽脩によって十国の一つに数えられることになりました。この点は、最後に触れていきましょう。

郷村社会の変革

唐後半期から五代十国、そして宋代にかけての国家や社会の変化は、「唐宋変革」と呼ばれて、学術上の重要な研究テーマとなっています。国家のあり方については前半で触れましたので、ここで郷村社会での変革について述べておきたいと思います。

漢〜南北朝期には、郷村社会は富豪の豪族層と貧下の貧農層の二層構造でしたね。唐後半期から宋代にかけて、大土地を所有する富豪層は、所有する奴婢・佃僕といった私的隷属民による奴隷労働ではなく、その土地を期限付きの雇用労働者（「佃客」などと呼ばれます）に耕作させることも多くなりました。その両者の関係が賃貸・契約関係にあったことが特徴です。またそうした富豪層の中には宋代に「形勢戸」とも呼ばれる〝なり

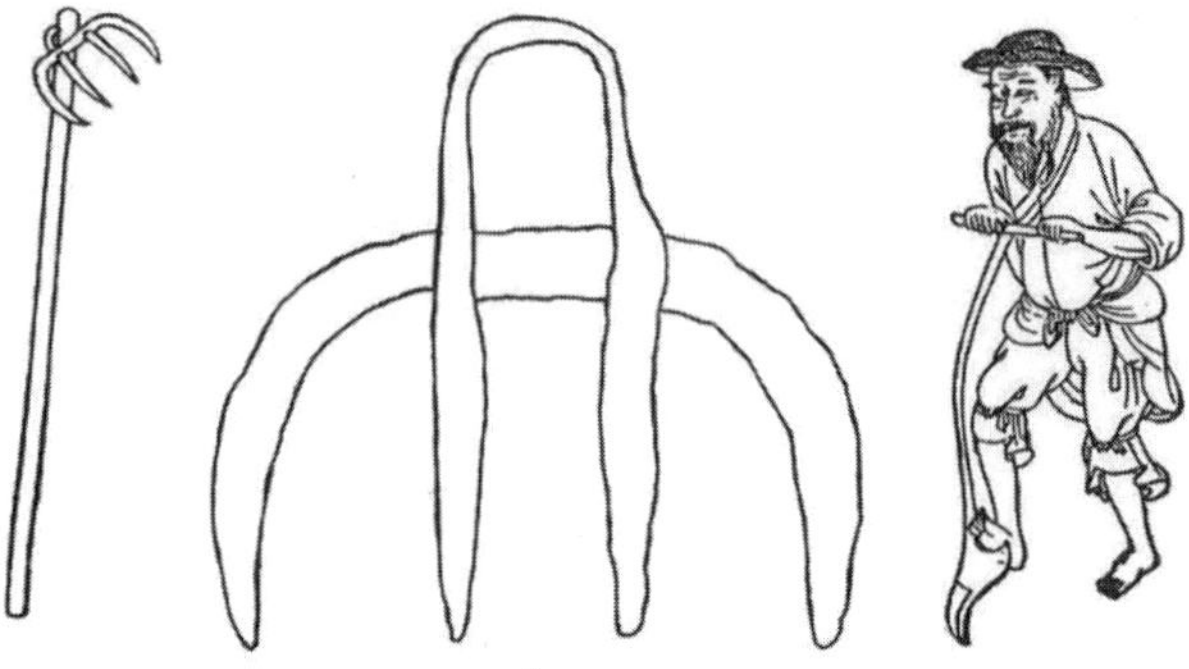

a　b

鉄　搭

（a：『王禎農書』、b：1955年揚州出土）

踏犁（長鑱）

（『王禎農書』）

図９－５　踏犁と鉄搭

出所：大澤正昭『陳旉農書の研究』（農山漁村文化協会、1993年）14頁。

あがり者〃も登場し、科挙に合格して官僚となる者も出てくるようになりました。

貧下層は、五〇畝に満たない土地を持って、ウシを所有せずに手作業で耕作するような人々でした。また富豪の雇用（「庸作」と言います）に出てたり小作したりする人々もいました。

そうした富豪層と貧下層の間に、中間層として家族労働を主とする小農法を基礎として自給自足する小農（「中産戸」とも呼ばれます）層が九世紀頃より登場しました。「踏犁」「鉄搭」（図９－５）といった優れた人力農具の開発によってウシを多く必要とせず、少ない土地・少ない労働力で多くの収穫を得ることができるようになったことが大きな要因です。五人家族でウシを一頭飼い、二頃～三〇畝の土地を経営するのがモデルです。中間層の上層には、広すぎる土地を庸作に出す農家もいました。こうした中産層が広範に分布し、明代ごろまでかけて中国社会の岩盤層となって郷村社会の基礎となっていきました。この唐宋変革期に、郷村社会が富豪―中産―貧下の三層構造をとるようになっていったことが重要です。

「五代十国」とは

最後に「五代十国」について触れておきましょう。この時代設定をした代表格は、北宋の政治家であった欧陽脩です。その著書『五代史記』（『新五代史』とも呼ばれます）で、五の王朝と十の国という、きわめて恣意的に数えた歴史像を提示し、これが以後に正史となったことによって通説となりました。ですが、五代王朝は実際の歴史を踏まえて遼も加えて六代とすべきだし、十国も見てきたように、成り立ちやあり様に注意して取り上げられていません。あえて言えば、宋王朝が滅ぼした勢力とその前身国を選んで、宋の支配の正統性を主張したかったのでしょう。もしかしたら、当時の実情に合わせて十国に数

コラム11　帝国の中世？

秦始皇帝の即位に始まる中華帝国の歴史は、辛亥革命で滅びるまで約二〇〇〇年続いた。秦漢時代から唐前半期までを古代帝国（秦漢を第一次古代帝国、北魏隋唐を第二次古代帝国）とし、元明清期を近世帝国とすると、唐後半期から北南宋までが中世になる（モンゴルは別次元）。古代と近世の中華帝国は、言わば世界の中心として唯一無二の絶対的立場を取ってきたのに対し、中世ではその周辺に対等国家が出現したという特徴がある。吐蕃やウイグル、契丹・金などがそれに相当する。中華帝国が戦争して負けることも多くなった。そうした対等な多国併存状況に対して、中華帝国は春秋の故事に倣うように、対等な国家間関係を構築するため盟誓を取り交わした。唐蕃会盟や澶淵の盟・紹興の和議などである。

そこでは両国間で、⑴互いに皇帝と呼び合うなどの対等的表現、⑵擬制親族関係の構築、⑶国境の画定と不可侵、⑷王権を超える至上権威の前での締結、等が誓約された。こうした中華帝国の中世的体制を盟誓体制と呼んでいる。ただこの盟誓体制は、多国間での勢力拮抗という緊張状態にあり、実際の国境付近では問題が多発するため、境を接する両国の地方官府同士での外交折衝が頻繁に行われていた。そこでは新たに外交文書として牒式文書が利用され、緊張関係にある国際関係の緩衝材として機能した。

とはいえ、中世の中華帝国でも、西域諸国や朝鮮・東南アジア等の国々に対して君臨し、朝貢を求めた。古代帝国の朝貢は、その土地どちの特産品を少量持参し、それに対して外国のランクに従って下賜するものであった。五代期になると、その量が格段に増加し、北宋真宗が澶淵の盟を結んで泰山封禅を行って以後は、そうした多量の朝貢品を査定して、その金額に見合う下賜（威厳を示すために割り増しして）を行うようになった。まさに朝貢貿易だ。

帝国の中世は、水平関係の盟誓と上下関係の朝貢を上手に使い分けていた時代であったと言える。

えるべき他の勢力がいたかもしれません。私たちは、一〇〇〇年前の政治家の歴史観から自由になるべきでしょう。

参考文献

周藤吉之・中島敏『五代と宋の興亡』（講談社学術文庫、二〇〇四年）
山崎覚士『中国五代国家論』（思文閣出版、二〇一〇年）
渡辺信一郎『中華の成立――唐代まで』（岩波新書、二〇一九年）

▼人物略伝9

玄宗（げんそう）（唐）：六八五～七六二　唐第六代皇帝。在位七一二～七五六。名は李隆基、睿宗の第三子。唐隆元年（七一〇）韋氏を誅して父睿宗を擁立して皇太子となり、先天元年（七一二）即位した。名相姚崇・宋璟を用いて開元の治と讃えられた。晩年には楊貴妃と奢侈な生活を送り、政治を李林甫・楊国忠に委ねた。安史の乱が起こると四川へと都落ちしたが、途中で楊貴妃は殺された。至徳二年（七五七）粛宗に迎えられて上皇となり、のち病死した。明皇帝と謚されたので明皇と称される。

楊貴妃（ようきひ）：七一九～七五六　唐の玄宗の寵愛した宮女で、幼名を玉環といった。蜀州司戸参軍楊玄琰の娘で、はじめ玄宗の子寿王李瑁の妃となった。のち玄宗の寵愛を得て天宝四年（七四五）に貴妃となり、一族みな高位にのぼった。安禄山の乱が起こると、玄宗と四川に逃れ、その途中、馬嵬駅（陝西省興平県馬嵬鎮）で護衛兵によって縊死させられた。

楊国忠（ようこくちゅう）：？～七五六　唐代の奸臣で、楊貴妃の親戚、本名は楊釗。酒と博打を好んで素行が悪かった。玄宗の寵愛を受けた楊貴妃のおかげで財務官僚となり、李林甫とも結んで財政を掌った。国忠の名はこのとき授かった。李林甫の死後にはその派を排除し、安禄山とも対立するようになった。安史の乱で、玄宗とともに四川に逃れる際に、馬嵬駅（陝西省興平県馬嵬鎮）で殺された。

李林甫（りりんぽ）：六八三～七五三　唐玄宗の宰相で、皇室の出。宇文融の推薦で御史中丞となり、陰険で策略多く、「口に蜜あり、腹に剣あり」と言われた。玄宗に取り入って宰相となった。朝政を独裁し、節度使の任命を異民族としたため安史の乱の発端をつくった。

安禄山（あんろくざん）：七〇三～七五七　唐のソグド人系の武将で、営州柳城（遼寧省朝陽市南）の人。安史の乱の首謀者。玄宗・楊貴妃に取り入って平盧（朝陽）・范陽（北京）・河東（太原）の三節度使を兼任した。李林甫の死後、楊国忠と争い、天宝一四載（七五五）冬に叛乱した。翌年には首都長安を陥れ、大燕皇帝に即位。至徳二載（七五七）春に子の安慶緒によって殺された。

史思明（ししめい）：七〇三～七六一　安史の乱の首謀者で、営州の胡人と突厥人との混血児。同郷の安禄山と仲良く、六カ国語をあやつった。のち安禄山の部下となり、安禄山が挙兵すると河北方面の攻略にあたった。安禄山の死後、一度唐朝に帰順するが、乾元元年（七五八）に再び叛し、洛陽を落として長安に迫ったが、子の史朝義に殺された。

粛宗（しゅくそう）（唐）：七一一～七六二　唐第七代皇帝、即位時の名は李亨（きょう）、玄宗の第三子。在位七五六～七六二。安史の乱によって玄宗とともに四川に逃れようとしたが、馬嵬駅で別れて北に向かい、霊武（寧夏回族自治区霊武県北西）にて即位した。ウイグルの援軍を得て長安・洛陽を奪回した。宦官李輔国の権勢を押さえることができず、李輔国と皇后の抗争のさなか、没した。

宇文融（うぶんゆう）：？～七二九　唐の政治家で、京兆万年の人。関隴集団の北周宗室の子孫。開元（七一三～七四一）の初めに富平県（陝西省銅川市）主簿となり、認められて監察御史となった。当時の逃戸・流民についての処置を上奏し、戸籍漏れの戸を調査する括戸政策を行い、八〇万戸を得た。のち宰相となるも、一〇〇日にして左遷され、崖州（海南島）に流され道中に卒した。

徳宗（とくそう）（唐）：七四二～八〇五　唐第九代皇帝、名は李适（かつ）、第八代皇帝代宗の長子。在位七七九～八〇五。代宗が即位すると、天下兵馬元帥となって史朝義を討伐し河北を平定した。即位後、宰相楊炎に従って両税法を施行した。藩鎮勢力を押さえようとするが、河北や淮西節度使の反乱を招き、己を罪する詔を発して事態の収拾を図った。結局、藩鎮問題を解決できずに没した。

楊炎（ようえん）：七二七～七八一　唐の宰相で、字は公南、鳳翔府天興県（陝西省鳳翔県）の人。祖父・父と三代にわたって孝を表彰され、河西節度使掌書記から中央政府に入って昇進した。徳宗の即位とともに宰相となり、建中元年（七八〇）に両税法を施行した。政敵を押しのけて政治を独占しようとしたが、讒言に遭って崖州（海南島）に左遷され、途中で死を賜った。

順宗（じゅんそう）（唐）：七六一～八〇六　唐第十代皇帝、名は李誦（しょう）、徳宗の長子。在位八〇五。皇太子時代に政治改革に意欲を持ったが、病を得て言語障害を生じた。即位後も宦官などが政治を乱し、七カ月にして譲位した。

武宗（ぶそう）（唐）八一四～八四六　唐第十五代皇帝、名は李瀍（てん）、第十二代皇帝穆宗の第五子。在位八四〇～八四六。兄の第十四代皇帝文宗の臨終に際し、宦官に擁立されて即位した。宰相李徳裕を重用し、北辺のウイグル討伐などを行ったが、大規模な廃仏を断行して、四六〇〇余りの寺を廃し、二六万人余りの僧尼を還俗させた（会昌の廃仏）。道術を尊んで服薬した結果、中毒を起こして死した。

黄巣（こうそう）：八三五～八八四　唐末の塩賊、曹州冤句（山東省菏沢市）の人、黄巣の乱の首謀者。王仙芝の反乱に呼応して乾符二年（八七五）に挙兵した。河南・山東を攻略し、長江を渡って江南を荒らし、福建・広州にまで及んだ。また北上して浙江・淮南に転戦し、広明元年（八八〇）には長安を陥落させた。唐第十八代皇帝僖宗を四川に追いやって、皇帝に即位し、国を大斉と号した。略奪・徴発を繰り返したことで政権は安定せず、沙陀突厥の李克用に敗れて長安を撤退した。李克用に追われて泰山南東の狼虎谷にて、中和四年（八八四）甥に首を刎ねさせた。

高季興（こうきこう）：八五八～九二八　五代十国時代荊南の創始者で、字は貽孫。元の名は高季昌、陝州硤石県（河南省三門峡市）の人。はじめ汴州商人の朱友譲の家僕であったが、朱全忠に帰して軍功を重ね、朱全忠の即位後に荊南節度使となった。後唐朝では南平王に封ぜられ、名を季興に改めた。後唐が前蜀を討伐する際に、帰・峡州を奪ったのち、呉に服属した。

高従誨（こうじゅうかい）：八九一～九四八　五代十国時代荊南の第二代目、字は遵聖、高季興の長子。高季興の跡を継いだが、呉の服属から後唐へ帰順した。荊南が交通の要地であったことから、諸国から中原王朝への朝貢品を略奪したり、また皇帝を称した南漢・閩・後蜀には臣を称して下賜品を求めた。その無恥なさまから諸国の王から「高頼子（無頼）」と呼ばれた。

高保融（こうほゆう）：九二〇～九六〇　五代十国時代荊南の第三代目、字は徳長、高従誨の第三子。高従誨の跡を継いで節度使となり、後周世宗の淮北征伐に際して援軍を出し、南唐の帰順を促した。高保融はのろまな性格で才能無く、政治は弟の高保勗に任せていた。宋が興ると、病で没した。

高保勗（こうほきょく）：九二四〜九六二　五代十国時代荊南の第四代目、字は省躬、高従誨の第十子。兄の高保融の死後、荊南節度使となった。跡を継いで後は娼妓を囲って娯楽とし、贅を極めた建築を好み、政治を顧みなくなった。

朱全忠（しゅぜんちゅう）：八五二〜九一二　五代後梁の初代皇帝で、元の名は朱温、廟号は太祖。在位九〇七〜九一二。宋州碭山（安徽省碭山県）の人。乾符四年（八七七）黄巣の乱に加わったが、のち唐に帰順し全忠の名を賜った。宣武節度使となって乱を平定して勢力を伸ばし、また横暴であった宦官勢力を一掃した。唐の昭宗を殺して哀帝を廃し、天祐四年（九〇七）、帝位に就いた。国を梁と号し、開封を都とした。乾化二年（九一二）子の朱友珪に殺された。

李克用（りこくよう）：八五六〜九〇八　五代後唐の実質上の建国者、廟号は太祖、沙陀突厥の出。もとは朱邪氏で、祖父の時に唐に帰順した。若くして勇猛で、片目が小さかったことから独眼竜とも呼ばれた。その騎馬軍は黒衣をまとったことから鴉軍と称され恐れられた。長安の黄巣軍を討伐するため関中入りし、中和三年（八八三）に長安を奪回した。功績により河東節度使となり、黄巣を死に追いやった。晋王に封ぜられたが、ともに戦った朱全忠と対立し、即位後の朱全忠に攻められ、戦いのさなか没した。

荘宗（そうそう）（後唐）八八五〜九二六　五代後唐の初代皇帝で、名は李存勗。在位九二三〜九二六。沙陀突厥朱邪氏の出身で李克用の子。父の死後、晋王を継いで太原を拠点に後梁と争い、河北の要地を奪取した。同光元年（九二三）後梁を滅ぼして唐を建国し、洛陽を都とした。同光四年（九二六）、兵乱によって殺された。

明宗（めいそう）（後唐）：八六七〜九三三　五代後唐の第二代皇帝で、名は李嗣源。在位九二六〜九三三。もとは邈結烈といい代北の胡人であったが、李克用の義児となって名を得た。後唐の全軍を率いて後梁とよく戦ったが、荘宗即位後は遠ざけられた。軍乱によって荘宗が殺されると、擁立されて皇帝を継いだ。禁軍制度を確立し、全国に検田を実施し、財政機関として三司使を創設した。五代名君の一人とされる。

廃帝（はいてい）（後唐）：八八五〜九三六　五代後唐第四代皇帝で、名は李従珂、末帝・清泰帝とも呼ばれる。在位九三四〜九三六。本姓は王氏であったが、明宗の養子となった。その右腕として明宗の危機をしばしば救い、明宗即位後には河中節度使・鳳翔節度使となった。第三代閔帝が即位すると、反乱を起こして帝位を奪った。それに従わない明宗の女壻の石敬瑭と決裂し、その挙兵を促すこととなった。最後は攻められ、洛陽で自害した。

高祖（こうそ）（後晋）：八九二～九四二　五代後晋の初代皇帝で、名は石敬瑭。在位九三六～九四二。沙陀部の出という。後唐明宗に仕えてその即位を助け、節度使を歴任して禁軍を率いた。廃帝が即位すると、契丹に援軍を求めて後唐を滅ぼし、帝位に就いた。国号を晋とし、開封を都とした。約束として契丹に燕雲十六州を割譲し、毎年絹三〇万匹を献上した。

太宗（たいそう）（契丹）：九〇二～九四七　遼第二代皇帝で、名は耶律堯骨、漢名は徳光、太祖の第二子。在位九二六～九四七。天顕一一年（九三六）石敬瑭を助けて後唐を滅ぼし、敬瑭を晋帝とした。その報酬として燕雲十六州を割譲させた。会同一〇年（九四七）には南下して後晋を滅ぼして華北を占領し、国号を遼と改めた。しかし各地で反乱が起こり、北に引き返す途中に病死した。

高祖（こうそ）（後漢）：八九五～九四八　五代後漢の初代皇帝で、名は劉知遠、沙陀突厥の出。在位九四七～九四八。太原に生まれて明宗に従ったが、のち河東節度使石敬瑭の配下に加わった。後晋建国後には禁軍をつかさどり、後晋末には河東節度使となった。後晋が契丹に滅ぼされると、太原で皇帝に即位した。即位後一年で没した。

太祖（たいそ）（後周）：九〇四～九五四　五代後周の初代皇帝で、名は郭威。在位九五一～九五四。後漢第二代隠帝を補佐し、隠帝が殺されると、後漢高祖の弟劉崇の子を擁立した。のち軍に押されて帝位に就いた。これに反発した劉崇は自立し北漢を立てた。太祖は簡素な政治を心掛け、また禁軍を整備して軍力を強化した。

世宗（せいそう）（後周）：九二一～九五九　五代後周第二代皇帝で、名は柴栄。在位九五四～九五九。後周太祖の皇后の兄の子であったが、実子のいなかった太祖の養子となった。即位後には禁軍改革を行い、後蜀・南唐を討って一八州を占領した。均税に努めて内政を整備し、また契丹と戦って数州を奪回したが、病に倒れて没した。

楊行密（ようこうみつ）：八五二～九〇五　五代十国時代呉の創始者で、字は化源、廬州合肥（安徽省合肥市）の人。唐末に群盗から州兵となり、揚州に入って景福元年（八九二）に淮南節度使に任ぜられた。淮南・江東を平定して唐朝より呉王に封ぜられ、やがて没した。

楊溥（ようふ）：九〇一～九三八　五代十国時代呉の第四代の王。武義二年（九二〇）に兄を退けて王位に就き、徐知誥の采配で皇帝に即位した。天祚三年（九三七）に皇帝位を徐知誥に譲り、ここに呉は滅亡した。

徐知誥（じょちこう）：八八八～九四三　五代十国時代南唐の建国者で、字は正倫、皇帝に即位後に李昪（りべん）と改称した。徐州（江蘇省徐州市）の人。在位九三七～九四三。唐末の乱で父母を失って流浪し、楊行密の将徐温に拾われて養子となり、徐知誥と称した。徐温の死後には丞相となって呉の政治を牛耳った。天祚三年（九三七）に呉の楊溥より譲位されて即位し、国号を唐とした。民生安定を図って善政を行い、契丹と結んで中原王朝と対抗した。

李璟（りけい）：九一六～九六一　五代十国時代南唐の第二代皇帝で、字は伯玉、李昪の長子。在位九四三～九六一。性格は寛容で文才があった。李昪の死後に帝位を継ぎ、閩の内乱に乗じて併合し、楚を滅ぼした。首都金陵を中心に南唐文化が栄え、国力も富強を誇った。後周世宗の征伐を受けて江北一四州を奪われ、帝号を下げて国主と称した。

王建（おうけん）：八四七～九一八　五代十国時代前蜀の始祖で、字は光図、許州舞陽（河南省舞陽県）の人。在位九〇七～九一八。幼くして無頼であったが、黄巣の討伐に参加し、蜀に逃亡していた僖宗のもとに身を寄せた。以後勢力を拡大し、四川を併合して、唐朝から蜀王に封ぜられた。唐が滅びると天祐四年（九〇七）に皇帝に即位し、国号を蜀とした。国は豊かで文化に優れた。

王衍（おうえん）：？～九二六　五代十国時代前蜀の第二代皇帝で、字は化源、王建の十一子。最年少であったが、王建の寵愛を受けた母によって太子となった。即位後は、宦官に政治を任せ、巡遊や造営に贅を凝らして国費を消耗した。後唐荘宗の軍に攻められて降伏し、連行される途中で殺害された。

孟知祥（もうちしょう）：八七四～九三四　五代十国時代後蜀の建国者で、字は保胤、邢州竜岡（河北省邢台県）の人。在位九三〇～九三四。代々邢州の武将の出で、李克用に仕えてその姪を娶った。後唐が前蜀を滅ぼすと、四川に赴任した。明宗に警戒されて自立し、蜀王に封ぜられた。明宗死後の翌年、皇帝に即位したが、間もなくして没した。

劉隠（りゅういん）：八七四～九一一　五代十国時代南漢の始祖。祖父は河南の出で、福建に移って商人となり潮州刺史となった。アラブの商人であったとも言われる。父を継いで封州刺史となり、広州に勢力を張って、天祐二年（九〇五）に広州節度使に任ぜられた。後梁から南平王、南海王と封ぜられた。

劉龑（りゅうげん）：八八九～九四二　五代十国時代南漢の第二代目、名は劉巌・陟と改め、最後に龑とした。在位九一七～九四二。劉隠の弟で、乾化元年（九一一）に劉隠の死後、跡を継いだ。貞明三年（九一七）に皇帝に即位し、国号を漢に定めた。英明であったが残忍で、奢侈を好んで宮殿を宝石で装飾した。晩年に宦官を重用したため、内政で宦官の勢力が増すこととなった。

劉崇（りゅうすう）：八九六～九五五　五代十国時代北漢の始祖で、後漢高祖の弟。高祖に仕えて河東節度使となったが、郭威と反目し、郭威の即位後に、太原において皇帝に即位した。契丹に服属して後周と対立したが、世宗との戦いで大敗して、憂憤して没した。

銭鏐（せんりゅう）：八五二～九三二　五代十国の呉越国の建国者で、字は具美、杭州臨安県（浙江省）の人。在位九〇七～九三二。もとは塩賊であったが唐末に鎮将董昌に従って黄巣反乱軍に対抗し、鎮海軍節度使となった。乾寧三年（八九六）に董昌を破って両浙地域を支配し、開平元年（九〇七）に呉越王に封ぜられた。水利工事を進めて地域開発に努めた。中原王朝より「真王」として諸国の上位に位置付けられ、また契丹や東アジア諸国と交流・貿易を行って勢力を拡大した。

銭弘俶（せんこうしゅく）：九二九～九八八　五代十国時代呉越の第五代国王で、字は文徳、二代目銭伝瓘の第九子。兄の四代目銭弘倧が追放されたため即位した。民心安定に努め、また仏教を保護して日本に経典を求め、仏塔八万四千塔を製造した。中原王朝の宋に対して朝貢を重ねて、北漢を除く諸国の平定後に平和的に納土して呉越は滅んだ。

王潮（おうちょう）：八四六～八九八　字は信臣、五代十国時代閩の始祖王審知の兄。光州固始（河南省固始県）の人。はじめ県の吏となるも、戦乱を逃れて福建に入った。泉州を陥れて、唐朝にくだって泉州刺史となった。景福二年（八九三）に福州を手に入れて福建観察使、乾寧三年（八九六）に威武軍節度使となるも、間もなく没した。

王審知（おうしんち）：八六二～九二五　王潮の弟で、字は信通。兄とともに流賊に身を投じて福建に入り、福建五州（福・泉・建・漳・汀）を占領した。兄の死後に跡を継ぎ、後梁から閩王に封ぜられた。国内産業を開発し、南海貿易も盛んに行って、国力充実を図った。

馬殷（ばいん）：八五二～九三〇　五代十国時代楚の建国者で、許州鄢陵（河南省鄢陵県）の人。もとは木工で、流賊に従って各地を転戦して湖南に入った。衆に押されて湖南留後となり、潭・衡七州を領有した。後梁から楚王に封ぜられ、湖南・広西に支配を広げた。開平四年（九一〇）に天策上将軍に任ぜられて天策府を開き、民心を安定させて産業を奨励した。また茶の流通を行い商業の繁栄を図った。

趙翼（ちょうよく）：一七二七〜一八一二　清朝の学者で、字は耘崧、陽湖（江蘇省武進県）の商家の出。幼くして文才に秀で、乾隆一五年（一七五〇）に挙人となり、軍機処に入って後、進士及第した。辺境の地方官を歴任し、治績を残しても報いられず、郷里に戻って引退した。安定書院の主講として著述に専念し、『陔余叢考』『廿二史箚記』を著した。考証学的歴史学者として知られる。

▼史籍解題７

『旧五代史』（きゅうごだいし）　北宋の薛居正等が勅命を受けて撰した史書で、開宝七年（九七四）に成る。五代十国時代に関する記録で正史の一つ。もとは『梁唐晋漢周書』などと言ったが、のちに欧陽脩『五代史記』が『新五代史』と呼ばれるようになると、『旧五代史』と称された。金時代に『新五代史』が重んぜられたので本書は散逸したが、清代に『永楽大典』や諸本より佚文を収集して、乾隆四〇年（一七七五）に輯本が進呈された。本紀六一巻・列伝七〇巻・世襲僭偽伝五巻・外国伝二巻・志一二巻よりなる。実録などの原史料を豊富に保存している。

『宋史』（そうし）　元の脱脱等の撰した北宋・南宋代の史書で、至正五年（一三四五）に完成した。四九六巻。本紀四七巻・志一六二巻・表三二巻・列伝二五五巻よりなる。たった二年での慌しい編纂であったため、『続資治通鑑長編』や『建炎以来繋年要録』等の同時代史料に比して、内容は乱雑であるとされる。

『五代史記』（ごだいしき）　北宋の欧陽脩の私撰の歴史書で、『新五代史』とも呼ばれる。皇祐五年（一〇五三）頃に完成した。正史の一つ。欧陽脩は本書を執筆しても公表しなかったが、その死後に神宗が進呈させて刊行された。本紀一二巻・列伝四五巻・考三巻・十国世家年譜一一巻・四夷附録三巻よりなる。乱世や毀誉褒貶を示すなど欧陽脩自身の史観や創意が強く、五代当時の情勢を「五代十国」という整数で表現し、これが後に当該時代を五代十国と呼ぶ契機となった。

『廿二史箚記』（にじゅうにしさっき）　清の趙翼の著。三六巻。二十二史に『新唐書』『新五代史』を加えて、互いに矛盾した記事を比較研究し、歴史上の問題点を解説する。

第10章　「一刻千金」——科挙社会の功罪：北宋時代

蘇軾の詩

宋という時代は、前半の北宋と、後半の南宋とに分かれます。前半の北宋は、その都を開封に定め、一方の南宋は南の臨安（もとは杭州という都市）に定めたので、そのように呼びます。また北宋は、一部の地域を除いて中国大陸を統一していましたが、南宋は中国大陸北半分を金王朝に取られていましたので、その支配領域は南半分に止まっていました。

取り上げました故事成語は「一刻千金」です。あまり聞きなじみがないかもしれませんが、意味は"Time is Money."（時は金なり）に近いでしょうか。わずかな時間も千金に値し、時が過ぎやすいことを言います。この言葉は、北宋を代表する詩人であり、また政治家でもあった蘇軾が作った詩に登場します。「春夜詩」という詩です。

春宵　一刻　値い千金　花に清香有り　月に陰有り
歌管　樓臺　聲　細細　鞦韆　院落　夜　沈沈

春の宵のひとときは、千金のあたいがある。清らかな香気を放つ花。おぼろにかすんだ月。
楼台のほうから聞こえる歌声と笛の音はまったくかぼそく、中庭にさがったぶらんこに、夜は重たげにふける。

なんとも抒情的な、春の夜の楽しげな、なのに少し物寂しげな、雰囲気が伝わってきませんか。蘇軾（一〇三七～一一〇一）は四川の眉県出身で、父の蘇洵と弟の蘇轍も有名だったので、あわせて「三蘇」と称されました。政治家となって以後は、有名な王安石の新法に反対し、さらには旧法派の司馬光とも反目するなど、政治家として頑固なところがあり、官僚とし浮沈を繰り返しました。詩文に優れており、またその書も巧みでした。

この蘇軾は、宋代を代表する士大夫と呼ばれた人たちの一人です。士大夫は、この北宋時代から、それまでの貴族たちとは異なって、新たに中国社会に登場した人々でした。では、北宋時代を彩る士大夫とは、どんな人たちだったのでしょうか。以下に見ていきましょう。

図10－1　宋遼夏の形勢（1111年）

出所：『新版　中国の歴史　下—近世・近現代』（昭和堂、2009年）24頁。

貴族の没落

唐が滅んだあと、五代十国という分裂時代を迎えますが、北宋（九六〇～一一二七）は、五代最後の王朝後周の禁軍を率いた趙匡胤という人物が立てました（図10－1）。ただ実質的な建国者は、その弟の趙匡義（太宗）と言えます。都は、当時の中国大陸における物流の中心（黄河と大運河が連結するところ）に位置する開封という都市でした。唐の後半期から北宋時代にかけて、中国社会では大きな変革が起こっていました。

その大きな変革の一つは、これまで中国王朝の政治を担ってきた貴族が没落していったことです。貴族は世襲的に官僚職などを独占してきましたが、唐代の半ば以降に、そうした貴族の威光によって官僚となるのではなく、自らの実力でもって官僚となろうとする人々が出てきました。

その実力を測るのが科挙（かきょ）試験です。科挙の制度は隋代から始められていましたが、実質的に官僚を輩出するようになるのは則天武后から玄宗時代くらいからです。そのため、唐の後半期には牛李（ぎゅうり）の党争（とうそう）と呼ばれる、貴族出身の官僚と、科挙に合格した官僚の朋党闘争なども起こるようになりました。やがて時代の趨勢は科挙官僚に傾き、旧来の貴族層は没落していきました。官僚となる人々は、科挙に応じて合格を目指しますが、そのためには一定の財力が必要でしたので、その出身層は、もと貴族であった人々や、すでに官僚がいる家、また当時新たに社会に登場した、形勢戸（けいせいこ）と呼ばれる新興地主層が多くいました。

ここに中国の政治社会は、血筋や世襲による官僚身分の取得の時代から、試験合格を通じた実力による取得の時代へと大きく変わっていきました（ただし、官僚となった家の子孫がそのまま官僚となることも認められており〔恩蔭（おんいん）制度と言います〕、北宋時代でも官僚数の割合は半々程度でした）。

科挙

では、宋代での科挙とはどのような試験だったのでしょうか。まず合格率ですが、受験者がおよそ数十万人で、合格者が数百人です。合格率は〇・一～〇・三％です（超難関！）。しかも合格の平均年齢は三六歳でした。このような超ハードルの高い試験に合格するためには、幼少時から受験勉強をスタートする必要があります。

まず八歳頃までに、おうちで漢字の手習いから始まります。テキストは『千字文（せんじもん）』『蒙求（もうぎゅう）』といった初学書です。そして八歳から一五歳くらいまで勉強するのですが、自力ではおよそ神童でもない限り無理なので、私塾に通うか家庭教師を雇います。当然費用が掛かるので、ある程度裕福な家しか無理です。当時の絵には、そんな村の子供が私塾で学ぶさまを描いたものがあります。先生らしき爺さんは居眠りをし、その帽子を子供が奪い、右の方では子供がお尻丸出しで椅子を足で回してます。庭では勉強せず、似顔絵を描く始末…。いつの時代も子供は元気です（「村童鬧学図」）。

子供たちが飽きるのも仕方ないかもしれません。しないといけない勉強は、試験に出るテキストの丸暗記です。科挙試験のテキストは儒学に関するものが中心で、『毛詩』『周易』『尚書』『春秋左氏伝』『春秋公羊伝』『春秋穀梁伝』『周礼』『礼記』『儀礼』の九経です。およそ四三万字の文章です。それを丸暗記！です。

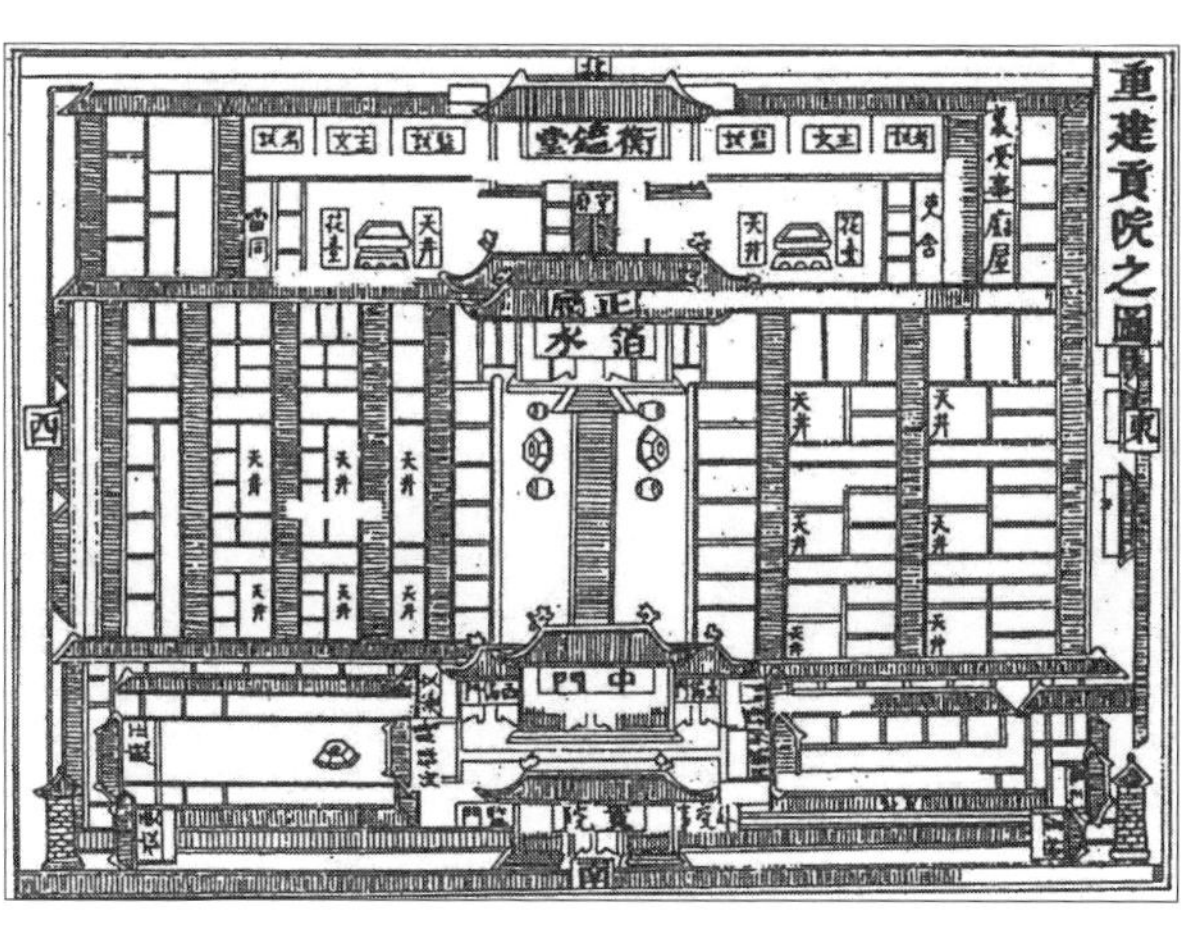

図10－2　貢院

出所：平田茂樹『科挙と官僚制』（山川世界史リブレット、1997年）33頁。

一日二〇〇字記憶して、次の日も二〇〇字足していったとして、六年経ってようやく終わります。それに加えて、『論語』『孟子』や『史記』『漢書』なども読みこなします。今では想像だにできない勉強です。

そこまで終えると、ようやく試験に臨みますが、試験は三年に一度で、三段階あります。まず地方試験（解試）。出身地方で試験を受けますが、試験会場は「貢院」と呼ばれました（図10－2）。

受験生が入構すると、貢院は厳重に施錠されました。受験生は独房のような個室?に籠って三日間かけて解答します。時間を惜しんでトイレや食事もその場で済ませることが多かったようです。まず出される試験は穴埋めです。先ほどの九経のあるページを抜き取り、数文字を覆って分からなくし、その消された文字を当てる（「貼経」と言います）という超難問でした。またそのほかに、詩賦作成や論述問

図10－3　観榜図（台湾・故宮博物館のオープンデータ）

題も課されました。地方試験を合格すると（一万人ほど）「挙人」という肩書をもらえます。なお、官僚の子弟などは、国立学校である国子監で学び、課程を修了すると同じ立場を得ることができました。

次に挙人は都での試験、省試を受験します。受験コースは、儒学経典を中心に測る「明経科」と、論策を中心とする「進士科」が主でした。じつは明経の方が簡単とされ、「三十老明経、五十少進士」（三十歳で明経合格は歳の食いすぎ、五十で進士合格は若すぎる）とまで言われていました。北宋の後半以降は、明経科が止められ、進士科がメインとなりました。

中央での試験も三〜四日にわたって行われ、その合格者は数百人にまで絞られることになります。世界史の教科書では、さらに殿試という試験が追加されたと説明されます。たしかに宋代以降殿試が行われますが、これは皇帝の面前での面接のようなもので、落ちる人はまずいませんでした。

図10－3は、科挙の合格発表の様子を描いています。合格者の張り出しに、人々の歓声や落胆の声が聞こえてきそうですね（これまた現在と同じです）。何十万人の中からトップ合格した人を「状元」（合格者リストのトップという意味）、次席を「榜眼」（状元の眼のように横に立つことから）、三席を「探

花」（三番目は宮中で牡丹の花を探すことになっていました）と呼びました。合格者は皇帝主催の宴会に参加し、さぞかし美味しいお酒を飲んだことでしょう。

ここまでの寡頭競争ですから、ずるい人は何とかして不正合格をしようとしました。下着にカンニングをびっしり書いたり（図10－4）、持ち込んだ饅頭のなかにカンニングを忍ばせたり（そのため試験官は饅頭を割って、不正がないか調べます！）、また試験官に賄賂を贈ってみたりと。じつに涙ぐましいですが、発覚すると当然処罰されました。

こうした超難関の科挙に合格した官僚、また合格することはなかったものの、一所懸命勉強し教養を身に着けた人、これらの知識人をまとめて「士大夫」と呼んでいます。やはり貴族の雰囲気とは異なりますね。

士大夫官僚の生活

苦難を乗り越えて官僚となった人々（あるいはなりそこなった人）は、儒学的教養を多分に持った文化人であり、地域社会でも、ご意見番といったリーダー的存在でした。壊れた橋がそのまま放置されたりすると、人々の願いを受けて、士大夫が修築を要請するなど、国家行政と地域の現実を仲介する役目も果たしていました。

培った教養や知識を使って、詩文をたしなむ士大夫も多くいました。士大夫たちは集って、詩文の作成を競い合いました。また思索にふけるために、士大夫は旅行をすることも多くなり、旅行文化も生まれました。士大夫たちは各地の名所に出かけてゆき、その場に自分の到来を示すかのごとく、詩を書きつけ（落書き！）ました（図10－5）。

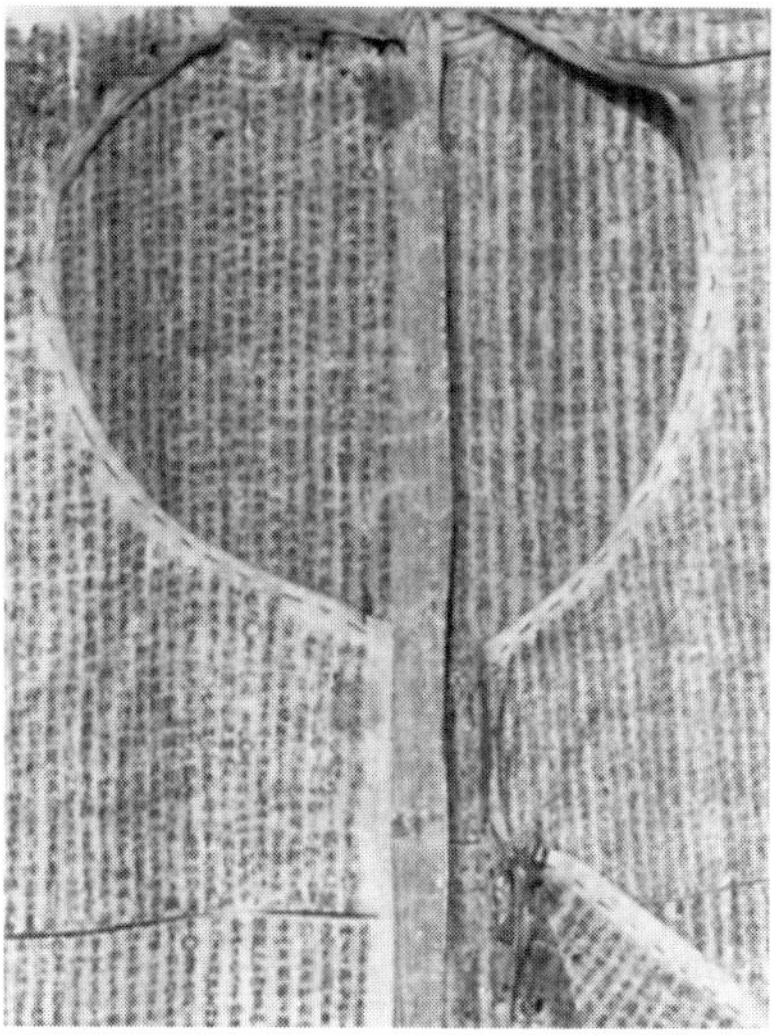

図10－4　カンニング下着
（藤井斉成会有鄰館所蔵）

図10－5　士大夫が旅行で書きつけた詩

出所：筆者撮影。

そして作りためた詩文を出版することも多く、人々の目にも多く触れました。当時は木版印刷や製本の技術が発達したので、巷に出回ることも多かったのです。また詩文だけでなく、絵画や書もたしなむ士大夫も多く、とくに北宋第八代皇帝、徽宗の絵画は素晴らしく、士大夫皇帝とも呼ばれます。日本の将軍や大名たちも、中華文化にあこがれて、書画をこぞって手に入れようとしました。

　このように士大夫は、文化を生み出すなどの優雅な生活を送りました。『韓熙載夜宴図』（図10－6）はそうした士大夫の宴会風景を描いています。食事を囲んで、妓女が琵琶を引き、士大夫たちが聞き入っているのが分かるでしょうか。卓上にあるのは、酒器ではなく茶器のようです。なお韓熙載は、五代期に後唐で科挙に合格し、父が明宗に殺されると南唐へ亡命して宰相となった人物です。

宗　族

　このような士大夫たちの生活は、人々に憧れをもって望まれました。そのため官僚となってお金を使いまくる（陞官発財）ことが、人々の生活の目標ともなっていったのです。

ただし、官僚といっても中下級の官僚は、給料がさほど高くはありませんでしたので、結局、口利きなどによる賄賂を手にすることも多くありました。また士大夫や官僚たちは、お金を増やすために副業として商売したり、また執筆活動するなどしました。

　このように一族一家に高級官僚となる人が出れば、その家は裕福な生活を送れますが、貴族と違うのは、必ずしも世襲ではないので、科挙に合格し続けないと没落する危険が隣り合わせであった点です。そのため、い

図10－6 顧閎中『韓熙載夜宴図』

出所：Wikimedia Commons より。

ちど官僚を出した家は、官僚を輩出し続けるために、一族結集して相互扶助しました。こうした一族を宗族と呼んでいます。

以上のように、北宋時代は新たな社会の担い手として士大夫が登場し、その士大夫たちが官僚となるために必死に勉強し、また一族の結集を図った時代でした。

新法と郷村社会

宋王朝は、建国後一〇〇年も経つと、様々な障害を生むようになりました。たとえば一〇〇四年に契丹との間で澶淵の盟を結んで一応の和平が成り立ちましたが、西北の西夏とは戦争状態が続き、その軍事費が大きくかさんでいました。そこで新たな改革を行って立て直しを図ったのが、第六代神宗と王安石でした。その範囲は、官僚制・政治制度・財政・軍政と多岐にわたります。こうした改革は新法と呼ばれ、それを支持する人を新法派、それに反対した政治家（司馬光や蘇軾）たちを旧法派として政界は大きく分断されました。ただそうした党派が一枚岩でなかったのは、先の蘇軾の事例の通りです。

ここでは以下の募役法・保甲法だけを紹介しておきます。宋代では、軍事費の元にもなる各地で徴収される租税物資を州県の倉庫に運ぶといった、州県官衙の雑務を担う職役（衙役）や、郷村行政に関する労働を提供させる郷村職役（郷役）とを課していました。これはまず、郷村で各戸の人丁と所有する資産を調査して、その資

コラム12　トンポーロー（東坡肉）

中華料理でトンポーローをご存じだろうか。皮つき豚バラのブロックに醤油・角砂糖・紹興酒・八角・生姜・香辛料を加えて、じっくり柔らかくなるまで煮込んだ料理だ（図10－7）。この料理は蘇軾が考案したとされる（命名は蘇東坡）。当時では豚肉は庶民の食べる非常に安い食材で、「泥のように廉価」とされた。それを蘇軾は美味しい料理に生まれ代わらせたのだ。こってりとして柔らかな豚肉は、紹興酒によく合う（体験談）。

図10－7　トンポーロー
出所：筆者撮影。

産額に応じて各戸を五つのランクに区分しました。おおむね、第一・二等戸は富豪層に、二～四等戸は中産層、四・五等戸および無産戸は貧下層に相当しました。それを整理した五等丁産簿と呼ばれる帳簿をつくり、先の職役の任を第一・二等戸、つまり富豪層より順番に当てていきました。

また都市民（坊郭戸）に対しては、当初は五等、後に十等にランク付けして帳簿を作り、上から順に衙役等を課しました。都市ではおよそ六等以下が貧下層に相当しました。宋代になると帳簿上で坊郭戸と郷村戸がそれぞれ別々に登録されるようになり、中国史上初めて都市民が郷村民と区別されて管理されるようになりました。

ただ、租税物資の運送や保管に生じる不足分は職役担当者が自費で補塡することになっていたために、富豪層の中から破産する者が多く出てくるようになりました。そうなると、職役負担が中産層にも及ぶこととなり、大きな社会弊害となっていました。王安石は、新法の一環として募役法をつくり、職役負担する富豪・中産層から免役銭を徴収し、また負担しなくてよい戸からも助役銭を徴収し、それを使って衙役を雇用させるようにしました。こうした官衙に関する労役の雇用化は、唐代後半期の兵役の召募化と同様に、中国社会の大きな変革でした。

　また保甲法は、当時有名無実となっていた唐代の郷里制に代わって郷村を再編成するものでした。五家を一小保、五小保を一大保、一〇大保を一都保とし（すべて二五〇家）、それぞれに長（都の場合は正）を置き、保甲内での犯罪防止と共同責任を負わせ、また簡単な軍事訓練も実施させました。この保長（ほちょう）また都正（とせい）という郷役を担うために選ばれるのは、五等戸制の上から、つまり富豪層からでした。この郷役も雇用制度に切り替わりますが、やはり上層の人々を疲弊させることとなりました。これが改められるのは明代の里甲制（りこうせい）を待たなければなりませんでした。

　衙役も郷役も、郷村社会の上層から選ばれていましたが、その大変さから没落する者や、わざと大家族を分散させたり、他人に資産を預けたりして、その労役を逃れようとする者が増えました。結果として、中産層や貧下層が増えていくこととなりました。

参考文献

荒川正晴ほか編『岩波講座世界歴史07　東アジアの展開　八～一四世紀』（岩波書店、二〇二二年）
小島毅『中国の歴史07　中国思想と宗教の奔流　宋朝』（講談社、二〇〇五年）
平田茂樹『科挙と官僚制』（山川出版社〔世界史リブレット〕、一九九七年）
松丸道雄・池田温・斯波義信・神田信夫・濱下武志編『中国史3　五代～元（世界歴史大系）』（山川出版社、一九九七年）

▼人物略伝10

韓熙載（かんきさい）：九〇二～九七〇　五代十国の南唐に仕えた文人。濰州北海（山東省濰坊市）の人で、字は叔言。はじめ後唐に仕えたが、父が李嗣源（明宗）に殺されると、南唐に亡命した。累官して中書侍郎、光政殿学士承旨に至った。文章に優れ、徐鉉[じょげん]と並び称された。

太祖（たいそ）（北宋）：九二七～九七六　北宋初代の皇帝で、名は趙匡胤。在位九六〇～九七六。涿郡（河北省涿州市）の人。後周に仕えて殿前都点検（禁軍総司令官）となり、世宗が没すると配下に推されて帝位に就いた。諸国を滅ぼし、呉越・北漢を除く天下を統一した。禁軍指揮官や節度使の兵権を削減し、運河を浚渫して漕運を整備するなど中央集権化を進めた。

太宗（たいそう）（北宋）：九三九～九九七　北宋の第二代皇帝で、名は趙匡義、のち光義と改め、即位すると炅とした。宋の太祖趙匡胤の弟。在位九七六～九九七。太祖を継いで呉越を納土させ、翌年の太平興国四年（九七九）に北漢を滅ぼし、ほぼ天下を統一した。科挙によって多くの官吏を任用し、文人政治を強化した。

真宗（しんそう）（北宋）：九六八～一〇二二　北宋第三代皇帝で、名はもと趙徳昌、立太子時に趙恒と改名。太宗の第三子。在位九九七～一〇二二。幼少から優れて太宗に愛された。太祖・太宗の創業期を受けて太平の世を受け、契丹と澶淵の盟（一〇〇四年）を結んだ。宋を兄、契丹を弟とし、国境を定めて歳幣を送り、互市を立てた。占城稲の輸入もあって江南の生産力が増加し、国力も増した。大中祥符元年（一〇〇八）に泰山封禅を行ったが、土木工事を盛んに行って国家財政を浪費した。

仁宗（じんそう）（北宋）：一〇一〇～一〇六三　北宋第四代皇帝で、名はもと趙受益、立太子後に趙禎と改名。真宗の第六子。在位一〇二二～一〇六三。生まれながら寛容で、喜怒を表さなかった。一三歳で即位すると、劉皇后が摂政となったが、その没後には親政を開始した。韓琦[かんき]・范仲淹[はんちゅうえん]・欧陽脩らの名臣に恵まれ、司馬光・王安石も頭角を現すようになり「慶暦の治」と称された。対外的には消極策を取ったため、西夏や契丹の伸張を招いて、歳幣が増額され、西夏李元昊を夏国王に封ずることとなった。結果として軍事費が増大し、財政逼迫を招いた。

欧陽脩（おうようしゅう）：一〇〇七～一〇七二　北宋の政治家で学者、字は永叔、吉州廬陵（江西省吉安県）の人。四歳で父を失い、叔父を頼って進士及第した。『崇文総目』を編修し、知諫院となった。以後、地方官を歴任し、中央に戻って参知政事となって、第四代皇帝仁宗を補佐した。第六代皇帝神宗即位後、王安石に反対して謗られ、官を去った。『新唐書』『五代史記』を編纂し、文豪と称された。

司馬光（しばこう）：一〇一九～一〇八六　北宋の政治家で学者、字は君実、陝州夏県（山西省運城市）の人。また司馬温公とも呼ばれる。神宗が即位し王安石が新法を断行すると、これに反対して中央を去り、洛陽に退居した。神宗の命により『資治通鑑』を編集し、元豊七年（一〇八四）に完成した。哲宗が即位すると、旧法党の領袖として宰相に起用され新法を廃したが、八カ月ののち病死した。

神宗（しんそう）：一〇四八～一〇八五　北宋第六代皇帝で、名はもと趙仲鍼、立太子後に趙頊と改名。在位一〇六七～一〇八五。青年で即位し、王安石を抜擢して改革を行い新法を実施した。これに対し現状維持を求める保守派の反対を受け、新旧法の党争が激しくなった。交趾・西夏に対し積極策を取ったが成功しなかった。

王安石（おうあんせき）：一〇二一～一〇八六　北宋の政治家で、字は介甫、撫州臨川（江西省）の人。新法党の領袖。神宗の信任を得て、同中書門下平章事（宰相）となって改革を断行した。その政策は地主・豪商・皇族・官僚など特権階級の利害と衝突し、猛烈な反対を受けたが、改革を進めて成績をあげた。文章家・思想家としても著名で唐宋八大家の一人。

蘇洵（そじゅん）：一〇〇九～一〇六六　北宋の文人で、字は明允、眉山（四川省眉県）の人。二七歳で発憤して学問を目指したが、科挙に落第して以後、門を閉ざして専心読書に努めた。結果、六経・諸子百家に通じて文章に優れ、学者の模範とされた。北宋以来の礼に関する書物を編修して『太常因革礼』をなした。完成直後に亡くなった。子の蘇軾・蘇轍とともに三蘇と言われる。

蘇軾（そしょく）：一〇三六～一一〇一　北宋の政治家で文人、字は子瞻、眉山（四川省眉県）の人。蘇洵の長子。一〇歳ごろから母に学問を学び、経書・史書に通じた。二一歳で進士及第し、欧陽脩に認められた。地方官を歴任したのち中央に戻ったが、王安石の新法に反対して地方官となり、江蘇・浙江・山東の知事を歴任した。第七代皇帝哲宗が即位すると中央に戻り翰林学士となったが、直言を嫌われて地方に転出させられた。以後も中央と地方を行き来し致仕した。詩文に優れ『東坡全集』を残した。

蘇轍（そてつ）：一〇三九～一一一二　北宋の政治家で文人、字は子由、蘇洵の次男、蘇軾の弟。一九歳で兄とともに進士に挙げられ、地方官に任じた。王安石の新法に反対して低い官職に落とされたが、第七代皇帝哲宗即位後に、中央に戻って戸部侍郎・翰林学士・門下侍郎を歴任した。兄同様、直言を嫌われて、地方官に転出し、徽宗朝で中央に戻るも、蔡京のために降職させられた。以後、辞職して著作に励み、一〇年して亡くなった。その著に『欒城集』がある。

徽宗（きそう）（北宋）：一〇八二～一一三五　北宋第八代皇帝、名は趙佶、神宗の子。在位一一〇〇～一一二五。蔡京を用いて新法を推進し、宮殿・庭園を造り画院を拡大するなど贅沢な生活を送った。宣和七年（一一二五）に金軍の攻撃を受けると欽宗に譲位するも、まもなく首都開封は陥落し、捕虜となった（靖康の変）。書画をよくし、歴代皇帝中随一といわれる。

▼史籍解題8

『千字文』（せんじもん）　南朝梁の周興嗣の作とされる初学教科書。一〇〇〇文字の異なった漢字を四句の韻文に作る。梁の武帝の命を受けて一晩で作成し、進呈の折には白髪になっていたという。『古事記』によると日本には応神天皇一六年に伝わったとされるが、これは『千字文』の成立より早いため矛盾が指摘されている。

『蒙求』（もうぎゅう）　神話伝説時代から南北朝までの古人の伝記を集めた初学教科書。唐中期の李瀚の作で、天宝五載（七四六）以前に成った。収められる人物は、聖人・隠者・名医・清廉・忠臣・孝子・美女・醜女にまで及ぶ。

『毛詩』（もうし）　西周から春秋までの歌謡を集めた経典で『詩経』とも呼ばれ、五経の一つ。各国の歌謡や宮中楽舞、農事詩や庶民生活・社会風刺を含む。孔子が選定したとされ春秋時代頃に原形が成立した。現在の詩経は漢初の毛亨の伝（注釈）を加えたもので、よって『毛詩』と呼ばれる。

『周易』（しゅうえき）『易経』とも呼ばれる占卜予言の書で、五経の一つ。陰と陽の組み合わせを三本ずつ並べて八種の卦（八卦）を作り、その上下の組み合わせで六四卦とし、それぞれの卦の図象・解説を記している。西周から春秋戦国時代の卜占等を集大成したものとされる。周は普遍、易は変易を意味し、宇宙原理・

万物消長・人間生活を生成・循環の概念で考えること指すという。

『尚書』（しょうしょ）　唐虞三代（堯舜夏商周）から春秋時代の秦穆公までの詔勅・訓戒・誓命等を集めた経典。『書経』とも呼ばれ、五経の一つ。虞書・夏書・商書・周書より成るが、今文と古文とに分かれる。今文尚書は秦の博士伏生（伏勝）が漢初に晁錯に伝授したもの。一方で古文尚書は、前漢景帝の頃に魯の恭王が孔子の旧宅を壊したときに発見されたもので、孔安国が武帝に献じたという。一般には古文尚書は王莽の時に劉歆が偽造したとされ、後に散逸した。東晋元帝の時に梅賾が古文尚書を偽作（偽古文尚書）して、今文尚書と併せて五八編・書序一編として利用されるようになった。

『春秋左氏伝』（しゅんじゅうさしでん）　春秋三伝の一つで、魯の左丘明による『春秋』の注釈書とされるが、その成立には疑問が多い。前漢末の劉歆に重んじられて、後漢時代には高く評価された。伝文には、春秋諸国の記事を詳述している。

『春秋公羊伝』（しゅんじゅうくようでん）　春秋三伝の一つで、子夏・公羊高による注釈を記したとされる書。尊王攘夷・信賞必罰・任侠的精神を重んじ、大同の世への理想や天人相関を説く。漢初に成立したという。前漢時代に重んじられた。

『春秋穀梁伝』（しゅんじゅうこくりょうでん）　春秋三伝の一つで、穀梁赤の作とされる。法家的論調が強く、尊王主義の立場で解釈を行う。一般には公羊学派から派生したとされる。

『儀礼』（ぎらい）　古代諸侯等の生活・宗教・政治社会に関する儀式・制度を集めた経典で、三礼の一つ。前半一〇編が吉礼、後半七編が凶礼を扱う。戦国時代に成立したとされる。

『論語』（ろんご）　孔子の言行やその弟子との問答、また弟子の言説を記録したもので、四書の一つ。二〇編。家族主義に基づく倫理と徳のある政治、礼教を説いた。戦国時代に成立した。

『孟子』（もうじ）　戦国時代の孟軻の作で、四書の一つ。七編。孟子の言論や問答を記している。性善論や王道政治・易姓革命や井田・封建論を説いた。朱熹に重んじられて以降に儒学の経典となった。

第11章 「羊頭狗肉」――中国都市の発展：南宋時代

第10章で見ました北宋時代は、北方遊牧民の金王朝の侵略によって、都であった開封が陥落し、徽宗と欽宗が連行されて（靖康の変）幕を閉じました。その北宋の皇室の生き残りが、一一二七年に新たに皇帝に即位して（南宋の高宗）、宋の残党勢力を率いて南に逃れました。都を杭州に定め、臨安と称しました（図11－1）。

看板に偽りあり

当初は金と戦争を続けていましたが、一一四二年に金より帰朝した秦檜の進言で和議を結んで、国境を定めて一応の停戦は成りました（紹興の和議）。高宗の跡を継いだ孝宗時代には国内は安定していましたが、その後に韓侂冑や史弥遠といった専権宰相が登場して政治をわがものとし、金に代わって華北を支配したモンゴルのクビライによって滅ぼされました（一二七九年）。

ここに取り上げた故事成語は「羊頭狗肉」です。これは羊の頭の看板を掲げる肉店が、実は狗の肉を売っている、ということを言い、「看板に偽りあり」、つまり見かけを飾って内実を誤魔化すことを指します。その出典は、南宋時代の無門という禅僧の書いた禅宗に関する入門書『無門関』です。この言葉は、羊肉が見かけを飾るもの（価値の高い肉）、犬肉が値の付かないもの（価値の低い肉）という価値観がないと成立しません。では、この言葉が生まれた南宋の社会とは、どんな社会だったのでしょうか。

図11－1　南宋と金

出所：周藤吉之・中嶋敏『五代と宋の興亡』（講談社学術文庫、2004年）352頁。

開封と臨安の食料店

北宋の都であった開封には、様々な食料店がありました。その繁栄を記した『東京夢華録』という書物によると、羊肉の料理として、夜間営業の屋台食堂「夜市」には、油揚げの羊の腸・羊頭の削り肉が提供されていました。また当時のレストランである酒楼には、炊羊・入炉羊・羊脚子などがメニューとして挙がっています。こうしたことから開封では、羊肉を提供するお店が多かったことが窺えます。開封を描いたとされる『清明上河図』という絵には、「孫羊店」の暖簾が描かれています（図11－2）。そして、その羊肉は当時高級食材でした。

というのも、その仕入れは、いわゆる輸入に頼っていたからです。唐の後半期から北宋時代には、中国の北方に遊牧民族である契丹族が勃興し、南下してきました。中国王朝と契丹は幾度も戦争し、北宋第三代真宗の時に、ようやく和約が結ばれました（澶淵の盟）。両者の国境を定めて、毎年絹二〇万疋・銀一〇万両を契丹へ送りました。よくこの額面が大きくて、宋朝財政に大きな負担となっていたと説かれますが、実際はその財政規模からすると微々たるもので、さほどの負担ではありませんでした。

これ以後、北宋と契丹は大きな戦争をすることもなく、定期的な交易が行われていました。それを「互市」と言います。

図11－2　『清明上河図』に描かれた羊肉店
出所：Wikimedia Commons より羊肉店部分に加筆。

そして、この互市を通じて、契丹から羊肉が提供されました。遊牧民族である契丹族にとって、羊肉は主食でしたが、そうした食文化が北宋へと伝わったのです。こうして契丹族の食文化が開封にも伝わり流行しましたが、いつの時代も輸入食材は高いので、そのお肉としての価値が高かったのです。

南宋時代になっても、首都臨安（りんあん）では羊肉の料理が提供されていました。臨安の繁盛を記した書物『夢粱録（むりょうろく）』によると、羊血粉羹・羊の蹄肉・羊脂韮餅・蒸軟羊・鼎煮羊といった、なにやら美味しげなメニューが登場します。最初に見たように、南宋は華北を追われた士大夫たちが南に移住して立てた政権でしたので、その文化を南に持ち込んだのです。また国境を接する金とは、何度か大きな戦争をしましたが、やはり互市を立てて交易していましたので、羊肉が提供されていました。

これで羊肉が高級な理由が分かりました。次に犬肉のほうを見ておきます。犬肉なんて！と思われるかもしれませんが、古代中国では、犬肉食は一般的でした。戦国時代の発掘でも食用にされていたことが分かっていますし、前漢劉邦のボディガード樊噲は「狗屠」（犬を殺して食肉にする）を生業としていました。ちなみにチャウチャウはもともと食用犬です。ですが、南北朝時代の北朝はもと遊牧民族の王朝でしたが、遊牧民にとって犬は家族なので（牧羊犬）、食べませんでした。よって、南北朝以後、犬肉を食する習慣がなくなっていきました。また仏教では犬は「犬畜生」というように、卑しい生き物と考える場合があります。よって、いやしい犬肉を食べるなんて！という仏教思想の影響もあって、犬肉に対してタブー視するようになり、宋代では一部の地域以外では食べなくなりました。

そもそも羊頭狗肉という言葉の源流は、戦国時代末の晏嬰という政治家の書物『晏子春秋』にあります。そこでは「猶お牛首を門に懸けて、馬肉を内に売るがごときなり」とあり、つまり「牛首馬肉」だったのです。ですので、戦国時代では牛肉が高級で、馬肉が低価値であったことが分かります。ところが南宋時代では、この喩えが通じなくなっていたのです。南宋では牛の肉はあまり食べられておらず、美味しいことは知っていたのですが、当時の牛肉は死牛から取ることが多く、お腹を壊す人や病気になる人がいて、食べてはならないとされていたのです。そこで禅僧の無門は、南宋当時の価値観に即して、羊肉と犬肉を引き合いに出したのです。

こうした故事成語をよく調べていくと、その時代の文化的背景が見えてきます。羊頭狗肉で見たように、開封や臨安といった都市の文化が花開いたのも宋代の特徴です。次に、宋代の都市文化の発展を見ておきましょう。

都市の発展

宋代の都市の発展には、二つの局面があります。一つは新たな形態の「都市」が誕生してきたこと、もう一つは従来の城郭都市内の、様々な規制が無くなっていったことです。

一つ目の新しい都市とは、「市」「鎮」などと呼ばれました。まとめて市鎮と言います。これは宋代以降、中国大陸全体の物流が盛んとなり、商業や流通が発展し、郷村と都市である県城との間のルート上に商品の集積

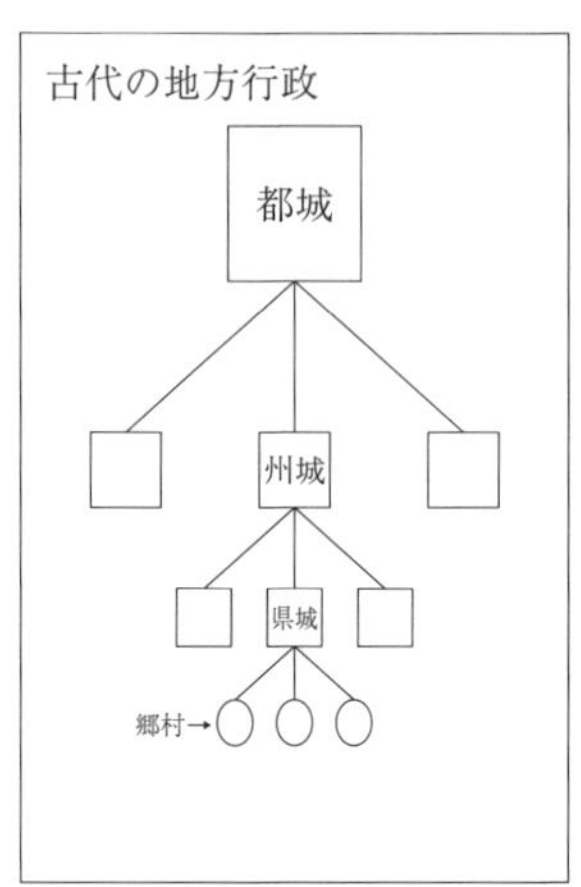

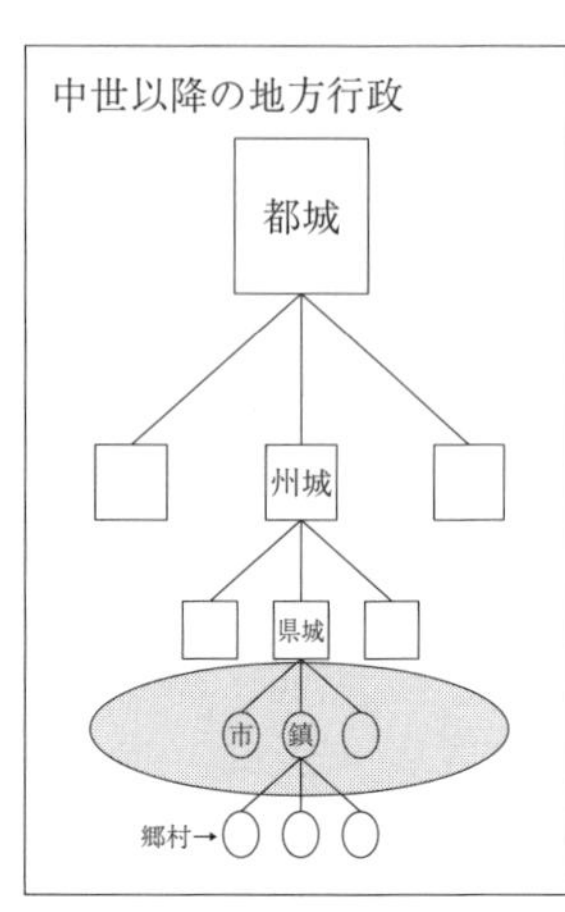

図11－3　宋代における市鎮の発生

出所：筆者作成。

地として登場した新しい都市です（図11－3）。流通経路上に発展して市街地が展開しましたので、主には水路上に街ができてきました。図11－4はそのイメージで、地図の灰色部分が市街地です。その特徴は、水路上に街ができているので、中国都市のイメージである城壁がないことです。こうした市鎮の誕生が宋代都市の特徴の一つです。

もう一つの特徴は、それまでの城郭都市内の様々な規制が無くなっていったことです。唐代までは有名な坊牆制（条坊制とも言います）をとり、都市に暮らす人々は、坊と呼ばれる区画内で生活していました（図11－5の左）。坊には坊壁（「牆」）が備わっていて、また門限もありました。ところが唐後半期から宋代には、そうした坊壁はなくなり、また門限もなくなっていきます。先にも夜間営業の屋台食堂について触れましたが、都市内のあちこちに酒楼が立ち並び、また市も立って賑わいました。

また娯楽施設（瓦市と言います）もできました。そこでは、大道芸（あやつり人形・芝居・小唄・影絵芝居・手品・曲芸・話芸・動物芸・謎当てなど）が演じられ、説書（講史・説経・怪談話・裁判もの・軍談・恋愛もの）という講談も流行りました（図11－2の左に見える人だかりがそうです）。士大夫の副業として、そうした講談の脚本家をこなす人もいました。そして、やがて庶民文化としての講談が『三国志演義』『水滸伝』などを生み出していくことになります。

都市救済施設の設置

　また都市には身寄りのない人や乞食、無頼者なども多く集まったため、それらの人々を収容する施設の設置なども見られました。そうした施設は唐代でも一部見られましたが、社会に広範に設置されるようになるのは、宋代からです。第10章で見ましたように、職役（しょくえき）などで郷村社会が疲弊すると貧下層に落ちぶれる者も出てきて、そうした食べることのできない人々は、郷村よりも都市に吸い込まれていきました。第四代仁宗（じんそう）期には、都市内の老人・幼児、身銭のない者に対して、州県城内に「広恵倉（こうけいそう）」を設置して冬の間に食糧を提供するようになりました。

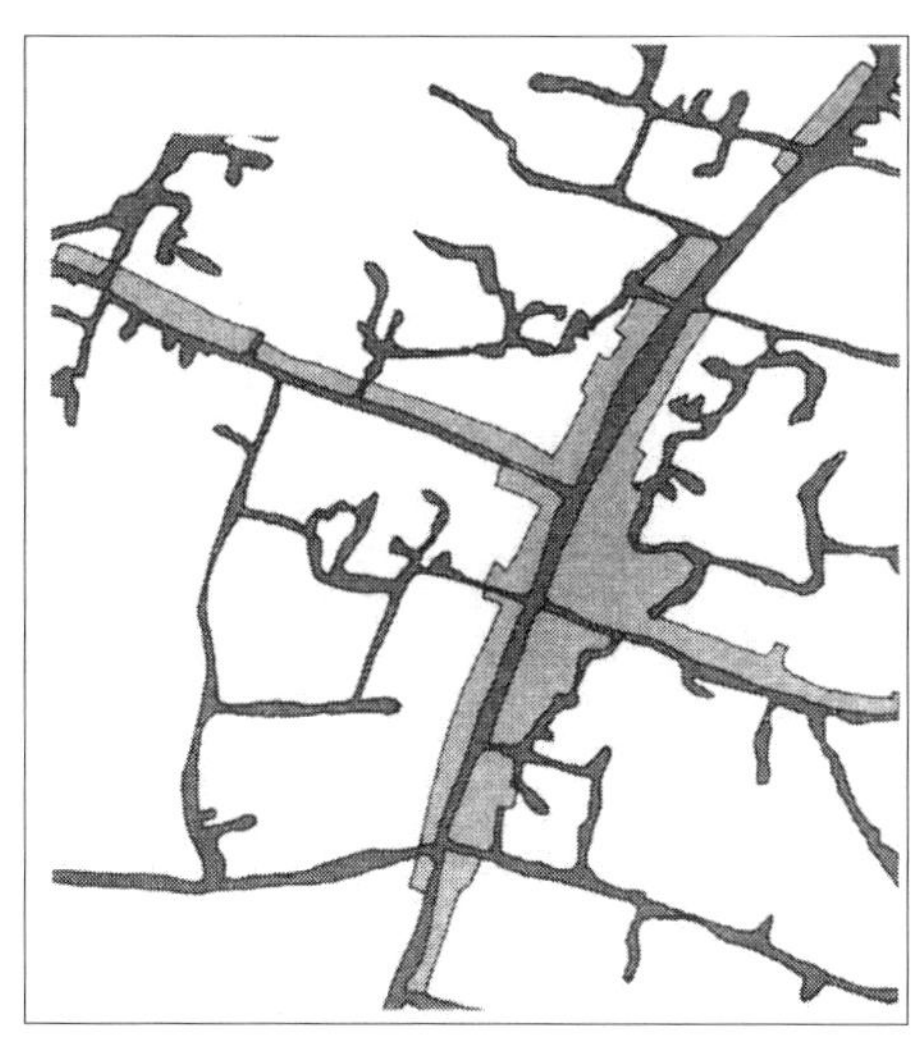

図11－4　鎮の形勢と街並み

出所：図は高村雅彦『中国江南の都市とくらし』（山川出版社、2000年）15頁／写真２個は筆者撮影。

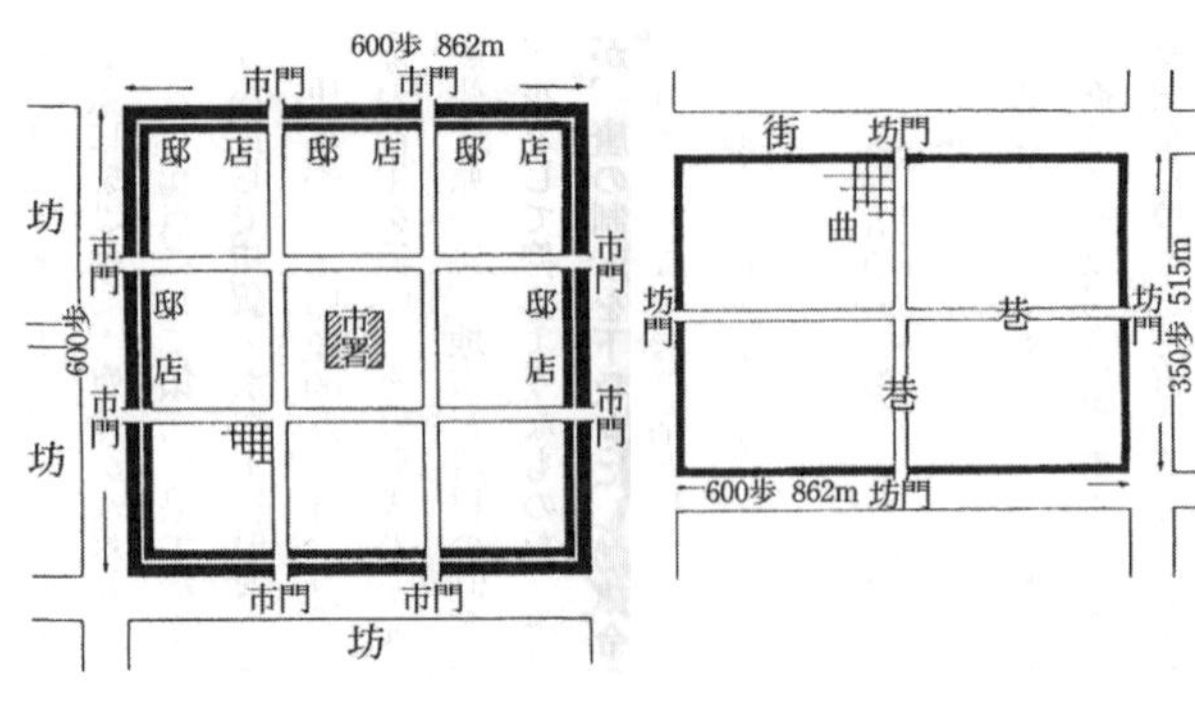

図11－5　長安の市と坊

出所：斯波義信『中国都市史』（東京大学出版会、2002年）25頁。

「居養院（養済院）」は第七代哲宗期以降に都市に置かれるようになった救済施設です。身寄り無く貧困で自活できない人を収容して、自立できるまで食糧を支給しました。また病人を収容する「安済坊」も設置されて薬などが支給されました。さらには孤児を養育する「慈幼局」も見られ、乳母が置かれたりしました。無縁墓地である「漏沢園」という共同墓地も作られるようにもなります。こうした都市の救済施設は、北宋末期の徽宗朝以降から本格的に各都市に設置されていきました。このことから逆に、宋代社会内部に社会的弱者の広範な存在を窺うことができるでしょう。

南宋末期の明州城を例にとると、およそ都市人口六万人のうち、貧下層民が六〇％強で、そのうちの資産も無くて自活できず、施しを受けなければならない者は三三％強（二万人近く）にものぼりました。ただし明州城は、当時の東アジア海域での国際貿易港でもありましたので、船舶から倉庫へ物資を運んだりする人足などの無産労働者も多分に含まれていたと考えられます（コラム13）。

このように、宋代ではいろんな意味で都市が発展し、社会問題を抱えつつも庶民文化が発展した時代と言えるでしょう。

コラム13　国際港湾都市——明州

現在は寧波と呼ばれるが、唐宋時代では明州という名前だった。銭塘江河口の南岸に位置し、海から甬江を遡ったところに位置する。日本の巡礼僧や日宋貿易に携わった海上商人たちが、最初に目にした中国の港町であった。都市の規模は中程度であったが、都市の東北門を入ってすぐに賑やかな繁華街があり、また東南門付近には海外貿易を担当する市舶司が置かれて、舶来品が多く集散した。遠く南海からイスラーム商人も訪れていたようで、イスラームの宗教施設なども見られた。日本から来た僧侶も、国際色豊かな都市を堪能したかもしれない。

元明時代になっても国際港として機能し、有名な日本の山内氏と細川氏の争乱「寧波の乱」の舞台ともなった。また秀吉の朝鮮出兵のおり、秀吉はこの寧波に拠点を定めようとした。

現在は、対岸の上海とを結ぶ三五キロにも及ぶ大橋が架かっており、国際貿易や経済の重要な拠点となっている。

参考文献

伊原弘編『「清明上河図」をよむ』（勉誠出版、二〇〇三年）
呉自牧（梅原郁訳注）『夢粱録——南宋臨安繁盛記』1～4（平凡社〔東洋文庫〕、二〇〇〇年）
張競『中華料理の文化史』（ちくま新書、一九九七年）
孟元老（入矢義高・梅原郁訳注）『東京夢華録——宋代の都市と生活』（平凡社〔東洋文庫〕、一九九六年）

▼人物略伝11

欽宗（きんそう）（北宋）：一一〇〇～一一六一　北宋第九代皇帝で、名はもと趙亶、趙烜・趙桓と改名した。在位一一二五～一一二七。第八代皇帝徽宗の子。一一二五年に宋と金の和約が破れ、金軍が開封に迫ったときに徽宗より譲位された。開封陥落後、金軍に捕らえられ、父や皇族とともに金へと送られた（靖康の変）。

紹興一二年（一一四二）に紹興の和議成立後も帰国できず、配流三〇年にして没した。

高宗（こうそう）（南宋）：一一〇七～一一八七　南宋初代の皇帝で、名は趙構、徽宗の第九子。在位一一二七～一一六二。金軍が開封を陥落させ、徽宗・欽宗を捕虜とすると、宋州で皇帝に即位し、江南に下って金軍と対峙した。紹興八年（一一三八）に臨安（杭州）を都に定め、宰相秦檜と謀って、主戦派の岳飛を殺して和議を成立させた。内政では田地の再測定（経界）を実施して開墾を奨励し、財政の立て直しを図った。紹興三二年（一一六二）に養子の孝宗に譲位した。

秦檜（しんかい）：一〇九一～一一五五　南宋の宰相で、字は会之、江寧（南京）の人。靖康二年（一一二七）に開封に攻め込んだ金軍に捕えられ、拘留三年余りで脱出した。高宗の信任厚く、一九年間宰相の地位にあって朝政をもっぱらにした。紹興一二年（一一四二）に反対を押し切って金と和議を結び、主戦派の岳飛を獄死させた。死後、奸臣の烙印を押された。

孝宗（こうそう）（南宋）：一一二七～一一九四　南宋第二代皇帝で、名はもと趙伯琮、立太子時に趙昚と改名。太祖の七世孫、高宗の養子となった。在位一一六二～一一八九。南宋随一の名君とされ、隆興二年（一一六四）に金の世宗と和議を結び（隆興の和議）、君臣関係から叔姪関係とし、歳幣を減額させた。江南の開発を奨励し、官制や軍事、貨幣制度を改革・整理した。

韓侂冑（かんたくちゅう）：？～一二〇七　南宋の宰相で、字は節夫、韓琦の曾孫。父の恩蔭で入官し、第四代皇帝寧宗の即位に功績があり、宰相の趙汝愚を讒言で退けた。趙汝愚の推挙を受けた侍講の朱熹を憎んで転任させ、朱熹派を偽学と呼んで排除した（慶元の党禁）。一四年にわたって専権を振るい、金の衰退に乗じて、中原回復を狙って金と戦争をしたが、連敗した。礼部侍郎史弥遠と皇后に謀られて殺された。嘉定元年（一二〇八）に金との和議が成立し、叔姪関係から伯姪関係に改められ、歳幣も増額され、韓侂冑の首が献ぜられた。

史弥遠（しびえん）：？～一二三三　南宋の宰相で、字は同叔、鄞（浙江省寧波市）の人。孝宗朝の宰相史浩の第三子。進士合格後に順調に昇進し礼部侍郎となった。寧宗朝のはじめに韓侂冑を殺害し、金との和議を成立させた功績で宰相となった。党派を組んで自身の保全に意を注ぎ、第五代皇帝理宗を即位させて以後は、独裁の絶頂に達した。

無門（むもん）：一一八三～一二六〇　南宋の臨済禅僧で、慧開ともいい、俗性は梁氏。杭州銭塘（浙江省杭州市）の人。天龍肱より業を受けて出家し、後に天下の名山道場を歴訪して、平江府（蘇州）万寿寺で臨済の祖師月林師観に参じて大悟した。紹定二年（一二二九）に『無門関』を著して第五代皇帝理宗に献上し、淳祐七年（一二四七）に仏眼禅師の号を賜って、勅命により臨安に護国仁王寺を開いた。

晏嬰（あんえい）：？～前五〇〇　春秋時代斉の政治家で、字は仲。父の跡を継いで斉の大夫となり、荘公・景公に仕えた。節倹で人望あり、よく君を諫めて国を治めた。管仲とともに斉の名臣として並び称され、その談話を集めたものに『晏子春秋』がある。

▼史籍解題9

『**東京夢華録**』（とうけいむかろく）　南宋の孟元老が著した北宋の首都開封の繁盛記。一〇巻。金によって開封が陥落して後に、昔日の開封を偲んで著したという。開封の区画や宮殿・官庁、また年中行事を記す。商人や市民などの習俗を記述し、都市研究に貴重な史料である。

『**夢粱録**』（むりょうろく）　南宋の呉自牧が著した南宋の首都臨安の繁盛記。二〇巻。『東京夢華録』に倣い、臨安の年中行事や宮殿・寺観・商店を記し、当時の都市生活を知ることができる重要な史料。

『**晏子春秋**』（あんししゅんじゅう）　春秋時代の斉国の晏嬰の作とされるが、戦国末から漢初にかけてまとめられた。八巻。内篇六巻は儒家的思想で書かれ、外篇二巻は墨家的思想で書かれている。斉の景公と晏嬰の対話による政治論を記す。

『**水滸伝**』（すいこでん）　元末明初の施耐庵が作り、羅貫中が完成させたとされる長編白話小説。北宋末の人々の蜂起と失敗を描く。一〇八人の首領が梁山泊に集って官側と対峙する様子を描くが、登場人物の性格描写に対して評価が高い。

第12章 「治天下の匠」——北方民族の興起：遼・金・元時代

中国史では、これまで見てきたように、北方民族が中華王朝を建てることがありました。南北朝時代や、また北方民族の流れを汲む隋唐朝などです。これらは北方民族が漢化して中国大陸の統治を行っていました。ですが本章で取り上げる諸王朝は、中華の王朝でありながら、全面的に漢化することなく自らの出身地を保持し、民族的特徴を残す政治・社会であった点で異なっています。この時代は、中華帝国的なあり方と、民族的・部族的なあり方が併存するというハイブリッド型帝国の時代とも呼べ、これは中国最後の王朝、清朝の先駆けをなすものです。

耶律楚材の自負

取り上げた成句は「治天下の匠」ですが、ほとんど人口に膾炙していないと思います。出典は元朝モンゴルの歴史を扱った正史である『元史』の「耶律楚材伝」です。耶律楚材は契丹人ですが、チンギス・ハンに仕えました。あるとき、西夏人の常八斤という人物が自負心から耶律楚材に対して、「いま国家は武を用いるときなのに、耶律儒者（耶律楚材のこと）は何の役に立つのか」と言い放ちました。すると耶律楚材は、「弓を手入れするには（そなたのような）弓の匠（弓のプロ）が必要で、天下を治めるには（私のような）治天下の匠（天下を治めるプロ）が必要なのだ」と言い返しました。これを聞いたチンギス・ハンはますます耶律楚材を重用したそうです。

このエピソードは、それぞれがそれぞれの専門能力で主君に貢献することを伝えていますが、一方で耶律楚材の大きすぎる自負心が現れています。またチンギス・ハンのもとにはモンゴル人だけでなく、西夏人や契丹人などが仕えていて、ハイブリッド型帝国の特徴の一つである、多民族による統治体制であったことが窺えます。

では、この時代の北方民族たちの歴史を見ていきましょう。まずはモンゴル前史である遼と金からです。

遼（九〇七〜一一二五）を興した契丹族は、すでに唐の太宗や高宗の時代から、中国北辺で活動していました。ただ当時はまださほど力が強くなく、勢力もまとまっていませんでした。

遼と契丹族

ですが、唐末の混乱期になると、契丹の英雄が誕生します。名を耶律阿保機と言います。生まれた時には、すでに三歳児並みの体格をしており（ちなみに三歳児男子の平均体重は一四キロ）、すぐにハイハイをしたそうです。生後三カ月で立派に会話をしました。成人すると、身の丈九尺（二・七メートル）の偉丈夫で、重さ三〇〇斤（一五〇キロ）の弓を用いたとされます。そして耶律阿保機は、契丹族の部族をまとめ上げて一大勢力を形成し、九〇七年（唐が滅んだ年）に契丹国（後には中華王朝風の国家名、遼と名乗ります）を立ち上げました。そして第二代の太宗のとき、後晋の石敬瑭から中国河北の一部である燕雲十六州を獲得し、自らが興った北方の草原地帯を根拠地にしながら、農耕を行う中華の地を手に入れました（図12-1）。

この二つの異なる生活圏を統治するために、契丹は二重統治体制を取りました。それが北面官・南面官と呼ばれる統治制度です。北面官は、遊牧民族の部族統治をそのまま残して管轄し、また南面官は州県制という中国古来の統治を管轄しました。右記の燕雲十六州は、南面官による州県制を用いた統治を行っていました。この州県制を、契丹の草原地帯に施行しなかった（そもそもできませんが）点が、これまでの遊牧民王朝と異なる点です。

また契丹は漢字とは異なる、契丹固有の文字を作りました。契丹文字と言います。漢字を手本に作ったもので、その解読は現在かなり進んできました。

第11章でも見ましたが、契丹は北宋と澶淵の盟を結び、侵略せずに国境を定めて共存する道を選びました。その安定した国境上で「互市」が開かれ、契丹の馬や羊が交易されました。また契丹にも中国の高度な技術がもたらされ、皮の水入れ（馬乗りに使う）を陶磁器で作る（皮嚢壺と言います）といった陶磁器製作も盛んに行われました。

このように遼（契丹）は、遊牧民の文化や政治の独自性を保ちながら、中国（の一部）を統治した点で、後のモンゴルによる世界帝国の先駆けであったと位置付けることができます。ただ、その末期は契丹政権の中華化が進行して、遊牧民の勇壮さが失われて弱体化していき、支配下にあった女真族によって滅ぼされました。

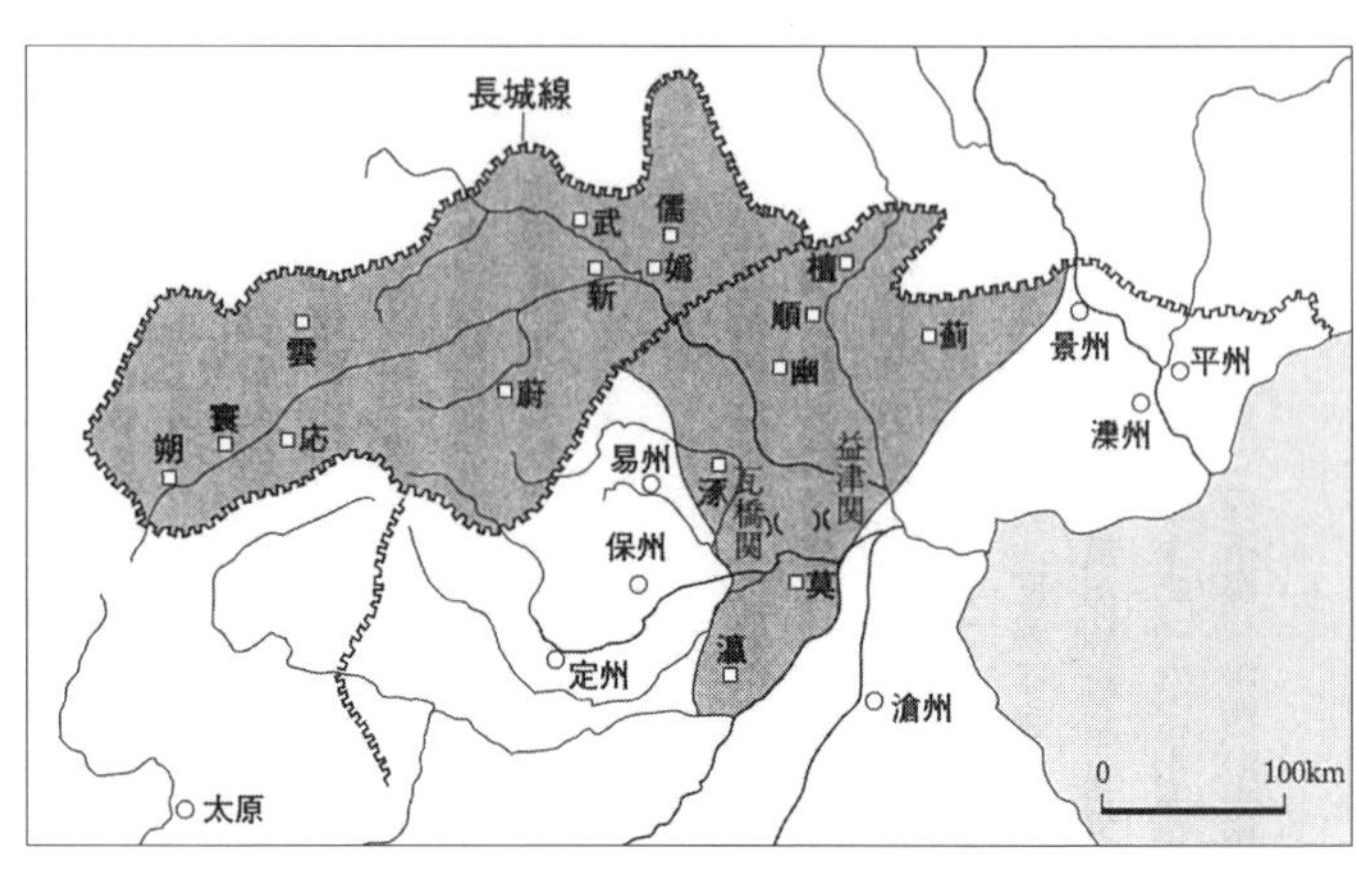

図12－1　燕雲十六州

出所：杉山正明『中国の歴史08　疾駆する草原の征服者　遼　西夏　金　元』（講談社、2005年）202頁。

金と女真族

金（一一一五～一二三四）を興したのは中国大陸の東北部にいた女真族で、彼らは遊牧ではなく農耕と狩猟を生業とする民族でした。彼らも唐後半期ころから、その活動が確認され、遼が興ると、その支配下に置かれました。

やがて一二世紀初めに、女真族の完顔部という部族の中から完顔阿骨打が登場しました。完顔阿骨打も身長八尺（二・四メートル）の偉丈夫で、弓を得意とし、三発三中、二〇〇メートル先の獲物も射止めることができました。

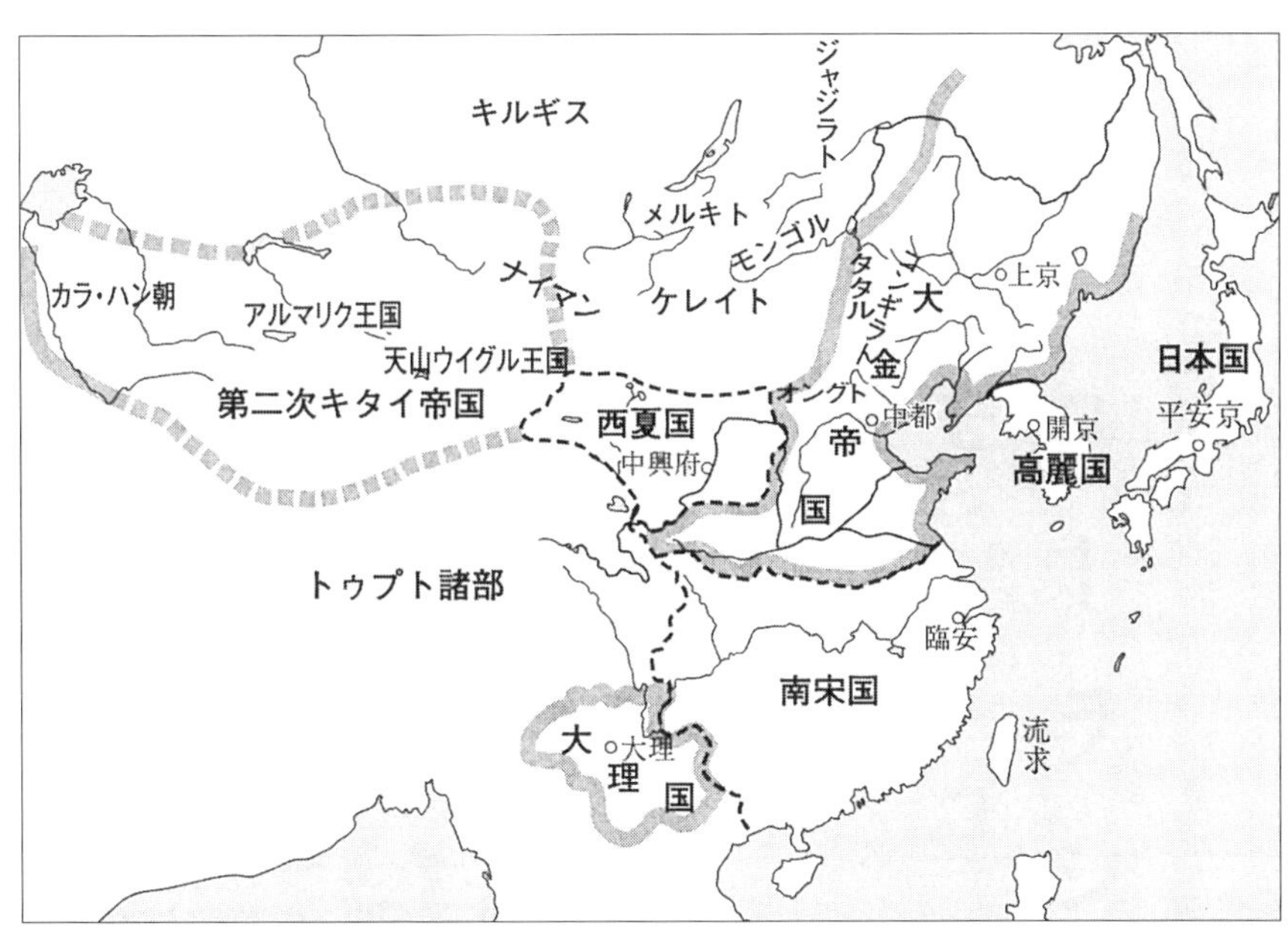

図12－2　12～13世紀初めのアジア東方

出所：杉山正明『中国の歴史08　疾駆する草原の征服者　遼　西夏　金　元』279頁。

完顔阿骨打は、女真族をまとめ上げて独立し、金を建国しました。初めは北宋と同盟して、遼を挟み撃ちにして滅ぼしましたが、北宋が約束を破ると、北宋へも攻撃し、その都である開封（かいほう）を陥落させました。そして中国大陸の北半分（華北）を統治下に置きました（図12－2）。南宋とは一一四二年に紹興（しょうこう）の和議を結び、国境を定めて、銀二五万両・絹二五万疋の歳幣の贈与を受けました。

金も当初は、独自の軍事統治体制である猛安（もうあん）謀克（ぼうこく）制を取っていました。これは統治する女真人に対する軍隊・社会編成の制度で、支配下に収めた漢人には州県制を施行していました。

また契丹と同様に、民族固有の文字、女真文字を定めました。これはある程度解読されています。

ただやはり金も、華北を支配して以降は急速な漢化が進み、軍隊の弱体化に歯止めがかからず、財政難にも陥った挙句、一二三四年にチンギス・ハンによって滅ぼされました。

西夏とタングート族

中国の西北部に勃興したのは、タングート族の建てた西夏（一〇三八〜一二二七）という国です。隋唐時代よりその活動が確認されていますが、黄巣の乱の時に族長が援軍を出したことで、李氏を賜って定難軍節度使を授けられました。以後、李氏は代々節度使を受け継ぎました。一時期、契丹に服属する時もありましたが、宋と契丹との澶淵の盟を契機として、宋に帰順しました。

一一世紀に李元昊が出て、皇帝に即位し、西夏国を建てました。宋と一〇四四年に慶暦の和約を結ぶこともありましたが、以後何度も宋と戦争をし、宋の財政難を引き起こす契機ともなりました。やはり独自の西夏文字を制定しています。しかし一二二七年にモンゴルによって滅ぼされました。

チンギス・ハンとモンゴル帝国

契丹に支配されていた民族の一つであるモンゴル族は、チンギス・ハンの登場で歴史の表舞台に一気に躍り出ました。蒼き狼とも呼ばれるテムジンはモンゴル部族を急速にまとめあげ、一大勢力を築きました。そして一二〇六年に部族長を招集して、大会議「クリルタイ」を開催して、ハン（カーンとも）位に即位しました。

チンギス・ハンには有能な兄弟や諸子が多く、彼らがその先鋒となってユーラシア大陸を席巻しました。チンギス・ハンの死後、ハンとなったのは第三子オゴデイです。オゴデイは一二三四年に金朝を滅ぼし、首都カラコルムをモンゴル草原の中央に建設し、以後次々と征服軍を各地に派遣しました。そしてヨーロッパに派遣されたのがバトゥです。バトゥ軍はポーランドにまで侵攻し、神聖ローマ帝国軍や騎士団の連合軍と衝突しましたが、モンゴル軍の圧倒的勝利でした。世に言うワールシュタットの戦い（一二四一年）です。たまたまオゴデイが亡くなって遠征軍の帰還命令が出たので、バトゥは遠征を止めてモンゴルへと帰りました。

また第四代目モンケの時には、フレグをイランなどの西方へ、クビライを中国などの東方へと派遣します。フレグは一二五八年にアッバース朝を滅ぼしました。またクビライは雲南を攻め、大理を一二五二年に滅ぼしましたが、残る南宋を攻略するため、モンケ自ら陣頭指揮を執りました。ですが、なかなか滅ぼすことができ

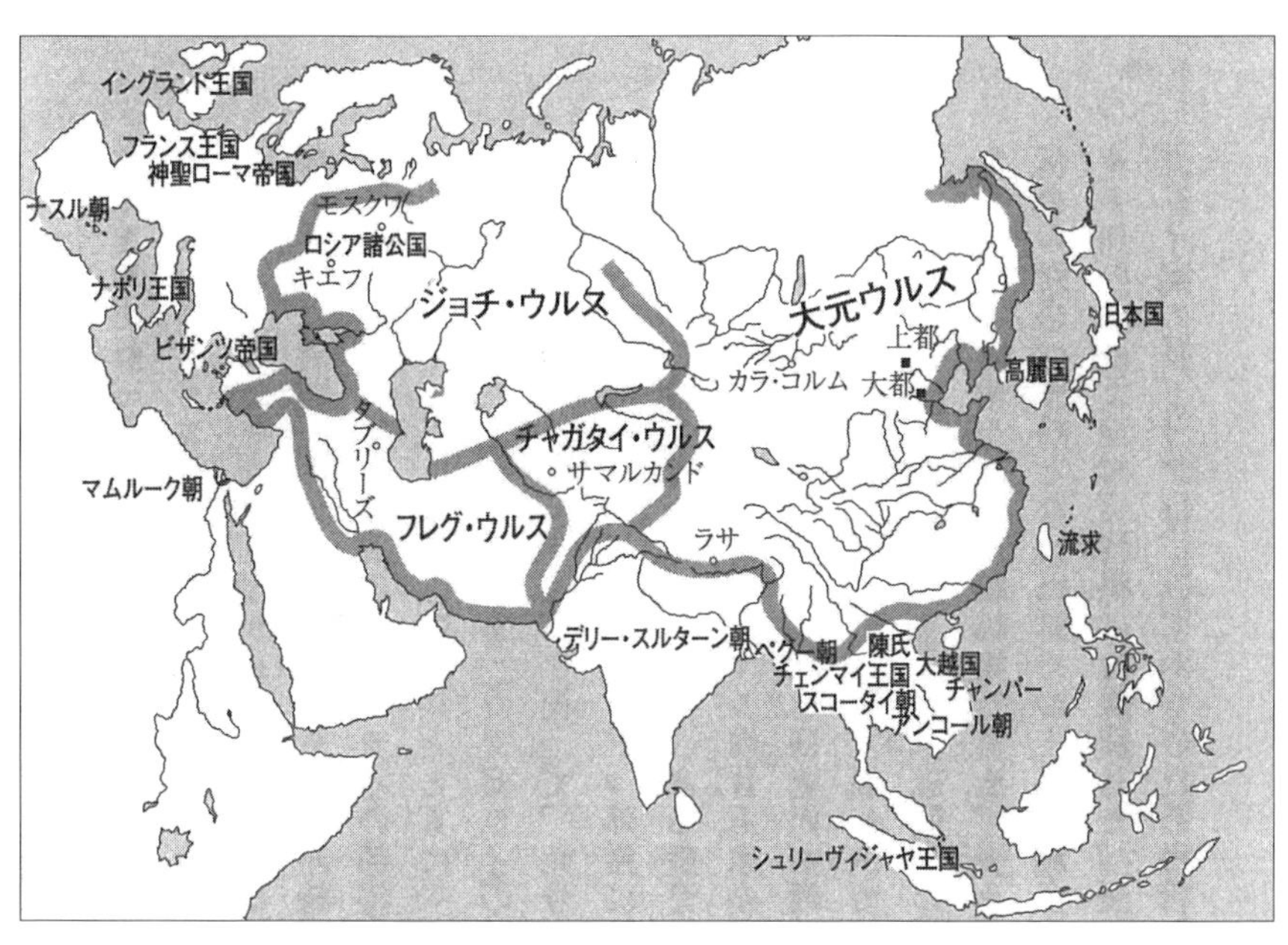

図12－3　多元の超域国家モンゴル（14世紀初め）
出所：杉山正明『中国の歴史08　疾駆する草原の征服者　遼　西夏　金　元』348頁。

ず、モンケは陣中で亡くなってしまいます。この時、半ばクーデタのように、自らの支持者だけでクリルタイを開いて即位したのがクビライ・ハンです。一二六〇年のことでした。

クビライは、一二七一年に自らの統治する領地を大元ウルスと定めます。そもそもモンゴル族は子孫に領地を分け与える風習がありましたので、チンギス・ハンの頃から、その子たちは広大なユーラシア大陸を領地として与えられていました。おもには、長男のジョチ・ウルス（ウルスとは国という意味）、次男のチャガタイ・ウルス、孫にあたるフレグのフレグ・ウルスの三ハン国が成立し、ここに大元ウルスを中心とする広大な連合帝国が成立しました（図12－3・図12－4）。

クビライと元

クビライは一二七一年に、モンゴル草原と中華世界を含む君主として大元皇帝に即位し、元朝（一二七一～一三六八）を建てました。また現在の北京に、その帝国の首都として大都（だいと）を建設

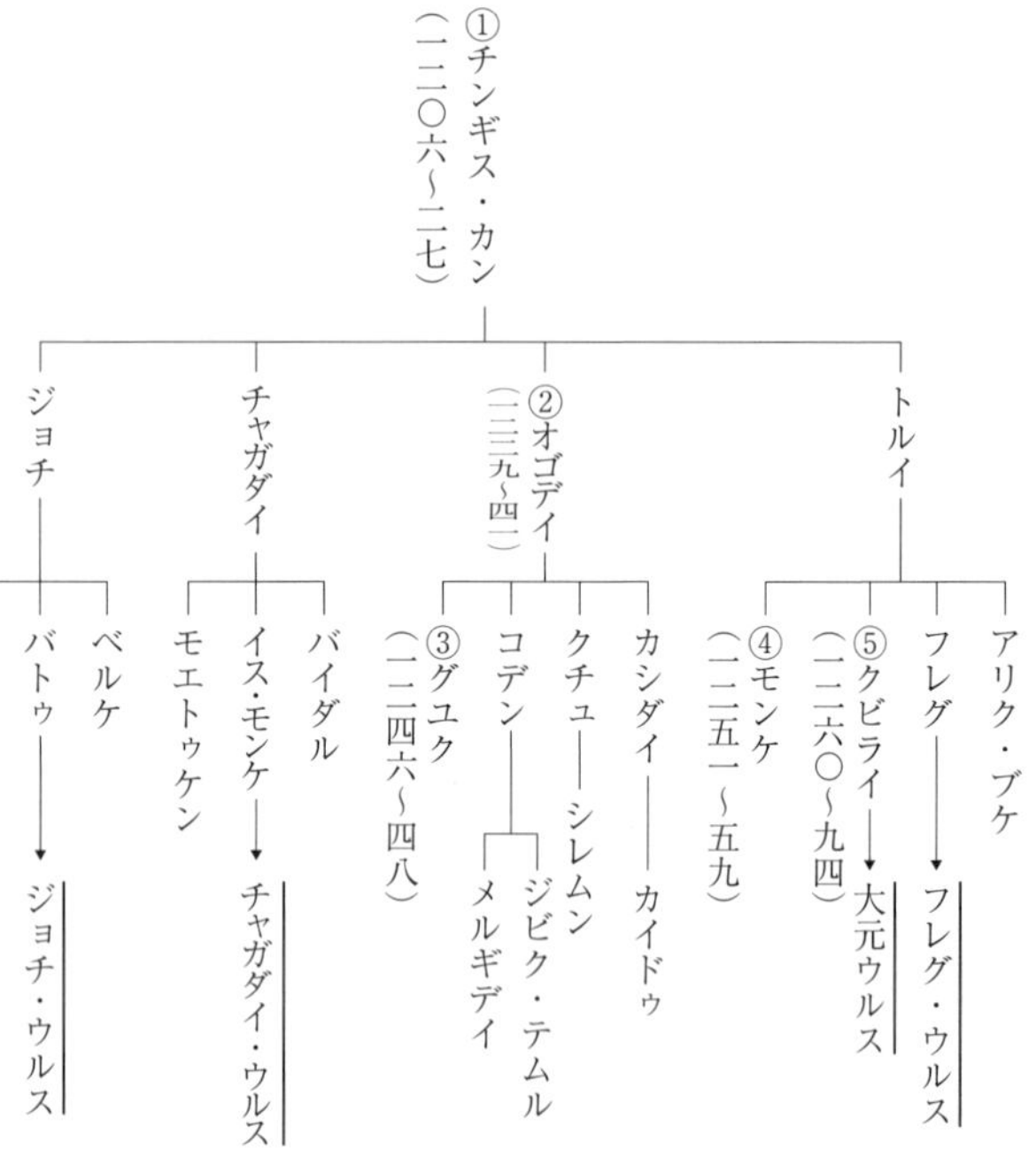

図12－4　チンギスカン家の略系図（①～⑤は大カアンの継承者）

出所：『中国史』（山川出版社、1997年）401頁、に加筆。

しました。

こうして元を中心とする各ハン国との連合帝国は、草原の世界と中華農耕の世界を接合し、人類史上、類を見ない大世界帝国となりました。なんと地球の陸上の二五％を支配したことになります。またイスラームの海上交易も保護したので、海域世界とも繋がりました。

元朝では、有能な人材であればヨーロッパ人や契丹人、漢人関係なく採用されました。先の耶律楚材だけでなく、『世界の記述』で有名なマルコ・ポーロも、中国の地方長官を務めたこともあると言われます。その意味では、現代の中国にも繋がる「多民族国家」と言えます。モンゴルの登場は、世界を一つにしたという意味で大きな歴史的事件であり、いわゆるグローバル化の先駆けとも呼べるものでした。

元朝の中国支配は、それまでの州県制に基づく伝統的手法を継承し、支配層はその上に乗っかる感じで、それほど社会上の混乱は生じませんでした。ただ、クビライの死後には後継者争いが頻発し、一方で黄河氾濫などの自然災害や、白蓮教（びゃくれんきょう）・弥勒下生（みろくげしょう）を信仰する民衆反乱によって、中国大陸の支配を諦めざるを得なくなり

コラム14 マルコ・ポーロとジパング

マルコ・ポーロの『世界の記述（東方見聞録）』に、黄金の国ジパングの記述があることは有名。そこには金が大量にあることが述べられているが、その金を島から持ち出すことがほとんどないから、あるいは王が国外に持ち出させないから、たくさんの金があるのだという指摘はあまり知られていない。

このジパングが日本ではないかという。たしかに、遣唐使や巡礼僧が中国での旅路資金に金を持って行ったり、日宋貿易で大宰府での支払いに金が用いられることもあったりしたので、日本＝金＝ジパングという連想に結び付いたのだろう。

南宋時代では、日本から来る商人の持ってくる金はわずかだから、無理に取り上げないように、と史料に残されている。よって、それほど大量の金が日本を出て中国に入っていったことはなかっただろう。

金は主に奥州で採掘され、承和年度の遣唐使派遣の折には、そこで金が多く採掘できたので準備資金とすることができた。佐渡金山での盛んな採掘は江戸時代を待たないといけない。

ました。再びモンゴル草原へと戻った元朝（北元と呼ばれます）は、その後、オイラート部のエセン・ハンや、アルタン・ハンなどの英傑が登場して一時勢力を盛り返しますが、一六三四年のリンダン・ハーン死去によって滅びました。ただしそのモンゴルのハン位は、清朝のホンタイジに引き継がれていくことになります。

参考文献

愛宕松男・寺田隆信『モンゴルと大明帝国』（講談社学術文庫、一九九八年）
荒川慎太郎・澤本光弘・高井康典行・渡辺健哉編『契丹［遼］と10～12世紀の東部ユーラシア』（勉誠出版、二〇一三年）
杉山正明『中国の歴史08　疾駆する草原の征服者：遼西夏金元』（講談社、二〇〇五年）
古松崇志・臼杵勲・藤原崇人・武田和哉編『金・女真の歴史とユーラシア東方』（勉誠出版、二〇一九年）

▼人物略伝12

耶律阿保機（やりつあぼき）：八七二〜九二六　遼の建国者で、契丹迭刺部の人。在位九〇七〜九二六。廟号は太祖。契丹諸部に推されて九〇七年に汗位に就き、神冊元年（九一六）には皇帝を称した。突厥・吐谷渾・党項・沙陀等諸部族を征し、天賛四年（九二五）渤海国を攻めて、翌年に滅ぼした。その凱旋途中に崩じた。また漢人に農耕に従事させ経済的基礎を固め、契丹文字を定めて独自の文化を高めた。

李元昊（りげんこう）：一〇〇三〜一〇四八　西夏初代皇帝で、李徳明の長子。タングート族の家系に生まれ、文武に秀でて勇敢で大略があった。ウイグルを破って甘州を奪い、父の死後に宋に対して独立を念願した。国都慶州を興慶府（銀川市）と改名し、文武官制を改めて、兵五〇万を号した。大慶三年（一〇三八）に皇帝を称して国号を大夏とし、対宋戦争を繰り返した。その損害は大きく宋に臣礼をとったが、国内には皇帝を称し続けた。東はオルドス、西は瓜・沙州、北は砂漠、南は蘭州に及ぶ勢力を誇った。

完顔阿骨打（わんやんあくだ）：一〇六八〜一一二三　金の建国者で、女真族完顔部の首領。在位一一一五〜一一二三。廟号は太祖。女真の諸部を統合して遼の支配に反抗し、天慶四年（一一一四）に遼軍に大勝して翌年、国号を金とし皇帝を称した。天輔四年（一一二〇）に遼の首都上京を落とし、宋と同盟して遼を挟撃してその領土を奪った。その後、遼の南京（北京市）を陥れて、約束に従い宋に与えた。遼帝追伐中に病にかかり、帰国途中に没した。

チンギス・カン（ハン）：一一六二〜一二二七　モンゴル帝国の建国者で初代カン。名はテムジン。在位一二〇六〜一二二七。モンゴル部族の長であったイェスゲイの長男として生まれ、一二〇六年即位してチンギス・カンとなった。以後、西夏・金の討伐を行い中国北部を支配下に入れ、一二一九年にはホラズム・シャー朝を討ち中央アジアを平定したが、一二二六年からの西夏遠征途中で病死した。

ジョチ：一一七七 or 一一八四〜一二二五　チンギスの長子だが、その出生には疑いがある。父に協力してオイラート部やキルギス族を征服し、金の遠征にも参加した。ついでアラル海・カスピ海の間に進駐し、ロシア諸侯連合軍を破った。以後、カザフ草原を所領として経営を進めたが、ほどなくして没した。

オゴデイ：一一八六〜一二四一　モンゴル帝国第二代カアン。チンギス・カンの第三子。在位一二二九〜一二四一。廟号は太宗。即位後、金を滅ぼし、新都カラコルムを造営して、ここを中心に駅伝制を整え、中央政府の機構を整えて税制を施行した。ロシアや南宋への遠征軍を派遣し、版図の拡大を図った。

チャガタイ：?～一二四二　チャガタイ・ウルスの初代ハンで、チンギスの第二子、ジョチの弟でオゴデイ・トウルイの兄。チンギスに従って金を討ち、中央アジア遠征に従った。イリ河谷からタラス・ボハラ・サマルカンドに至る草原地帯を所領とした。チンギスからモンゴル帝国の最高司法官としての肩書を与えられ、きわめて厳格であった。

モンケ：一二〇九～一二五九　モンゴル帝国第四代カアン。チンギス・カンの第四子トウルイの長子。在位一二五一～一二五九。廟号は憲宗。バトゥの西征に従い功あり、第三代カアンのグユグの死後に即位し、オゴデイ家とチャガタイ家の勢力を平らげて帝国の再編を図った。バトゥにアルタイ山脈以西を、次弟クビライに中国・チベット方面を、その弟フレグに西アジア諸国を討たせた。さらに南宋征服を図り四川に入ったが、そこで病死した。

バトウ：一二〇七～一二五五　ジョチ・ウルスの初代ハンで、チンギスの孫、ジョチの第二子。在位一二二五～一二五五。父の所領を継承してウラル川西方からヴォルガ川流域を支配した。第二代カアンのオゴデイの即位後、モンゴル軍総司令官となってヨーロッパ遠征を行い、ワールシュタットの戦い（一二四一年）でポーランド軍を破って、その王を敗死させた。オゴデイの死が伝わると、攻略した土地を所領とし、サライに都を定めウラル川以西からクリミア半島に至る草原地帯を支配した。オゴデイの継承問題をめぐってトウルイ家のモンケを立てようとし、オゴデイの長子グユグの即位後に両者は反目したが、グユグの急死後、モンケを即位させるに至った。

クビライ：一二一五～一二九四　モンゴル帝国としては第五代カアン（在位一二六〇～一二九四）、元としては初代皇帝（在位一二七一～一二九四）。廟号は世祖。チンギス・カンの孫。兄のモンケのとき大理・チベットを服属させ、中統元年（一二六〇）に即位してアリクブカの乱を平定した。都を大都（北京市）に遷し、至元八年（一二七一）に国号を元と称した。至元一六年（一二七九）に南宋を滅ぼして中国を統一し、高麗・安南・ビルマ・ジャワを従え、日本遠征を計画した。中国的官制を採用し、統一貨幣を発行するなど中国王朝化を図りつつ、モンゴル人の優遇、モンゴル語の公式使用など、モンゴル的制度の存続にも努めた。

フレグ：一二一八～一二六五　フレグ・ウルス（イル・ハン国）初代ハンで、トウルイの第三子。在位一二六

○～一二六五。チンギスの孫で、モンケ・フビライ・アリクブケと同母兄弟。第四代カアンのモンケから西征総司令官に任命され、アッバース朝の都バグダードやアレッポ・ダマスクスを征服した。モンケの訃報を受けて、イランに留まってダブリーズを都に定め、事実上の独立国を建設した。

マルコ・ポーロ：一二五四～一三二四　ヴェネツィアの商人で旅行家。父・叔父とともに一二七一年に東方へ出発し、イラン高原・パミール高原を越えてタクラマカン砂漠を過ぎ、甘粛から西安を経て北上し、元の上都にてクビライと面会した。そのまま元に仕えて、中国各地を旅行した。フビライが王女をイランのアルグン・ハン（フレグの孫）に送る際の案内役を任され、一二九二年に泉州からインドシナ・ジャワ・マライ・セイロン・マラバールを経てホルムズに到着した。王女を渡すと故郷に向かい、一二九五年にヴェネツィアに帰着した。ヴェネツィアとジェノヴァとの戦争に巻き込まれてジェノヴァの捕虜となり、物語作家ルスティケロと会って、自身の見聞を筆記させた。これが『世界の記述（東方見聞録）』と考えられる。

リンダン・ハーン：一五九二～一六三四　内モンゴル・チャハル部出身のハーン。在位一六〇四～一六三四。祖父の跡を継いでハーン位に就いた。ダヤン・ハーンの嫡統を継ぐチャハル部を率いたが、東隣の女真ヌルハチに圧迫された。西遷を図って西方諸部と戦い、フフホト付近でハラチン・トウメット部を破って壊滅させ、本拠地をフフホトに移した。一六三二年に清のホンタイジに敗れて青海に逃れ、病死した。以後、チャハル部は事実上滅亡した。

▼史籍解題10

『元史』（げんし）　明の宋濂らが勅を奉じて撰した元代の記録で、正史の一つ。本紀四七巻・志五八巻・表八巻・列伝九七巻より成る。洪武二年（一三六九）に勅命により編纂が始まり、洪武三年（一三七〇）に完成した。慌てて編纂されたため体裁が不統一で、不備も多くて疎略と評価される。一方で原史料の切り取りで編纂されたことから、失われた史料を知る利点ともなっている。

第Ⅳ部　近世帝国から近代国家へ

第13章 「北虜南倭」——近世帝国の成立と外憂：明時代

明朝の外憂

明朝は歴代王朝とは少し異なっていて、これまで見てきた中国王朝で天下を統一したのは、すべて華北起源の王朝です。秦漢や隋唐、北宋もそうですし、次章に見る清朝もそうです。ですが明だけは、唯一、華南から勃興した王朝です。

明朝はまた、外憂に悩まされた時代でもありました。そのことを示すのが「北虜南倭」という言葉です。北虜とは「北の異民族」を意味し、具体的にはモンゴル（北元）を指します。そして南倭とはいわゆる倭寇です。では、華南から興った明朝の時代はどんな時代だったのでしょうか。以下に見ていきましょう。

朱元璋の建国

明朝（一三六八〜一六四四）を興したのは、朱元璋という人物で、本当に貧しい農民の出身でした。おそらく歴代初代皇帝の中でも、最も貧しい出身だと思います。朱元璋は食べるものにも困って、乞食僧にまで身をやつしました。そんなとき（一三五一年）、中国全土で、元朝の支配に対する反乱が勃発します。白蓮教という民間仏教や弥勒下生を信じる信徒が各地で反乱を起こしました。赤い頭巾を目印に被ったので、紅巾の乱とも呼ばれます。すると朱元璋も、その反乱に身を投じました。

そして紅巾軍や、各地で我こそはと思った勢力が各地で割拠し、群雄割拠状態となりました（図13-1）。紅巾軍の中から頭角を現した朱元璋は、根拠地を南京に定め、江南を統一しました。そして一三六八年、北伐によって、モンゴルを大都から追い出した朱元璋は、天下を統一しました。皇帝となった朱元璋は、一人の皇帝

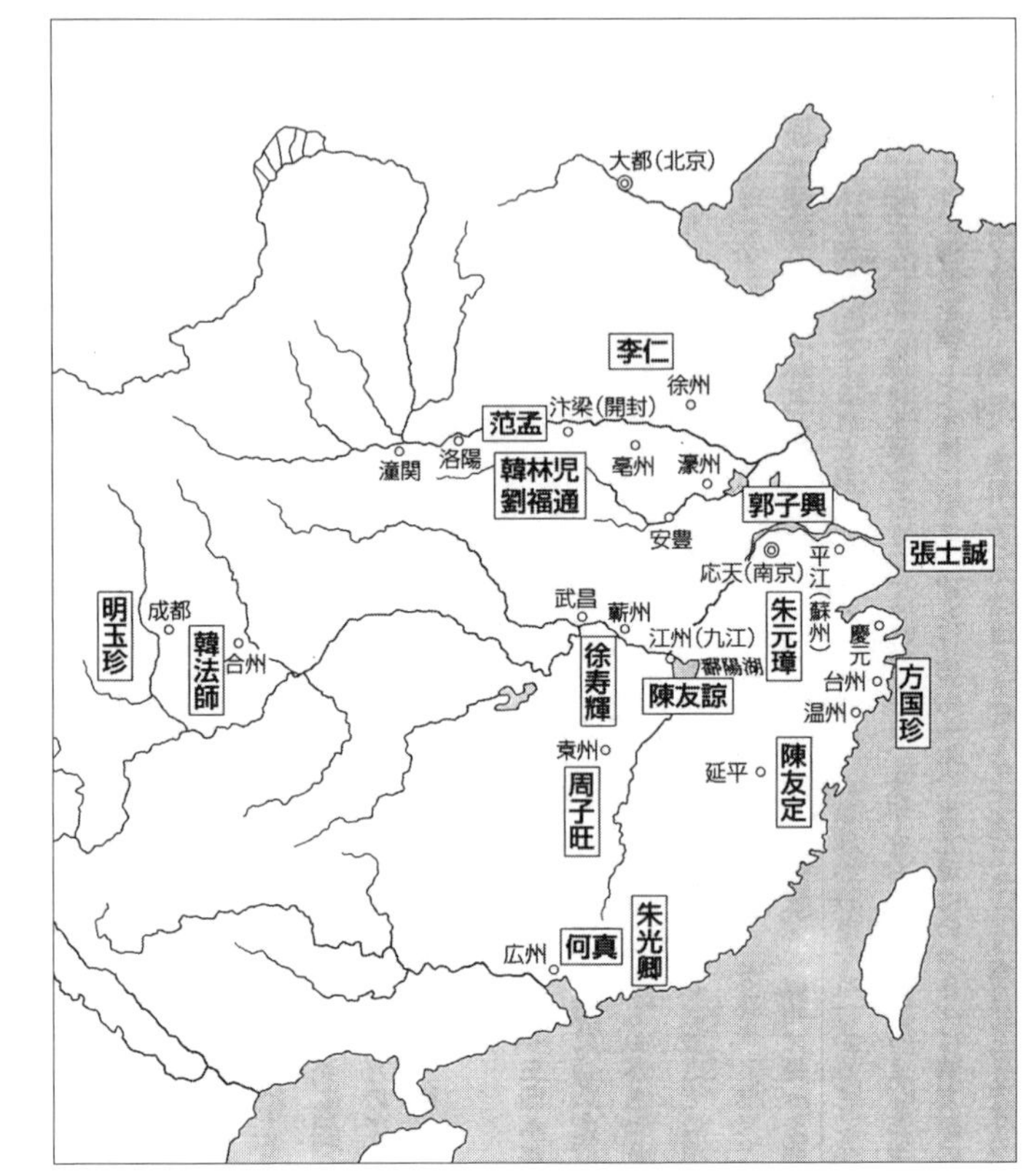

図13－1　元末群雄の蜂起

出所：『中国史４』（山川出版社、1999年）10頁。

につき元号は一つだけ（一世一元）と定め、自らの元号を洪武としました（これまでの皇帝はその治世の間に元号をいくつも制定していました）。よって朱元璋のことを洪武帝とも呼びます。以後、清朝の終わりまで一世一元は守られましたので、皇帝の呼び方が永楽帝とか、康熙帝・乾隆帝という、元号＋帝の呼び名で表すことが多いです。

皇帝となった朱元璋は、様々な政治改革を進めますが、基本的には、中国内外に対する中華皇帝の権力強化を目指しました。皇帝独裁を強化するために、六部という行政部署に皇帝が直接命令できるようにし、軍隊も皇帝直属としました。また密偵部隊を組織して、悪口を言う者がいないか内偵させました。くわえて、建国の功臣たちを次々と粛清したことでも有名です。朱元璋を描いた肖像画の中には、性格の悪そうなひん曲がった顔で描いた絵もあります。その一方で、好々爺の姿で描かれている絵も残っています。さて、どっちが本当の顔なのでしょうか。

とはいえ貧農出身であった朱元璋は、農民を保護・教導し、治水などにも力を入れたので、社会は安定しました。とくに触れておきたいのは、里甲制の施行（一三八一年）です。これは、郷村社会を再編成する制度で、一一〇戸を一里とし、そのうち一〇戸を里長戸とし、一〇〇戸を甲首戸とします。甲首戸は一〇戸で甲として編成し、一里長戸と一甲の合計一一戸が納税・労役の単位となります。甲首戸は一年交替で労役を負担しました（一〇年で一巡します）。里長・甲首は、郷村の税の徴収運搬・紛争解決・教化・相互扶助などの仕事を担いました。また一〇年に一度、賦役黄冊（戸籍兼租税労役台帳）の作成も行わせました。注目すべきは、宋代の職役が郷村社会の上層から選ばれていたのに対し、里甲制下では、原則として全人戸がそうした労役を担うようになった点です。このことは、逆に郷村社会の中層に、労役を担うことが可能で、家族だけでほんのわずかな土地（江南の水田地帯では二〇畝弱程度）を耕しても食べていける人たち（自立農と言います）が増えていたことを示しています。その背景には、農具の改良などによって農業の生産性が上がり、収穫量が増えたこともありました。

一方では、宋代以降の士大夫の流れを受けて、現役・退職官僚や科挙試験合格者、また科挙受験に資格を持つ知識人＝「郷紳」と呼ばれる富裕層が存在し、大土地を所有して在地社会に力を持ちつつ、国家との橋渡しを担っていました。

朱元璋は対外的にも、皇帝の権力を確立するために、「朝貢貿易」と言われる貿易体制を取って、皇帝を中心とする中華秩序の再編成を行いました。モンゴルによって乱れた中華秩序を再び作り直したのです。その方法とは、まず中華皇帝と国交を持って貿易をする国は、皇帝がその国王として任命した（冊封と言います）国だけとしました。皇帝が〇〇国の国王に任命した国とだけ朝貢を許可したのです。そうした朝貢国に対しては、朝貢使の派遣（国のランクによって派遣人数を増減。多い方が優遇）や、寄港地の指定などを定めました。有名な

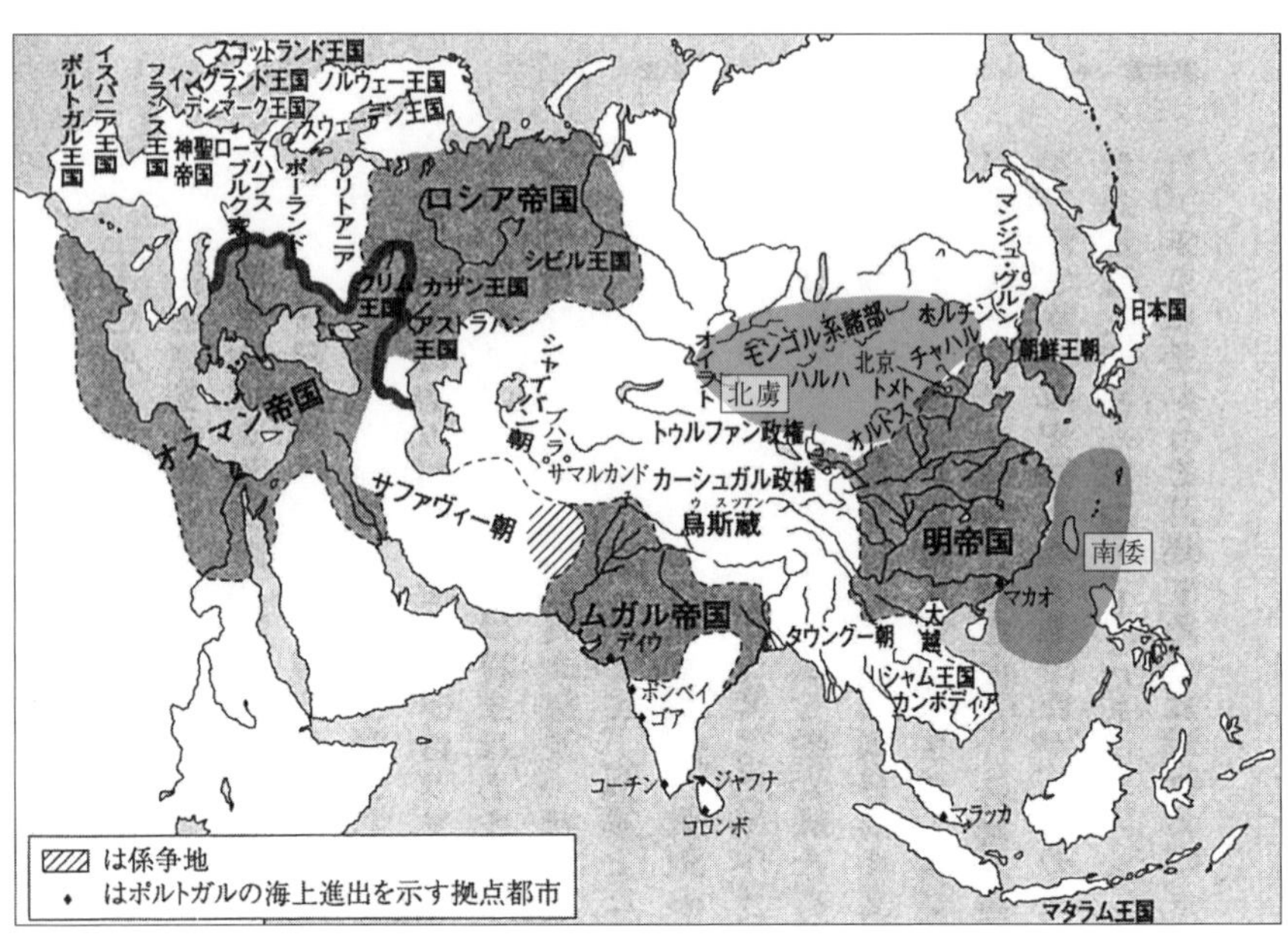

図13－2　ポスト・モンゴル時代の大帝国とユーラシア

出所：杉山正明『中国の歴史08　疾駆する草原の征服者　遼　西夏　金　元』（講談社、2005年）364頁、に加筆。

のは日本の足利義満ですね。彼は第三代皇帝、永楽帝から日本国王に任命されています。

こうして朱元璋は、朝貢貿易体制をとって、皇帝を中心とする世界秩序を作り直しました。明の初めの頃は、それで問題なかったのですが、中期以降なると、そのほころびが出てきます。北虜南倭です（図13－2）。

北虜と土木の変

朱元璋によってモンゴル草原へと押し戻されたモンゴル（北元）ですが、第三代皇帝、永楽帝の時に五度にわたる遠征を受けています。永楽帝は、靖難の変を経て皇帝の座を奪ったので、自らの威光を示そうと、『永楽大典』や『五経大全』『四書大全』の編纂などの文化事業に加えて、対外戦争を盛んに行いましたが、なかでも旧モンゴルへの遠征に力を入れました。この永楽帝の遠征により、モンゴル勢力内で大混乱が生じ、結果として、その中からオイラート部が独立しました。

そのオイラート部に英雄エセンが登場しま

す。エセンも当初は、明との朝貢貿易を行っていましたが、その朝貢使は五〇人までとされていました。その人数によって、明との貿易額も定められていたので、もっと貿易したいと望んだエセンは、なんと朝貢使を一気に一〇〇〇人に増やすことを求めました。そして一四四八年には、四〇〇〇人を派遣するまでに至ります。とうてい受け入れられない明はエセンと対立しました。そして翌年（一四四九年）、エセンは自ら二万の軍を率いて侵攻しました。明側も第六代皇帝正統帝が五〇万の兵を率いて出陣しましたが敗れ、撤退途中の土木堡で包囲されました。エセンは徹底的に攻撃し、明兵数十万を殺害し、また正統帝を拿捕しました。これが土木の変と呼ばれる事件です。

エセンが求めたのは朝貢貿易の拡大でしたので、結局は正統帝を保釈し、貿易が再開されました。しかしエセンは、その後オイラート部の内乱によって逃亡の最中に殺されてしまいました。

少し年代が飛びますが、やはり北虜として問題となったのは、一〇〇年後のモンゴルとの関係です。モンゴルにダヤン・ハーンが現れて再びモンゴル勢力が統一されると、その孫にあたるアルタンが朝貢貿易を求めて頻繁に内侵し、一五五〇年には万里の長城を越え北京を包囲しました。そして一五七〇年になって、両者で和議が成立し、「馬市」（定期交易市場）の設置が許可されました。このことは、朝貢貿易体制を大きく揺るがす出来事でした。

朝貢貿易は、先にも述べましたように、朝貢国とのみ貿易をする制度でしたが、ここに朝貢国でなくても貿易が許可される事態が生まれてきたのです。このように朝貢貿易体制と切り離された貿易を「互市」と言います。そして南の南倭でも、やはり互市が求められる事態が生じました。

南倭と密貿易

南倭とは倭寇のことですが、とりわけ後期倭寇（一六世紀）のことを指します。明の朱元璋が定めた朝貢貿易体制ですが、貿易を許可した国には「勘合」を付与しました。これは一〇〇枚綴りのチケットみたいなもの（割り札ではありません）で、海外から朝貢貿易する国の船は、一隻につき一枚所持する必要がありました。この勘合は明の皇帝が代替わりするごとに新調されましたが、その新旧の勘合をめぐって日本の大内氏と細川氏が寧波で争乱を興しました。一五二三年の寧波（にんぽー）の乱と呼ばれる事件です。大内氏の船が異国の港町、寧波で細川氏を討ち、さらには中国役人まで殺害するという事件は、明が日本に対する警戒心をかきたてるのに十分でした。

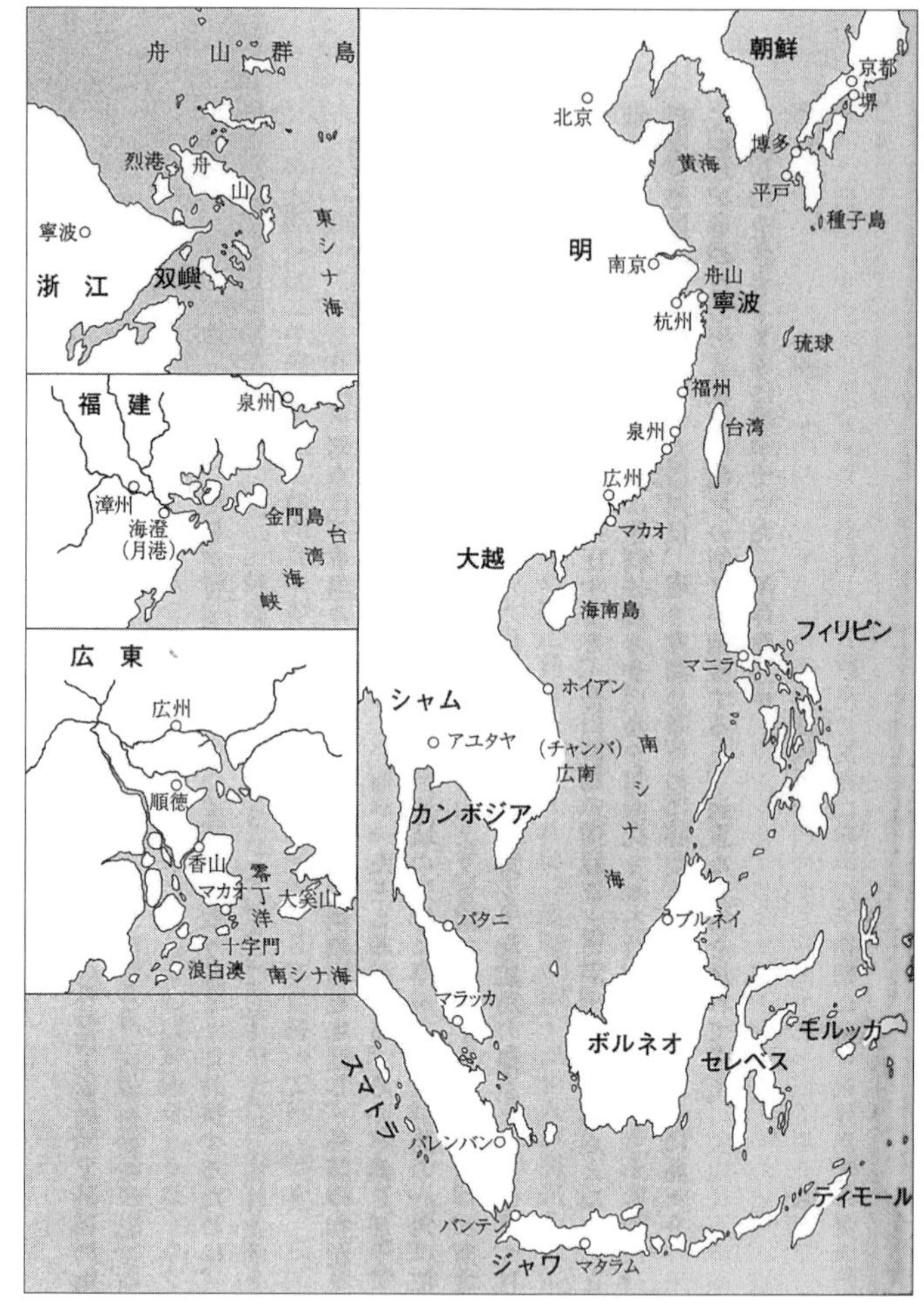

図13－3　東シナ海貿易の拠点

出所：上田信『中国の歴史09　海と帝国　明清時代』（講談社、2005年）201頁。

結果として、明は日本の朝貢船（勘合船とも呼ばれます）の入港を禁止しました。しかし、貿易を続けたい大内氏などは、密貿易を続けました。また中国出身の海賊たちも、寧波より東の島嶼部にある双嶼（そうしょ）という場所で、日本などと密貿易を働いていました（図13－3）。

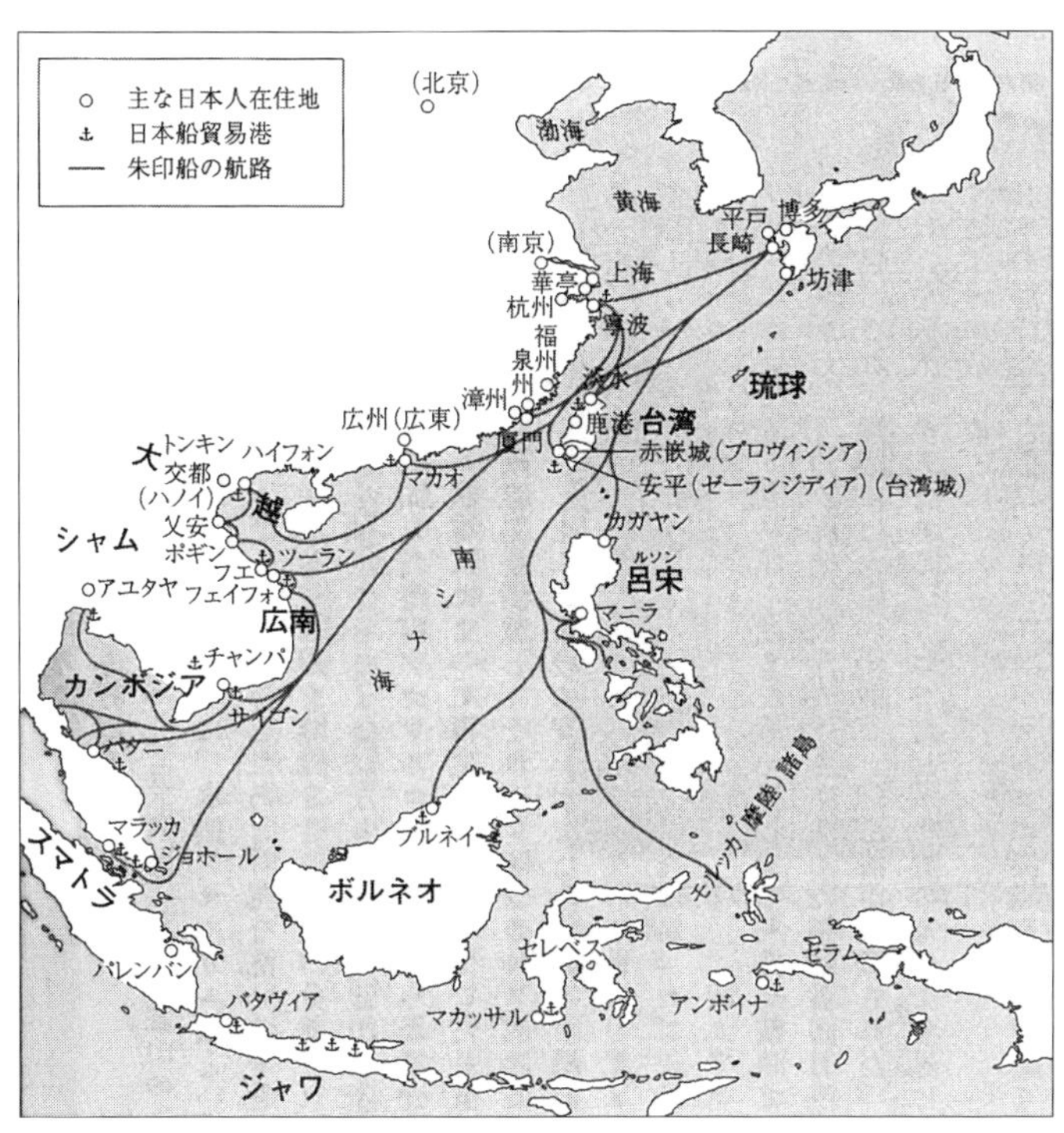

図13－4　日本人町と東南アジア

出所：上田信『中国の歴史09　海と帝国　明清時代』256頁。

そこに地球の裏側から、青い目の冒険商人と宣教師がやって来るのです。ポルトガルの宣教師であったザビエルがインドから、中国、そして日本に来たことは著名ですが、同様にポルトガルの商人（命を懸けて大航海貿易したので冒険商人と呼ばれます）たちも商機を嗅ぎ分けて、中国に到来しました。

とうぜん、ポルトガル商人は明との貿易を望みますが、それは叶いませんでした。明は朝貢貿易体制を取っていたので、ポルトガル国王を冊封すれば貿易を許可できますが、民間商人にそんなことできるはずがありませんでした。

そこでポルトガルは、中国での拠点を確保するために、現地役人に賄賂を

コラム15　インゲンマメと鄭成功

インゲンマメは、さっと湯がいて胡麻和えにして食べると、食感が楽しくとても美味しい。このマメは明末の中国禅僧であった隠元隆琦(いんげんりゅうき)が中国から日本に持ってきたので、その名が付いた。インゲンはもともと中南米原産の野菜であり、大航海時代にポルトガルやオランダが中国に持ち込んだ。そんなインゲンがどうして日本に来たのだろうか。

明王朝が滅んだとき、中国人と日本人のハーフであった鄭成功(ていせいこう)は明の復興を掲げて福建で活動していた。日本に援助を期待していたが、ちょうどその時に招かれて日本に向かったのが隠元だった。手土産にインゲンマメを持って行ったのだろう。その渡航にあたって船を用意したのが鄭成功だった。

その後隠元は宇治に萬福寺(まんぷくじ)を建て、黄檗宗(おうばくしゅう)を開いた。現代も萬福寺は当時の中華風寺院の雰囲気をよく残している。精進料理の普茶(ふちゃ)料理も味わえる。

贈って居留地を確保しました。一五五七年のことです。そこはマカオと呼ばれました。

ポルトガルはマカオを拠点に、海賊や日本と密貿易を行いました。また遅れてスペインがフィリピンのマニラを占拠し、密貿易に参画していきます。こうして明朝の朝貢貿易体制は東南の海浜でも揺らぎ、東アジアの海でなし崩し的に密貿易が横行し、日本や中国、そしてヨーロッパの商人（いや海賊？）が行き交う事態が生じました。

この密貿易である後期倭寇の鎮圧を諦めた明朝は、朝貢貿易体制を変更し、朝貢国でなくても貿易を許可することとしました。それらの国を「互市国」と言います。こうして一六世紀後半以降、朝貢貿易体制は、比較的自由な貿易である「互市」制度へとシフトチェンジしていくことになりました（ただ朝貢貿易が無くなったわけではありません）。

北虜南倭とは、明初の朝貢貿易体制という、中華皇帝を頂点とする中華秩序の規制に対して、中国の北辺と南辺で起こった、規制に対する対抗だったのです。そして結果として、明朝は対外政策を変更することとなり、互市制度による比較的自由な国際貿易が始まることとなりました。

ちなみに、明朝は日本との貿易船往来を認めませんでしたので、日本の貿易船ははるか東南アジア各地に出向いて、そこで中国商人と貿易を行うようになりました。これを出会い貿易と言いますが、結果として東南アジアの港町に日本人町が形成されることにもなりました（図13－4）。

参考文献

愛宕松男・寺田隆信『モンゴルと大明帝国』（講談社学術文庫、一九九八年）
荒川正晴ほか編『岩波講座世界歴史7　東アジアの展開　八～一四世紀』（岩波書店、二〇二二年）
上田信『中国の歴史09　海と帝国：明清時代』（講談社、二〇〇五年）

▼人物略伝13

エセン・ハン：？～一四五四　明代オイラート部の長。父トゴンが部内を統一して、元の子孫トクタ・ブハを可汗に戴いて実権を握ったが、のちエセンが出て興安嶺東のウリャンカイ・満洲の女真を征服し、朝鮮に降伏を迫った。正統一四年（一四四九）に土木堡で正統帝を捕らえて北京を包囲したが落とせず、トクタ・ブハとの対立が深まると殺害し、自らハン位に就いた。チンギスの後裔を尊ぶ諸侯を押さえることができず、部下に殺害された。

ダヤン・ハーン：一四七三 or 一四七四～一五一六 or 一五一七　モンゴルの第三四代ハーン。在位一四七九？～一五一六 or 一五一七。チンギス・フビライに次ぐ英雄とされる。もとをバトゥ・モンケといい、チンギスの末裔としてボルジギン氏に生まれた。即位後まもなく、イスマイルを攻めてチャハル部を勢力下に置き、オイラート部を討って覇権を握った。さらにトウメット等を征討して内モンゴルを平定したが、ウリャンハイ征討ののち没した。ハーンの正統はチャハル部に伝えられた。

アルタン・ハン：一五〇七～一五八二　モンゴルの酋長

で、ダヤン・ハーンの孫。トウメット部を率い、兄の率いるオルドス部・弟のハラチン部とともに明から恐れられた。明に毎年侵入し、嘉靖二九年（一五五〇）には北京に迫った。明との和議がなって順義王に封ぜられ、朝貢貿易を開始した。以後、カラコルムを奪還して青海のオイラートを討ち、一五七三～七八年にはチベットを攻めた。ここでラマ教を信じて第三代ダライラマを青海に迎え、居城のフフホトにラマ寺院を構えて布教に貢献した。

洪武帝（こうぶてい）：一三二八～一三九八　明の初代皇帝で、名は朱元璋。濠州（安徽省鳳陽県）の貧農出身。在位一三六八～一三九八。廟号は太祖。貧農の末子として生まれ、托鉢僧となって放浪したが、紅巾軍に参加して頭角を現し、群雄を降して洪武元年（一三六八）に即位した。南京を都に定め、元をモンゴルに追いやって中国を統一した。一世一元の制を樹立し、中書省を廃止して皇帝権力を強化、また里甲制・衛所制度を施行し、人民教化のための六諭を発布するなど諸改革を行い、明朝の基礎を築いた。

永楽帝（えいらくてい）：一三六〇～一四二四　明第三代皇帝で、名は朱棣、洪武帝の第四子。在位一四〇二～一四二四。廟号ははじめ太宗、のち成祖。はじめ燕王に封ぜられて北京で北辺防備にあたったが、第二代建文帝が即位すると諸王勢力の削減を図ったので、建文元年（一三九九）に靖難の変を起こして帝位に就いた。内政に大学士を用い、また宦官を重用し、北京を首都に定めた。対外的にはベトナム攻略、鄭和の南海遠征、五度にわたるモンゴル親征を行った。

正統帝（せいとうてい）：一四二七～一四六四　明代六代および八代皇帝で、名は朱祁鎮、第五代宣德帝の長子。在位一四三五～一四四九、一四五七～一四六四。廟号は英宗。わずか九歳で即位し、政務は内閣に委ねた。やがて宦官王振が専権し、朝政は乱れた。四川の内乱や鄧茂七の乱が相次ぎ、国力は消耗した。オイラート部のエセンが攻め入ると、自ら軍を率いて出軍したが、土木堡で包囲され、王振は戦死し、自らは捕虜となった。その後解放されたが、代わって景泰帝が即位していたため、太上皇帝として幽閉された。ところが景泰帝が病に伏すと、政変によって復位した（奪門の変）。以後、宰相を信任して政務を委ねた。

ザビエル：一五〇六～一五五二　フランシスコ・ザビエル。スペイン人でイエズス会士。ピレネー山麓のナバーラ出身でバスク人の出。父と母は貴族で、第六子としてザビエル城に生まれた。パリに留学して、元軍人のイグナチオ・デ・ロヨラの指導を受けてイエズス会を創立した。推挙されて東方に布教活動を開始し、インド・セイロン・マラッカ・香料群島に赴いた。マラッカで日本人アンジローと邂逅し、日本行きを決意した。はじめ薩摩の島津氏の協力を得て、のち平戸に渡り、山口に到着した。一度京都に赴くもすぐさま山口・豊後に戻った。豊後の大友義鎮の保護を受け、一度インドに戻るが、中国での布教を目指すなか、広東上川にて熱病で亡くなった。

▼史籍解題11

『永楽大典』（えいらくたいてん）　明の永楽帝が勅命により編纂させた類書。二万二八七七巻。広くあらゆる分野の文献を原本から収集した大部なものだったが、焼失や散佚によって残存するものはきわめて少ない。

『五経大全』（ごきょうたいぜん）　明の胡広らが永楽帝の命を受けて編纂した五経の注釈書。唐の『五経正義』に倣って経義の統一のために作られたが、宋の程朱学を基準に解釈している。短期間で作られたので疎漏が多い。

『四書大全』（ししょたいぜん）　明の胡広らが永楽帝の命を受けて編纂した四書の注釈書。明代に朱子学が隆盛すると、科挙の答案も朱子学に基くことが求められて編纂された。永楽一三年（一四一五）成立。

第14章「満漢全席」——最後の世界帝国：清時代

宮中料理のフルコース

清朝は中国最後の王朝で、映画『ラストエンペラー』の舞台にもなりました（現在はあまり知られていないのでしょうか）。この王朝は約二八〇年間続きましたが、そのうち三人の皇帝でおよそ一三〇年もの間を統治していました。有名な康熙帝（約六〇年）・雍正帝（一二年）・乾隆帝（約六〇年）の三人です。雍正帝はまじめすぎたのか激務をこなして早死にしますが、康熙帝とその孫の乾隆帝は、それぞれ六〇年という期間を統治し、清朝の基礎と繁栄をもたらしました。清朝の寿命の半分近くを三人で統治したなんて、ちょっと驚きです。

この時代を考えるうえで取り上げたのが「満漢全席」です。清朝の宮中宴会料理のフルコースを意味しますが（図14-1）、そこから贅沢な食事を指すようになります。ひとたび食事が出されると数日に及ぶこともあり、その盛大さが窺われます。

ただし注意したいのは、満洲族の料理を出す宴会「満席」と、漢族（とくに山東地方）の料理を出す宴会「漢席」は別々で用意され、同時に出されることはありませんでした。たとえば「満席」だとブタの丸焼きがメインで出されますが、そこに「漢席」のツバメの巣やナマコ・フカヒレなどの料理は出されません。それぞれは別々の宴会で出されました。当初の清朝皇帝たちは、満洲族固有の満席を好み、海鮮の漢席を好みませんでしたが、清末の西太后はむしろ海鮮を好みました。

では、この満漢全席に表される清朝の歴史と社会の特徴を見ていきましょう。

女直族の建国

清朝（一六三六～一九一二）を興した民族は、前に見た金朝を立てた女真（当時は女直と表記します）の末裔たちでした。なかでも、建州という地域にいた女直は、明に冊封を受けて朝貢貿易を行っていました（図14－2）。

彼らの貿易品はクロテンの毛皮でしたが、暖かい毛皮は中国でも重宝されました。朝貢貿易で利益を得て力をつけて女直を糾合したのが、建州女直のヌルハチでした。彼は一六一六年、明より独立して「後金」国を建国します（図14－3）。

図14－1　満漢全席

出所：Wikimedia Commons より。

そしてその子、二代目ホンタイジは女直と、その支配下にあった蒙古・遼東漢人をまとめて「満洲族」という新たな民族を創生しました。よって、満洲族というのは、古来からあ

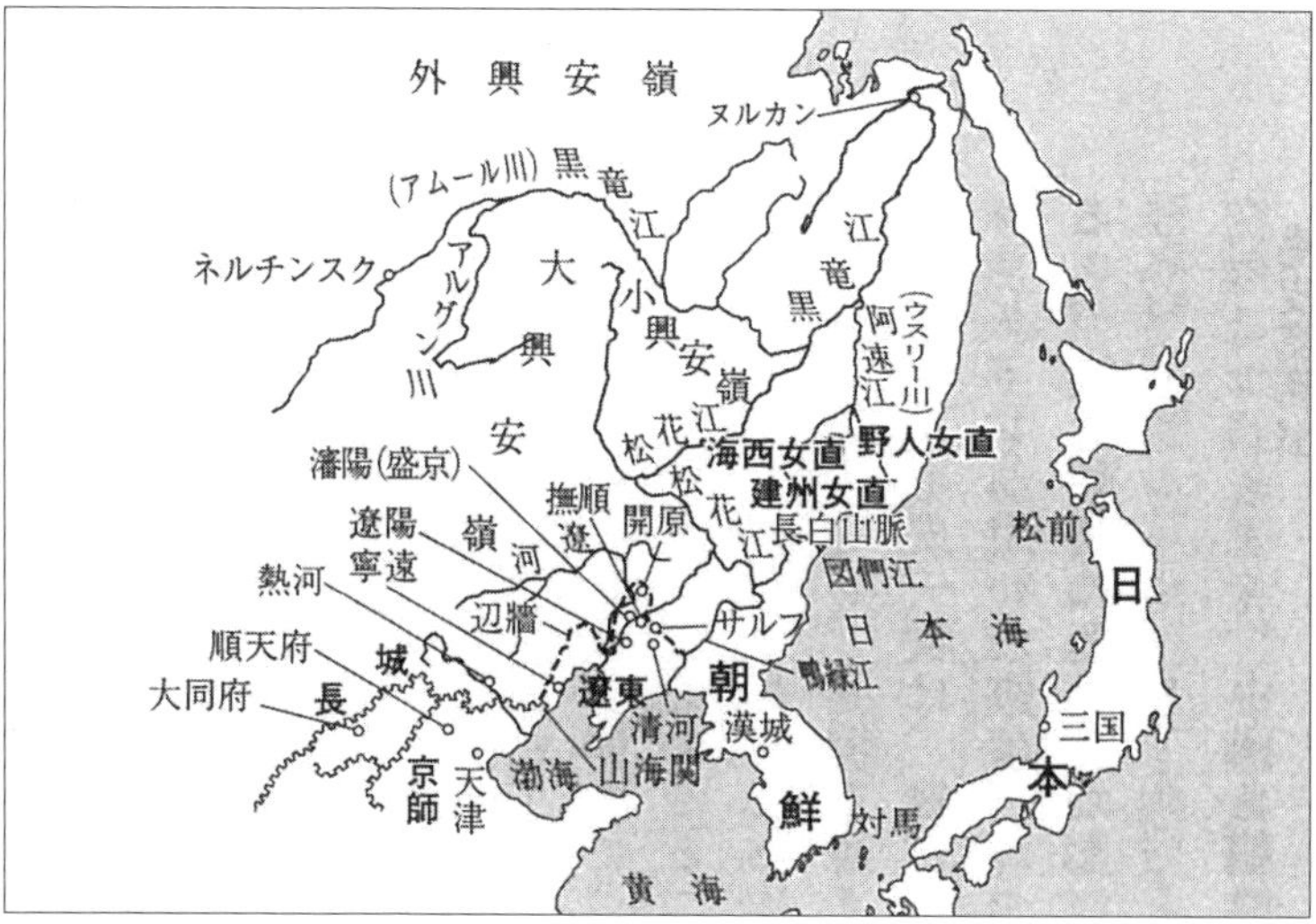

図14－2　女直の配置図

出所：上田信『中国の歴史09　海と帝国　明清時代』（講談社、2005年）275頁。

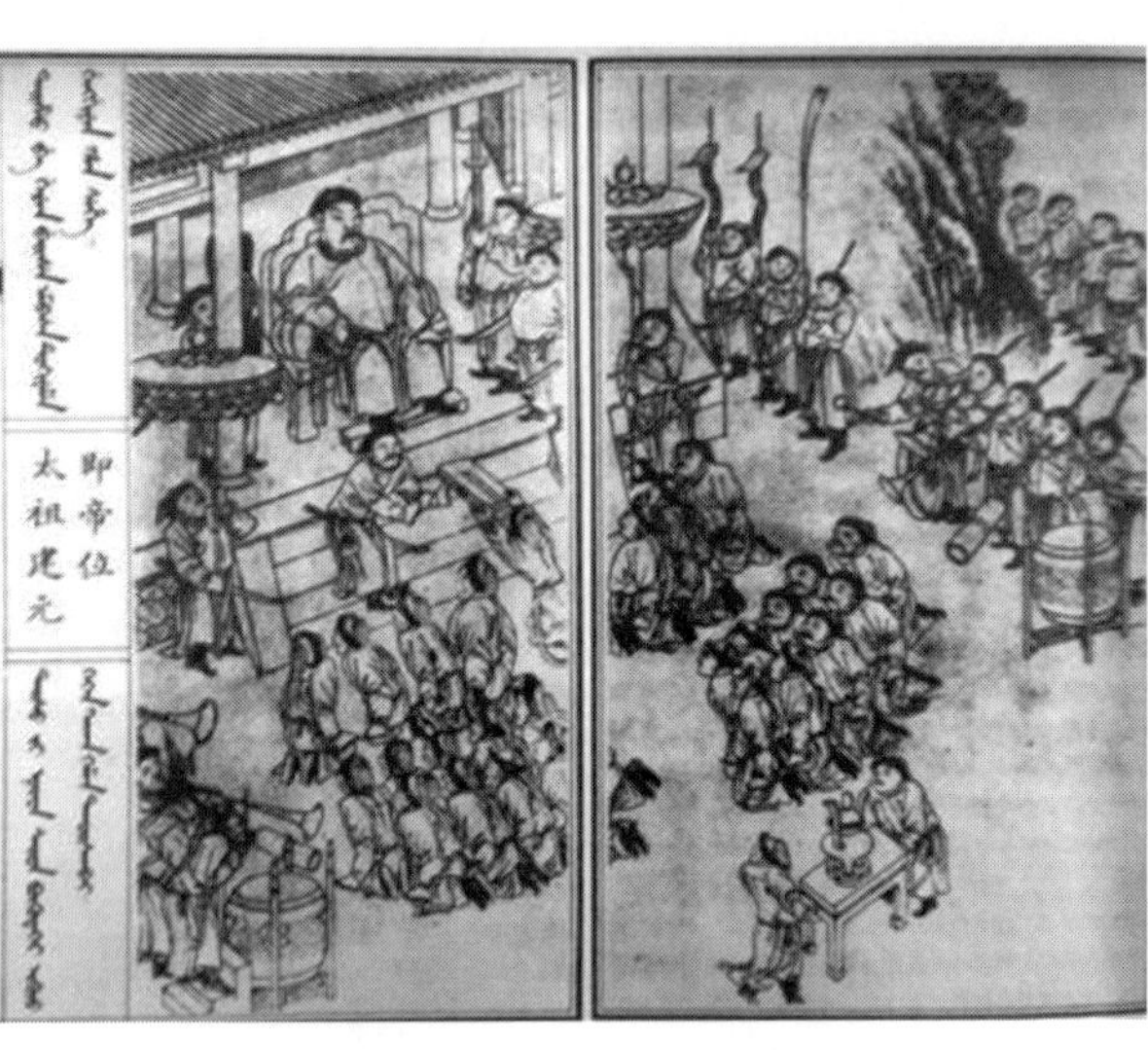

図14－3　ヌルハチの即位

出所：『満洲実録』。

る固有の民族ではありません。歴史上、創られた民族です。そしてこの多民族を融合するために、もとモンゴル帝国のハーンであったリンダン・ハーンの遺子から玉璽（ぎょくじ）を授かり（たぶん無理やりです）、皇帝として即位しました。また国名を後金から清へと改めました。ここに満洲族のリーダー清の皇帝は、モンゴル皇帝位を継承することとなりました。

そして第三代目順治（じゅんち）帝のとき、中国大陸では大規模な民衆反乱、李自成（りじせい）の乱が勃発しました。李自成軍は勢いを増し、またたく間に明の首都北京を包囲し、陥落させました（一六四四年）。そして明朝最後の皇帝である崇禎（すうてい）帝は北京北の景山（けいざん）の木に首をつるして自害しました。

首都陥落の知らせは、順治帝率いる清軍を防御していた山海関（さんかいかん）の武将呉三桂（ごさんけい）のもとにも届きました。山海関は万里の長城の東端に位置する堅牢強固な関所でした。そこで呉三桂は清軍に帰投して山海関を開き、李自成から北京を奪還する手助けをしました。この時のエピソードとして、もと北京に居を構えていた呉三桂には、陳円円（ちんえんえん）という絶世の美女がいましたが、李自成軍に奪われたと知った呉三桂が怒って、清軍に投降したと言われています。

そして清は一六四四年に首都を北京に定め、中国統治を進めました。漢人からすれば、異民族であった満洲族に対する抵抗はすさまじく、これに対する清朝の弾圧は激烈を極めました。たとえば清軍は揚州の街を一月

図14－4 清国の版図の最大期

出所：上田信『中国の歴史09 海と帝国 明清時代』377頁。

にわたって、八〇万人も人々を大虐殺したとも言われます。

康熙帝

そして四代目康熙帝の時には、呉三桂をはじめとする、もと明武将の三藩の乱を鎮め（一六八一年）、またその二年後に台湾を支配しました。さらには北モンゴル・チベット・新疆を支配下に置き、清朝は広大な領土を領有することになりました（図14－4）。これはほぼ、現在の中華人民共和国の領土と同じです。

この康熙帝の時代に、地丁銀制が施行され、それまでの両税法は改められることになりました。明代後期には、宰相張居正により一条鞭法が施行されて、地銀（両税、いわゆる土地税）と丁銀（人頭税、もとは徭役・郷役等を額面化して丁ごとに割り当てた税）を里甲に代わって税役負担者が銀で納めるように課税していました。ですが、康熙帝は増え続ける人口をカウントせずに打ち止めとし（盛世慈生人丁と言います）、それまでの丁銀を地銀に繰り込んで実質的に廃止しました。

このように清皇帝は、満洲族・中国・モンゴル・チベットのリーダー（皇帝）として東アジア全域に君臨することになりました。康熙帝のあとを継いだ雍正帝が画家たちに描かせた自画像には、「士大夫」「農民」「道士」「モンゴル」「チベット」「西洋」等々の姿で描かれています。つまり雍正帝は、中国の士大夫や農民、またモンゴル族・チベットラマ僧（ダライラマ）の姿で描かせることで、その代表であることを示したのではないか、と思われます。またゆくゆくは、西洋への進出も考えて、虎退治する洋風な雍正帝を描かせたのでしょうか。

いずれにしても、清朝皇帝は、様々な民族を統治する支配者として君臨したのです。

なお康熙帝は、『古今図書集成』、乾隆帝は『四庫全書』を編纂させ、漢文化の集大成をなしたことも特筆されます。

中華料理の完成

このような多民族国家で世界帝国となった清朝の特徴は、中華料理にも現れました。みなさんは、高級な中華料理を思い浮かべると、まず「フカヒレ！」が浮かぶのではないでしょうか。では、なぜ中国ではフカヒレは高級食材だったのでしょうか。それは清朝中国にとって輸入食材だったからです。

フカヒレ料理は、明の末頃（一六世紀末）には、華南で食べられていたようですが、あまり普及していませんでした。ただし清代初期（一八世紀初め）には、最初に見たように満漢全席の一席（フカヒレのフルコース、みたいなもの）に加えられています。その調理法について清代の料理家の文章を見てみましょう。

調理法（李化楠『醒園録』）

フカヒレ丸ごと水に浸け、やわらかくする。鍋に入れて煮る。…シイタケとにんにくを油で炒め、水を入れて少々煮る。香りが出たら、（フカヒレ）と肉のスープを加える。材料がちょうどスープにつかる程度でよい。酢を加えてさらに数回沸騰させる。水でといた片栗粉を少々入れ、ネギの白根を加えてもう一回沸騰させてから碗に移す。

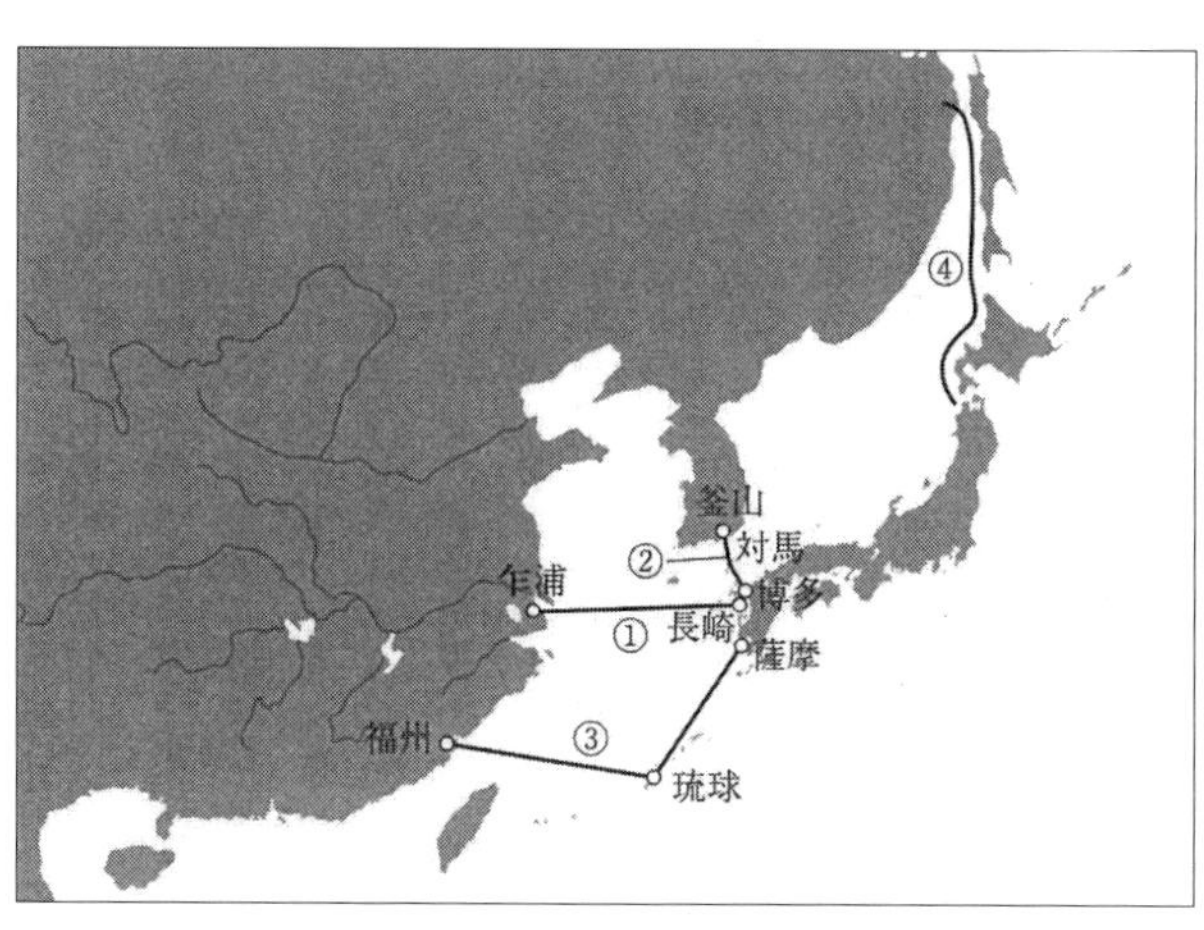

図14－5　江戸時代の対中国交易４ルート

①長崎ルート、②朝鮮―対馬藩ルート、③琉球―薩摩藩ルート、④アイヌ―松前藩ルート。
出所：上田信『中国の歴史09　海と帝国　明清時代』304頁。

これは、現在の調理法とほぼ同じです。美味しそうですね。では、清朝はこのフカヒレをどうやって手に入れたのでしょうか。それは、なんと日本からの輸入です。どういうことでしょうか。

江戸時代の日本は、よく鎖国と称されて、まるで日本列島に引きこもっていたようなイメージを持たれますが、実際はそうではなく、頻繁に外国と貿易していました。オランダとの貿易は長崎の出島を思い浮かべれば分かりやすいですが、それ以上に清朝中国と頻繁に貿易を行っていました。とりわけ、その中国との貿易の窓口を「四つの口」と言います。図14－5にあるように、①長崎と寧波（にんぽー）（また乍浦）を結ぶルート、②博多―対馬―釜山―そして中国、③薩摩―琉球―福州、④蝦夷―中国東北、の四ルートです。この四ルートはすべて中国との貿易を行うルートです。徳川幕府が中国との貿易をどれだけ重

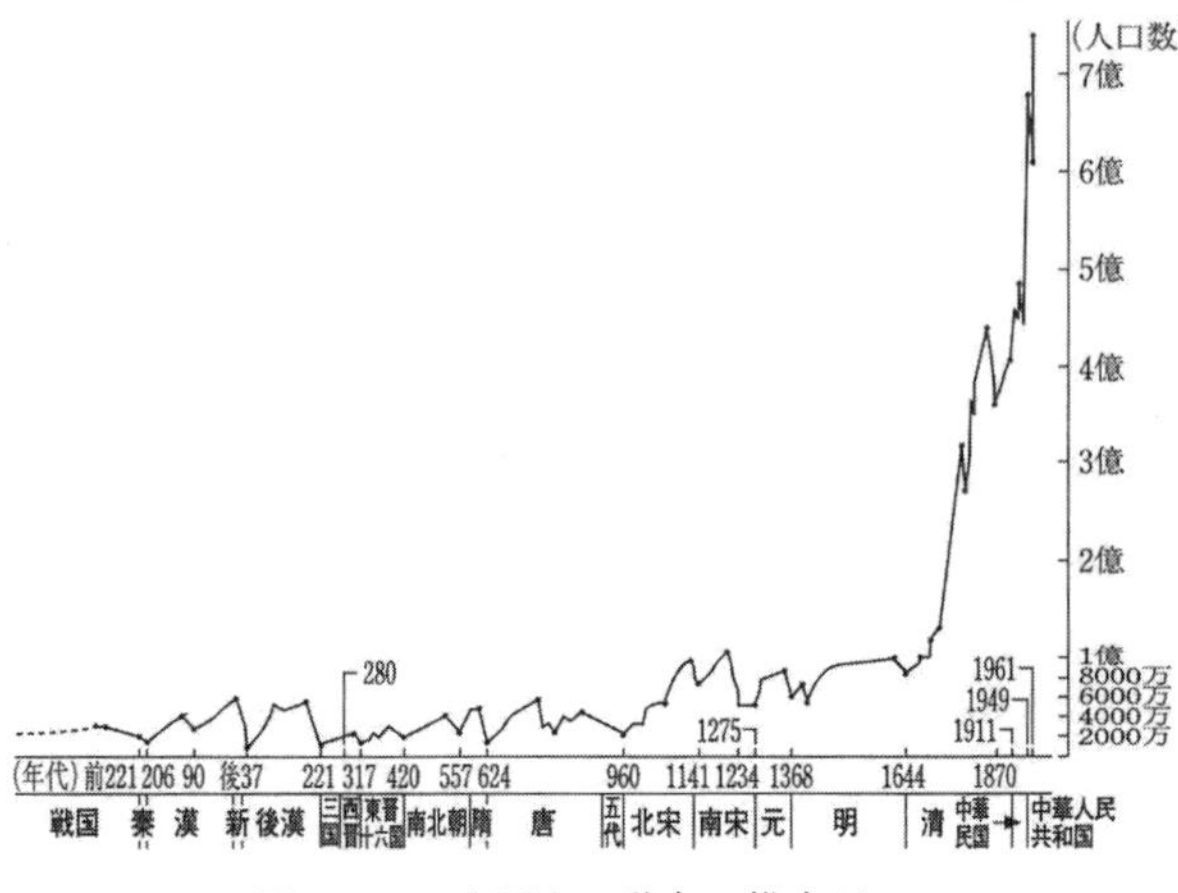

図14－6　中国人口動向の推定グラフ

出所：上田信『中国の歴史09　海と帝国　明清時代』325頁。

視していたかが分かります。

当初、徳川幕府は対清朝貿易の代価を日本銀で支払っていました。ところが、一八世紀になって日本銀の採掘量が減って銀が少なくなると、幕府は一七一五年に海舶互市新例を出して、銀に代わる代替物で支払いを行うようにしました。その代替物が俵物（たわらもの）と呼ばれるもので、高級な乾物でした。最も高級とされたのがイリコ（干しナマコ）で、その次が干しアワビ、その次がフカヒレでした。ちなみに北海道の昆布も代価の一つでした。

こうして日本の長崎から、フカヒレなどの乾物が清朝に送られるようになり、それらが高級食材（銀の代わりですから！）として食べられるようになっていったのです。高級中華の代名詞、フカヒレや干しアワビは、日本からの輸入品でした。

こうした高級食材だけでなく、一般庶民の食材も新たに外国からもたらされました。いわゆる新大陸野菜の到来です。一四九二年にコロンブスがアメリカ大陸に到来して以後、アメリカ大陸の野菜などがヨーロッパ、インド、そして中国へともたらされ、清の時代に普及しました。その野菜は、トウガラシやジャガイモ、サツマイモ、トマト、ラッカセイ、トウモロコシ、インゲンマメなどです。

たとえば、現代中国の庶民がよく食べるジャガイモ料理「土豆絲（トードゥースー）」は、ピリ辛でしゃきしゃきして美味しいです。また、卵とトマトの炒め「番茄（ファンチェ）（西紅柿（シーホンシー））炒蛋（チャオダン）」は、とろっとした卵と、トマトの酸味が抜群です。

他に挙げるとすれば「宮保鶏丁（ゴンバオジーディン）」は、賽の目に切った鶏肉とピーナッツのピリ辛炒めです。ぜひ作ってみてください。

人口爆発

このような新大陸野菜は育てやすいのが特徴で、痩せた土地にもよく育ちました。こうした新食材の普及などもあって、清朝の人口は爆発的に増えます。宋〜明くらいまでは、中国大陸の人口は一億人程度でしたが、清朝になると三億人を突破するまでになります（図14-6）。賢皇帝の安定した治世と、海外から来た新食材の普及などによって、清朝は中国史上未曾有の繁栄を築きました

すこし大雑把になりますが、明末からこの時期にかけて、郷村社会では商品作物の栽培等の商業的農業が発達しました。南の江南（水田や木綿栽培地）地方では地主となった（とくに都市に居住する）富農層（郷紳（きょうしん）層を含む）が成長するようになりました。ここでは、土地の所有と経営が切り離されるようになっていった（都市に暮らしながら農村に大土地を所有し、経営を他人に任せるとか）点が重要です。一方で、華北畑作地の郷村社会では江南地方に比べて少し遅れていて、土地所有と経営が十分に分離されておらず、少数の集約化された大土地経営（富豪とは限らず、自ら耕作）と、多数の零細な農業を営む経営とに二極化されていました。それが木綿やタ

コラム16　清朝皇帝のお世継ぎ問題

清朝皇帝の皇子はとにかく多く、康熙帝には三五人もいた（男子のみで）。すると、次期皇帝（皇太子）が選ばれてしまうと、その子はチヤホヤされて育って性格が悪くなり、またその他多くの皇子も皇太子の座を狙ってくる。

そこで次の雍正帝の時には「秘密立儲（ひみつりっちょ）」の制度が始められた。皇帝が意中の皇子の名を紙に記し密封して、乾清宮（けんせいきゅう）の額「正大光明」の裏に隠して、死後開封するというもの。もし意中の皇子が成長して悪ぶったら、こっそり皇帝は紙を書き換えたりもした。その結果、皇子たちは皇太子が自分かもしれぬと思い、切磋琢磨した。

バコ等を栽培する商業的農業の浸透に伴い、大土地経営は解体され、富農・中農が生み出されていく傾向にありました。

満漢全席とは、満洲族が宮中料理の中で、満洲族・漢族・外国を一体とする世界観を示した宴会料理でした。そこに表れているのは、清朝という多民族王朝が目指した「華夷一家」（中華も外国も同じ家族）という理念でした。また世界の食材を用いた中華料理は、まさしく「世界料理」なのでした。

参考文献

石橋崇雄『大清帝国』（講談社選書メチエ、二〇〇〇年）
上田信『中国の歴史09　海と帝国　明清時代』（講談社、二〇〇五年）
張競『中華料理の文化史』（ちくま新書、一九九七年）
中野美代子『乾隆帝――その政治の図像学』（文春新書、二〇〇七年）

▼人物略伝14

張居正（ちょうきょせい）：一五二五～一五八二　明代の政治家で、字は叔大、江陵（湖北省）の人。隆慶元年（一五六七）に大学士となって入閣し、万暦帝が即位すると首輔（首席大学士）となり、一〇年間にわたり宰相として専権を振るった。内政を刷新し、行政整理・官紀粛正・宦官抑制などを断行した。さらに全国的な田土測量を行い、一条鞭法を実施して、財政上大いに貢献した。

崇禎帝（すうていてい）：一六一〇～一六四四　明の第十六代皇帝で、名は朱由検、第十五代泰昌帝の第五子。在位一六二八～一六四四。廟号は毅宗。英明で沈毅果断、魏忠賢以下奸臣を殺し、徐光啓を用いて財政再建を図った。だが、内に党争を抱えて、外では軍の腐敗を正すことができなかった。李自成の乱が起こると、北京を守護する精鋭は、清軍のために山海関にあったので、北京に迫る李自成軍の前になすすべなく、都の背後の万歳山（景山）で首をつって死んだ。

李自成（りじせい）：一六〇六～一六四五　明末叛乱の首謀者で、米脂（陝西省）の人。李自成の乱を起こした。貧農の子であった李自成が崇禎二年（一六二九）に起義し、闖王高迎祥の部下となり、その死後は自ら闖王を称した。崇禎一六年（一六四三）に西安を占領し、建国して大順と号した。徴税を免じて貧民を救うなどの政策を掲げた。翌年北京を攻略したが、崇禎帝は自害しており、清を援軍にした明将呉三桂によって討伐された。李自成は西安に逃れたのち清軍に討たれ、湖北で殺害された。

呉三桂（ごさんけい）：一六一二～一六七八　明末清初の武将で、字は長白。遼東（遼寧省遼陽）の人。はじめ明の総兵官となり山海関を守って清軍を防いだ。明が李自成によって滅びると、清軍に降って北京に導き、平西王に封ぜられ雲南に駐屯した。やがて清がその勢力を削減しようとすると、康熙一二年（一六七三）三藩の乱を起こし、自ら帝位に就いたが、まもなく病死した。

陳円円（ちんえんえん）：一六二三?～一六九五?　明末蘇州の妓女。本姓は邢、名は沅、字は畹芬。呉三桂の妾で北京に住んだが、李自成が北京を占領した時に捕えられた。呉三桂はこの報を受けて清に降ったという。清軍が北京を陥れると、呉三桂のもとに帰し、雲南まで随行した。晩年に女道士となり、寂静と改名したとされる。

ヌルハチ：一五五九～一六二六　清朝の初代皇帝で、姓は愛新覚羅、明代建州女直の出。在位一六一六～一六二六。廟号は太祖。万暦一一年（一五八三）に独立して頭角を現し、数年して建州女直を統一した。同三一年（一六〇三）にホトアラ（遼寧省撫順市西）を築き、ほぼ全女真族を統一し、同四四年（一六一六）に帝位に就き国号を後金と定めた。天命四年（一六一九）、サルフの戦いで明軍に大勝し、瀋陽・遼陽を陥れたが、寧遠城攻略に失敗し、まもなく病没した。八旗制度・満洲文字などを創始し、清朝の基礎を築いた。

ホンタイジ：一五九二～一六四三　清朝第二代皇帝で、ヌルハチの第八子。廟号は太宗。在位一六二六～一六四三。太祖ヌルハチを継いで帝位に就き、清朝の基礎を固めた。天聡九年（一六三五）、モンゴルを降し、翌年満蒙漢三族の皇帝として国号を大清と改めた。朝鮮を降し、明の勢力を掃蕩したが、中国本土進出の前年に没した。

順治帝（じゅんちてい）：一六四三～一六六一　清の第三

代皇帝。諱は福臨、第二代太宗の第九子。在位一六三八～一六六一。廟号は世祖。太宗が崩ずると即位するも、六歳であったため睿親王ドルゴンが八年間摂政を行った。順治元年（一六四四）李自成が明を滅ぼすと、ドルゴンは呉三桂の請を容れて入関し、北京を首都に定めた。明の政治体制を継承しつつ、流賊を鎮定、中国全土を平定したが、二四歳で病死した。

康熙帝（こうきてい）：一六五四～一七二二　清の第四代皇帝。諱は玄燁、第三代順治帝の第三子。在位一六六一～一七二二。廟号は聖祖。三藩の乱を平定し、台湾の鄭氏を滅ぼし、中国全土を掌握した。またロシアとネルチンスク条約を結び、ジュンガル勢力を征して外モンゴル・青海・チベットを服属させた。また文化事業にも力を入れ、『古今図書集成』や『康熙字典』などを編纂させた。くわえて宣教師から西洋科学を自ら学んだ。清朝黄金時代の基礎を築いた。

雍正帝（ようせいてい）：一六七八～一七三五　清の第五代皇帝。諱は胤禛、第四代康熙帝の第四子。在位一七二二～一七三五。廟号は世宗。内政に努めて独裁政治を強化して綱紀を粛正し、軍機処の設置、改土帰流などを行った。対外的には青海・チベットを平定し、ロシアとキャフタ条約を結んだ。その治世によって清朝の基礎が確立した。

乾隆帝（けんりゅうてい）：一七一一～一七九九　清の第六代皇帝。諱は弘暦、雍正帝の第四子。在位一七三五～一七九六。廟号は高宗。清の極盛期にあたり、「十全武功」と誇って最大版図を実現した。ジュンガル部を滅ぼして新疆を藩部に加え、雲南を朝貢国とし、インドシナを支配下に置いた。学術を奨励して『四庫全書』など多くの編纂事業を興したが、禁書や文字の獄などを起こして思想統制を進めた。晩年には綱紀が緩んで政治腐敗を招くきっかけとなった。

李化楠（りかなん）：一七一三～一七六九　清の官僚で蔵書家、字は廷節、四川羅江（四川省徳陽市）の人。乾隆七年（一七四二）に進士及第し、秀水知県・涿州知州・宣化府同知等、地方官を歴任し、すこぶる政声を得て浙江第一の循良と称された。蔵書を好んで、故郷に醒園を造成し書楼を築いた。『醒園録』は飲食・調理技術を記した書。

▼史籍解題12

『古今図書集成』（ここんとしょしゅうせい） 清代にできた類書。一万巻。康熙帝・雍正帝の命で編纂され、雍正三年（一七二五）に完成した。広く古来の典籍について同類の記事を集めたもの。六大部門、三二典、六一〇九部に分かれ、中国最大の百科事典である。

『四庫全書』（しこぜんしょ） 清の乾隆帝の命によってできた一大叢書。七万八七三一巻。乾隆三七年（一七七二）より一〇年かけて、四〇〇〇余人あまりの学者により完成。現存の古今の書物をほとんど網羅し、経・史・子・集の四部に分類編集し、校勘を加えて善本を収めた。北京宮城の文淵閣、円明園の文源閣、熱河離宮の文津閣、くわえて揚州・鎮江・杭州の三カ所にそれぞれ所蔵させたが、戦乱で焼失したものも多い。

『醒園録』（せいえんろく） 清の李化楠が著した料理書。二巻。内容は調理法や食品加工・食品保存等を記す。

第15章　「五族共和」——戦争の時代：近代中国

最後を飾るのは、近代中国への道程です。現在の中国は、「中華人民共和国」といって、いわゆる社会主義を掲げる国家です。その成立は一九四九年ですが、そこに至るまでには、中国にとって苦難の連続でした。第15章では、その歴史と社会を概観したいと思います。

孫文のスローガン

その際に取り上げる言葉は「五族共和（ごぞくきょうわ）」です。これは、革命家であった孫文（そんぶん）が新たな近代中国を目指して掲げたスローガンです。五族とは、漢族・満洲族・蒙古族・回族（かいぞく）（ウイグル族）・チベット族および少数民族を指していて、漢族を中心として大同し、共和国を建設することを謳ったものでした。これまで中国では、漢族や北方遊牧民、満洲族など様々な民族が歴史を培ってきましたが、孫文はそれらが一体となって、国家を担うべきだとしました。近代中国に多大な影響を与えた孫文ですが、その登場までをまず見ていきましょう（図15－1の真ん中の男性が持つ五色旗が五族を指すとされる）。

近代中国へのあゆみ

中国の近代をいつからにするかは研究によって異なりますが、ここではオーソドックスにアヘン戦争から見てゆくことにします。ですが、そのアヘン戦争を理解するためには、清朝の外交・貿易政策を理解しておかないといけません。まずはアヘン戦争が始まる前の清朝の政策を見てみましょう。

第14章にも登場しました清朝第四代皇帝である康熙（こうき）帝は、一六八一年にいわゆる三藩の乱を鎮圧し、一六八三年に台湾を制圧すると、それまでの海禁（かいきん）を解除しました。積極的に外国との互市（ごし）貿易を進めるために、四つの港に「海関（かいかん）」と呼ばれる税関を設置しました。上海・寧波（にんぽー）・アモイ・広州です（これらの港町は、清朝以前からの海外貿易の窓口でした）。それぞれの海関では、「牙行（がこう）」と呼ばれる仲買商人を指定して貿易を行わせ、税を徴収しました。アヘン戦争の舞台となる広州でも、海関が「広東（かんとん）十三行」と呼ばれる仲買商人グループを指定して、とくに西洋諸国と貿易を行わせていました。ちなみに、「十三行」とは言っても、実際に一三のグループだったわけではなく、一六家だったりします。

広東では、西欧諸国と広東十三行を通じて互市貿易が進められていましたが、やがて西洋諸国（とくにイギリス）は、日本や朝鮮との貿易にも目をつけるようになり、広州から北上して寧波にまで船を出すようになりました。となると、広東十三行の貿易量が減ることとなり、広州の海関が衰退することになりました。そこで乾隆（けんりゅう）帝は、一七五七年に西洋諸国との貿易を広州の海関だけに限定し、広東十三行に独占的に貿易を行わせるようにしました。これがいわゆる「広東システム」と呼ばれるものです。ちなみに、よく誤解されますが、広州に貿易港を限定したのは西洋諸国との貿易だけであって、日本や朝鮮は上海や寧波、東南アジアとはアモイの海関で貿易が行われています。

図15－1　「共和萬歳」
出所：Wikimedia Commons より。

広州では、西洋商人は秋冬に限って、港に置かれた夷館（ファクトリー）に居住して活動し、十三行と貿易を行いました。それ以外の春夏は、マカオに滞在していました。当時の広州の夷館を描いた絵には、デンマーク・スペイン・フランス・アメリカ・スウェーデン・イギリス・オランダの国旗が見えます。当時の華やかな貿易の様子がうかがえます。

こうして西洋諸国が広東システム下で貿易を進めるなか、その拡大を狙っていたのがイギリス商人でした。清朝にとって、イギリスは朝貢国ではなく、貿易のみを許可する互市国だったので、その商人たちにとって、なかなか貿易を有利に進めることができませんでした。そこでイギリス国王ジョージ三世は、その改善を図るべく、マカートニーやアマーストを国王使節として派遣しましたが、皇帝にひざまずき、額を地面につける「三跪九叩頭（さんききゅうこうとう）」の礼を拒絶したので、交渉はうまくいきませんでした（図15－2）。

図15－2　乾隆帝に謁見したマカートニー
出所：Wikimedia Commons より。

三角貿易

一八世紀半ば以降、イギリス本国では、お茶の消費が爆発的に拡大し、その輸入量は一八世から一九世紀にかけて一〇〇倍にも上りました。その輸入を担っていたのがイギリス東インド会社でした。東インド会社は茶を銀で購入していましたが、やがて銀が不足して貿易赤字が拡大すると、アヘン貿易を仲介させて、その補塡を行うようになりました。いわゆる三角貿易と呼ばれるものですが、実際は少し複雑です。図15－3を見てみましょう。

ちょっとややこしいのですが、まずインドでアヘンを栽培させ、東インド会社に納入します（①）。すると、東インド会社はそのアヘンをカントリー・トレーダーと呼ばれた地方貿易商人を通じて中国に持ち込ませました（②→③）。そして中国でアヘンを売って、銀を入手して東インド会社に納入します（④）。東インド会社は、その銀を為替手形に変えてカントリー・トレーダーに渡し（⑤）、また入手した銀を使って、中国の茶葉を購入したのです（⑥・⑦）。購入した茶葉は東インド会社を通じて本国に輸送されました（⑧）。

このように、アヘン貿易にはカントリー・トレーダーと呼ばれたイギリス人の地方貿易商人が活躍しますが、なかでも有名なのが、ジャーディン・マセソン商会です（現在でも企業として存在します）。もともと東インド会社に所属していたジャーディンとマセソンが設立した商会でしたが、彼らはティークリッパーと呼ばれる快速帆船を走らせて、いち早くイギリス本国にお茶を運んでいました。

アヘン戦争

こうしてアヘンが急速に蔓延し始めた中国では、その社会問題を重く考えて、その取り締まりが強化されていきました。そして第八代皇帝であった道光帝は一八三八年に、林則徐を特命全権を付与した欽差大臣に任命し、アヘン取り締まりを命じました。林則徐はアヘン取り締まりを徹底し、イギリス商人などからもアヘンを没収しました。

当然、イギリス商人は反発します。こうした反発が強まるなか、先のジャーディン・マセソン商会がイギリス議会に働きかけて、中国への軍艦派遣を議決させました。

こうして一八四〇年、イギリス軍と清朝はアヘン戦争を始め、イギリス軍の一方的勝利により、一八四二年に南京条約を結んで、五港の開港と広東システムの否定、そして租界地画定が決定されました（図15－4）。上海のイギリス租界に最初にビルを建てたのも、ジャーディン・マセソン商会でした。

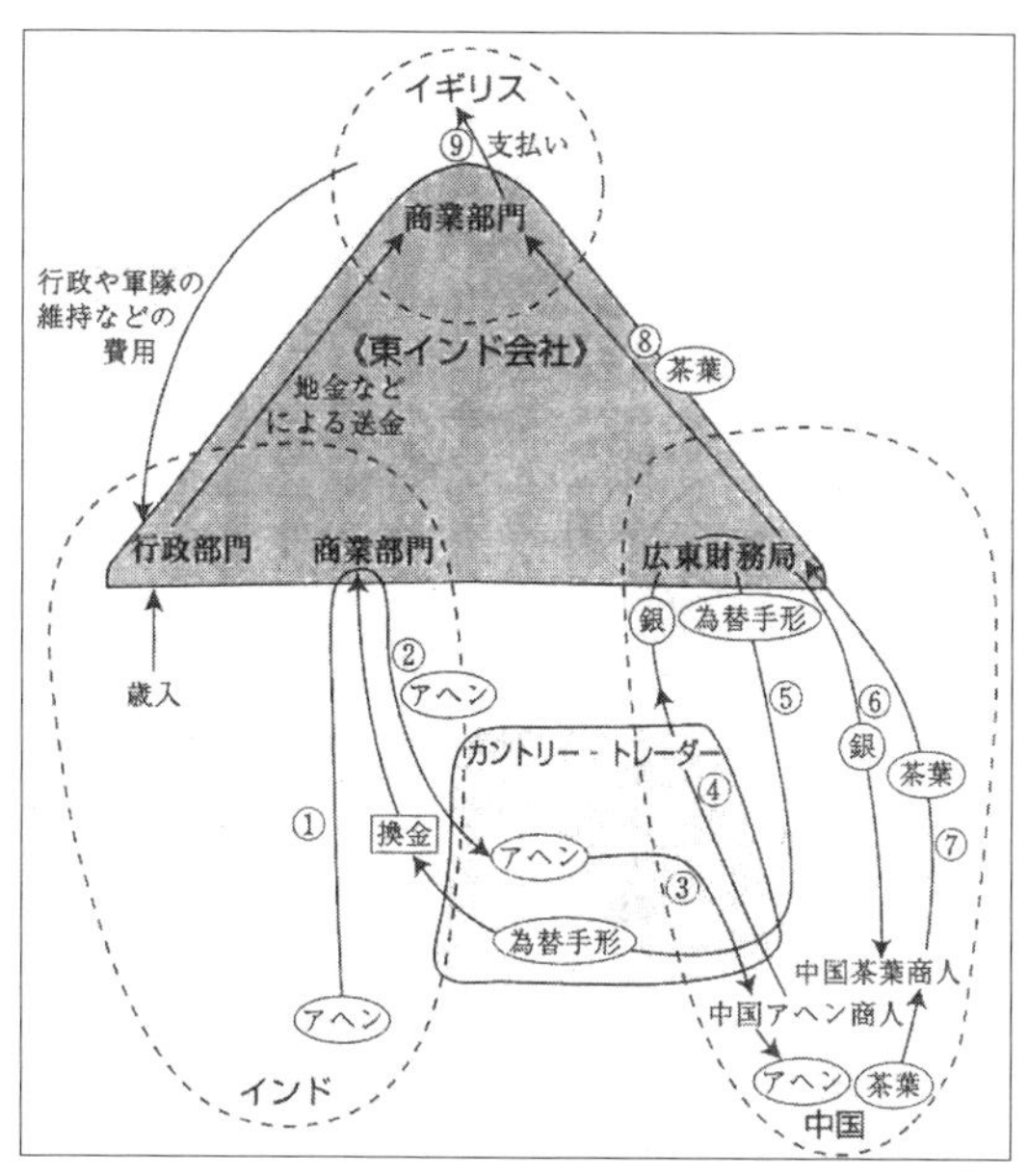

図15－3　イギリスと東インド会社のアヘン貿易の仕組み

出所：上田信『中国の歴史09　海と帝国　明清時代』（講談社、2005年）434頁。

内乱と戦争

こうして、イギリスをはじめとして、西洋諸国の中国進出（侵略）がますます激しくなっていき

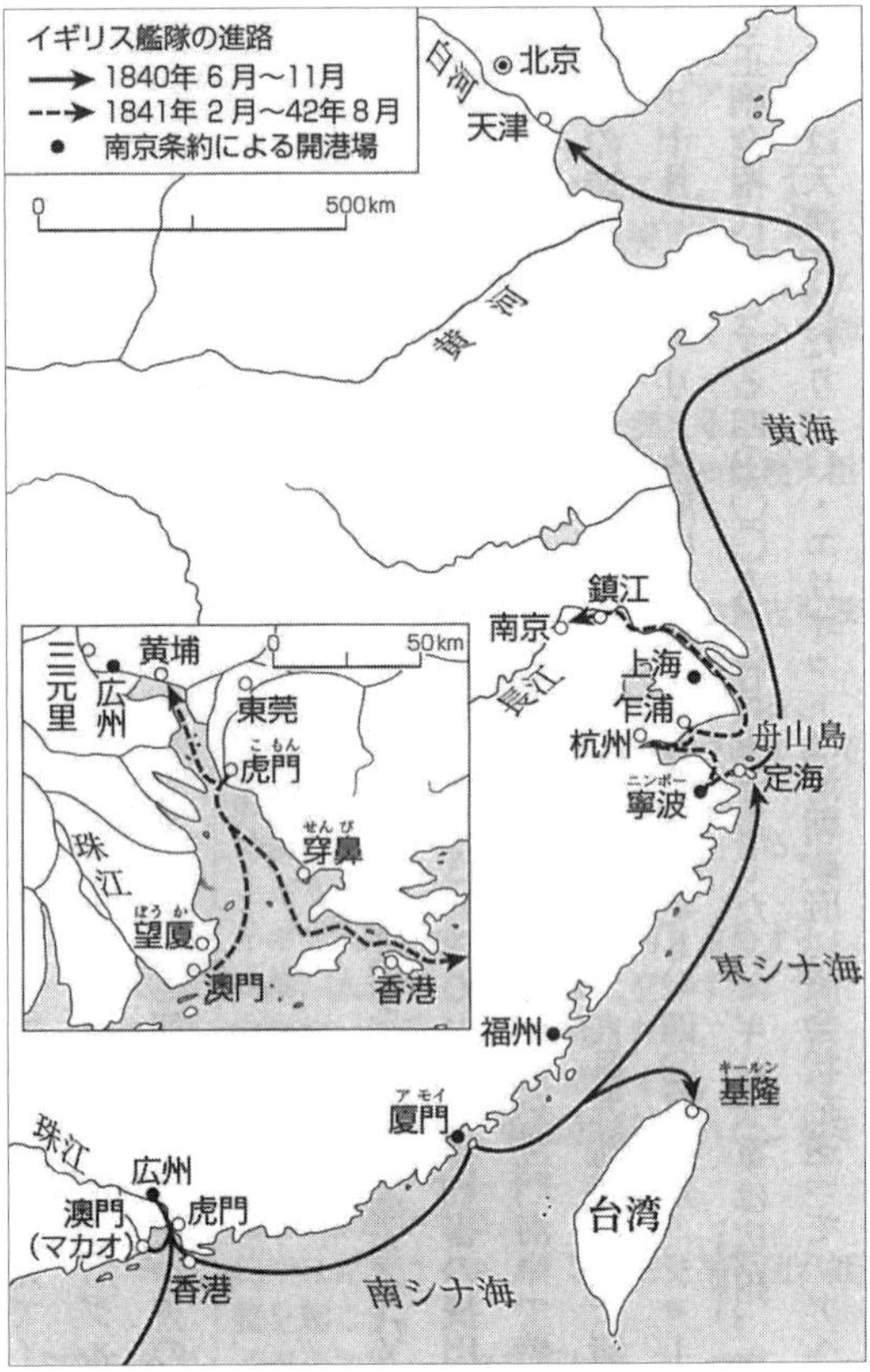

図15－4　アヘン戦争

出所：『中国史５』（山川出版社、2002年）17頁。

ました。ただ、中国もされるがままだったわけではありません。民衆側からの反発として、キリスト教徒の洪秀全が起こした太平天国の乱（一八五〇年）や、秘密結社義和団が起こした義和団事変（一九〇〇年）等は、清の旧体制や西洋勢力を排除しようとしました。また国内政治を改革しようとして、日本の明治維新を模範として、光緒帝は戊戌の変法を行おうとしました（結局は失敗します）が、西太后の専権のもとでは改革は進みませんでした。

その一方で清は、この間にアロー戦争（一八五六年）・清仏戦争（一八八四年）・日清戦争（一八九四年）と、

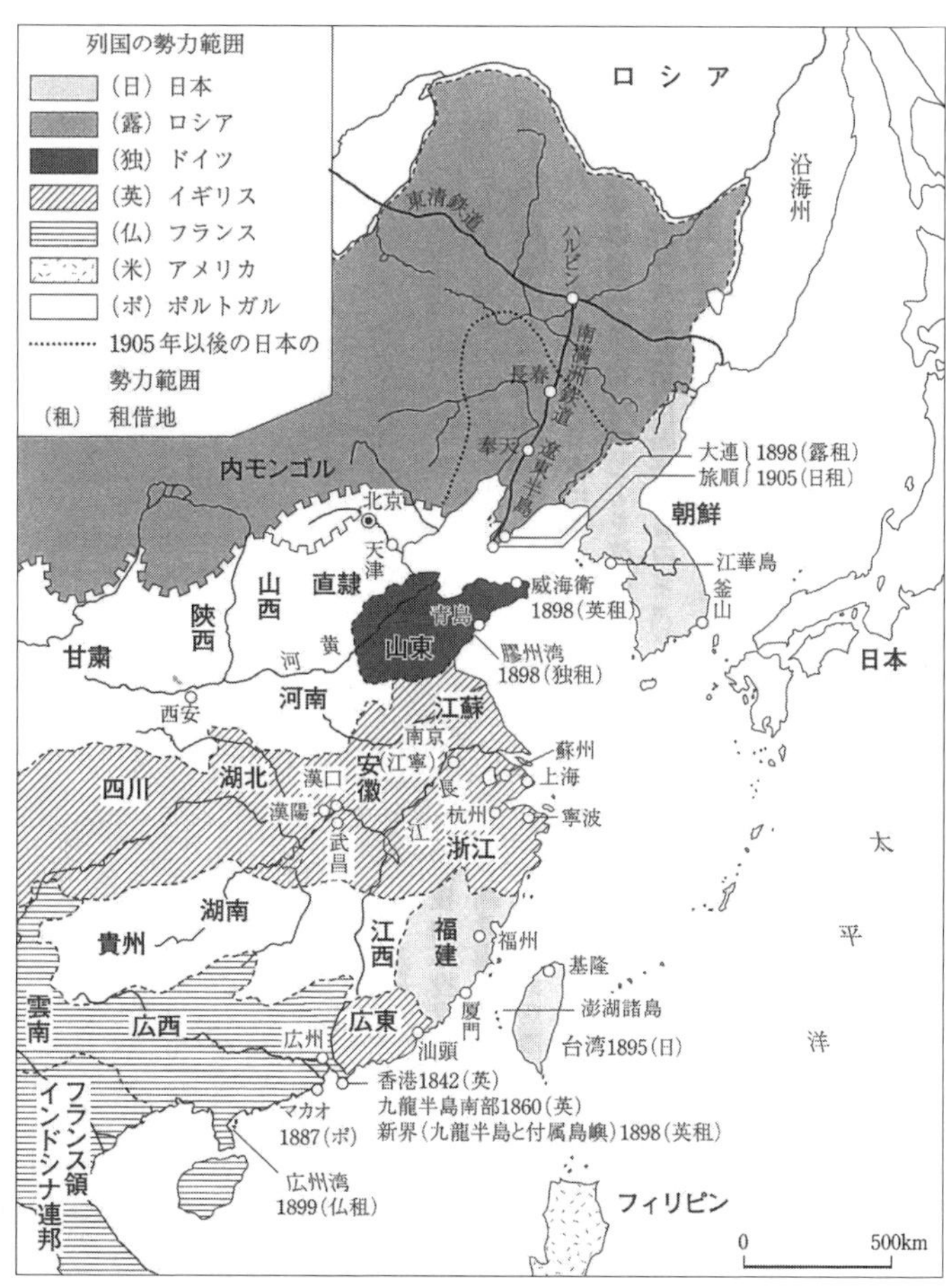

図15－5　列強の中国分割

出所：菊池秀明『中国の歴史10　ラストエンペラーと近代中国　清末　中華民国』（講談社、2005年）97頁。

次々と列強との戦争が続き、中国各地の植民地化と、それまでの朝貢国の離脱（ベトナム・朝鮮など）が進行していきました（図15－5）。こうして、西洋列強の支配を脱して、旧社会を打破して新中国を目指す改革の機運が、民衆や政治の世界から巻き起こってきました。そこに登場したのが、孫文です。

コラム17　ジャーディン・マセソン商会と幕末日本

ジャーディンはもと東インド会社の船医であったが、退職してカントリー・トレーダーとなった。マセソンもトレーダーとしてアヘン貿易を行い、二人は一八三二年に商会を設立する。広東十三行の一つ伍家の商号を引き継ぎ「怡和洋行」と名乗った。ジャーディンはアヘン戦争時にイギリス議会に対して開戦することを働きかけ、詳細な計画書を提出している。

一八四四年に上海が開港されると、外資商会第一号として外灘に移転した。日本には一八五九年に横浜に支店を設立。支店長のケズィックは伊藤博文などのイギリス留学を支援した。また長崎には代理店としてグラバー商会が設立され、グラバーは坂本龍馬・五代友厚・岩崎弥太郎らを支援した。

孫文と辛亥革命

孫文は、広東香山県の農家に生まれました。早くに父を亡くした孫文は、ハワイにいた兄を頼ってオアフ島ホノルルに移住しました。そこで西洋思想に啓発され、帰国後は香港で医者を始めましたが、やがて革命思想を抱くようになりました。そして一八九四年に、ハワイで革命組織「興中会」を結成しました。孫文は、武装蜂起を何度も試みましたが失敗し、日本へと亡命しました。そして一九〇五年に、いくつもの革命組織を合併して「中国同盟会」を東京の赤坂で結成しました。

一方で、清朝政府は、西太后の主導のもと、光緒新政と呼ばれる近代改革を進めていましたが、その中で清朝正規軍の近代化が進められていきました。その担い手となったのが、西太后の信認を得ていた軍人あがりの袁世凱でした。ただ、袁世凱はやがて清朝政府を牛耳るようになります。

そうして近代化が進められた武昌の陸軍が、一九一一年一〇月一〇日に武装蜂起しました。いわゆる辛亥革命の勃発です。このとき孫文はアメリカで朝食中だったとか…。

武昌の革命軍の勝利は瞬く間に中国全土に普及し、各地で呼応する運動が起きました。各革命組織は会議を開催して孫文の帰国を要請し、帰国後に孫文は、周りから推されて南京にて新中国国家である「中華民国」の成立を宣言し、その初代臨時大総統に就任しました。その時のスローガンの一つが五族共和なのです。

一方の清朝政府は、その対応のために袁世凱を内閣総理大臣に任命しました。中華民国政府は袁世凱と交渉し、皇帝退位を迫りました。そして翌一九一二年二月一二日、清朝最後の皇帝宣統帝は退位し、ここに二〇〇〇年にわたる皇帝政治はいったん幕を閉じました。そこには袁世凱を援助したイギリスの意向が強く働いていました。

そして孫文は中華民国の臨時大総統の座を袁世凱に譲って身を引きましたが、袁世凱は独裁色を強め、自ら皇帝となる（一九一五年）など、時代の流れと逆行する政治を進めました（結局は帝政は廃止）。孫文はというと、一九一九年に中国国民党を創設し（広東が本拠地）、日本に亡命して革命運動を続行しました。

そんななか、中国大陸でも共産主義思想が普及するようになり、やがて中国共産党が結成され、毛沢東が台頭しました。ここに中国国民党と中国共産党の二大政党が成立して、中国支配をめぐる内戦が起こるようになりました。日中戦争時には両者が協力することもありましたが、戦後には再び対立しました。孫文の跡を継いだ中国国民党の蔣介石は、中国共産党に敗れて台湾へと亡命し、そこに亡命政権を樹立しました（現在の台湾）。また中国共産党は、中国の大半を手に入れて、一九四九年一〇月一日、新国家「中華人民共和国」を樹立しました。政府の主席には、毛沢東が就任しました。

図15－6　孫文

出所：Wikimedia Commons より。

参考文献

上田信『中国の歴史09　海と帝国　明清時代』（講談社、二〇〇五年）
菊池秀明『中国の歴史10　ラストエンペラーと近代中国　清末中華民国』（講談社、二〇〇五年）
松丸道雄・池田温・斯波義信・神田信夫・濱下武志編『中国史5　清末～現在（世界歴史大系）』（山川出版社、二〇〇二年）

▼人物略伝15

道光帝（どうこうてい）：一七八二～一八五〇　清第八代皇帝で、名は旻寧、嘉慶帝の次子。在位一八二一～一八五〇。廟号は宣宗。武勇に優れ、嘉慶一八年（一八一三）に紫禁城に乱入した天理教を自ら掃討した。即位後は国内のアヘン密輸に対応するために林則徐を欽差大臣に任じて対処させたが、アヘン戦争を招くに至った。以後、外に列強、内に軍閥に悩まされることとなった。

林則徐（りんそくじょ）：一七八五～一八五〇　清末の政治家で、字は少穆、候官（福建省福州）の人。嘉慶一六年（一八一一）の進士。地方官を歴任し、道光一七年（一八三七）に湖広巡撫に任ぜられた。アヘン厳禁政策を主張し、湖北・湖南で厳格な取り締まりを行って効果を上げた。よって欽差大臣に登用されて広東でのアヘン取り締まりを命ぜられた。アヘンを没収し、アヘン商人を国外に追放するなど処置をとったが、アヘン戦争を招くに至った。免職されてイリ追放にまで至ったが、一八四五年に許されて北京に戻り、以後、陝西巡撫・雲南総督を歴任した。太平天国鎮圧のために欽差大臣に任ぜられたが、広西に赴く途中で病死した。

マカートニー：一七三七～一八〇六　イギリスの外交家で、アイルランドのベルファスト出身。ダブリンのカレッジ卒業後、特命使節としてロシアに赴き、通商条約を締結させ、以後下院議員となった。その後植民地行政官を歴任して上院議員となり、ジョージ三世より中国への使節に任命された。乾隆五八年（一七九三）に熱河で乾隆帝に謁見したが、皇帝に対する三跪九叩頭の礼を拒否して、イギリス式の片膝で手の甲に接吻の礼でとりなしたが、貿易制限撤廃を求めたが拒否され、翌年帰国した。

アマースト：一七七三～一八五七　イギリスの外交官。マカートニーについで嘉慶二一年（一八一六）に、イギリス全権大使として派遣された。清より三跪九叩頭の礼を求められたが拒否し、即日退去させられ使命は達成できなかった。以後、インド総督に就任してアッサムを併合し、ビルマと戦争し屈服させた。これらの功績により伯爵を授けられた。

ジャーディン：一七八四～一八四三　ジャーディン・マセソン商会の創始者。スコットランドの小作人の子として生まれた。イギリス東インド会社の船医としてインドに渡り、一八一八年ごろから独立して自由貿易業者となり、アヘンの密貿易に従事した。マセソンと商会を設立し、イギリス東インド会社の対清貿易独占権の反対運動を行って廃棄に成功した。宰相パーマストンに働きかけてアヘン戦争を開かせ、中国での自由貿易運動を推進した。

マセソン：一七九六～一八七八　ジャーディン・マセソン商会の創始者。スコットランドのサザランドシャーの生まれ。エディンバラ大学を卒業後、カルカッタ・マカオに居住した。ジャーディンとともに商会を作ったが、一八四二年に帰国し国会議員となった。

洪秀全（こうしゅうぜん）：一八一四～一八六四　清末の太平天国の指導者で、広東省花県の客家（移住民）出身。科挙に数回応じて失敗し、キリスト教に帰依して上帝会を組織した。素朴な勧善、人間の平等を説いて貧窮した農民を教化して信者を増やし、咸豊元年（一八五一）一月に広西省桂平県金田村で太平天国の国号を立て、咸豊三年（一八五三）南京を占拠して都とした。首脳部に内紛が生じて、自らは安逸にふけり、南京陥落に先だって病没したと言われる。

西太后（せいたいこう）：一八三五～一九〇八　清第九代咸豊帝の側室で、第十代同治帝の生母。下級官僚の満洲旗人の娘として生まれ、幼少に父を失った。英明にして艶麗で、咸豊帝に気に入られて入内し、以後、逸楽に走る咸豊帝より政務を委ねられた。宮廷の実権を掌握し、同治帝即位後は、政敵を排して東太后とともに摂政となった。光緒帝即位後は頤和園に退くも、万機親裁の権は握ったままであった。光緒二四年（一八九八）に戊戌変法の動きが進展すると、保守勢力を結集させて、クーデタを断行して改革運動を壊滅させた。光緒二六年（一九〇〇）に義和団事変が起こると義和団支持を打ち出し、列国に対する宣戦の上諭を出して、清朝の破滅を導いた。以後は近代改革を進めて憲政施行の姿勢をとったが、光緒帝病死の翌日、頤和園にて没した。

光緒帝（こうちょてい）：一八七一〜一九〇八　清の第一一代皇帝で、名は載湉、道光帝の孫。在位一八七四〜一九〇八。廟号は徳宗。西太后に推されて四歳で即位し、西太后が摂政となって専権した。一七歳で親政を開始するが、西太后に監視され続けた。戊戌変法に熱中したが、袁世凱に裏切られて保守派に敗れ幽閉された。義和団事変で列強が北京に入城すると、西太后とともに西安に逃れたが、北京帰還後も幽閉され続け病死した。

孫文（そんぶん）：一八六六〜一九二五　近代の革命家、広東省香山県（中山県）の人。農家の次子として生まれる。一四歳で兄を頼ってハワイに行き、教会学校に入学。一八歳で帰国すると、香港の医科専門学校に通った。広州で開業したが、革命運動に専念するようになり、日清戦争開始後に、ハワイで興中会を組織した。広州で蜂起するも失敗して日本に亡命した。日本で中国革命同盟会を結成し、総裁となって三民主義を綱領とした。一九一一年に武昌蜂起で辛亥革命が突発すると、迎えられて臨時大総統となって中華民国を発足させた。政権を袁世凱に渡すと袁世凱の独裁化が進み、革命派は敗れて孫文は日本に亡命、中華革命党（のち中国国民党）を結成し、政権樹立を模索した。中国共産党と第一次国共合作をなして国民党を改組し、北上を開始した。天津に入ると持病が悪化し、北京にて没した。

袁世凱（えんせいがい）：一八五九〜一九一六　中華民国の初代大総統、字は慰庭（亭）、河南省項城県の人。幼少より武を好んで山東省登州（蓬莱県）の慶軍統領呉長慶の幕下に入った。朝鮮で起こった一八八二年の壬午の変・一八八四年の甲申の変の鎮圧に功績を上げ、李鴻章の信任を得た。日清戦争後、対日強硬派に接近してドイツの指導のもと新陸軍建設に当たった。戊戌変法の際に裏切って新政を壊滅させ、義和団が蜂起すると弾圧を行った。李鴻章没後にあとを受けて指導的役割を担って中央政界を牛耳ったが、第一二代宣統帝が即位すると罷免された。武昌蜂起が起こると、清朝より軍事の全権を委ねられ、清皇帝退位と引き換えに臨時大総統を委譲させた。正式に大総統となると独裁を強めて帝政復活をもくろんだが、内外の反対運動のなか悶死した。

蔣介石（しょうかいせき）：一八八七〜一九七五　中華民国の軍人で政治家、字は中正。浙江省奉化県の人。軍官学校に入学後、一九〇七年に日本陸軍士官学校に留学した。留学中に中国革命同盟会に加入し、辛亥革命に参加した。孫文に認められて大本営参謀長となり、一九二四年に創立された黄埔軍官学校の初代校長となった。以後、革命的左派分子を排除して軍政を掌握して北伐を開始し、日米英の列強と結びついて共産党弾圧の上海クーデタを起こした。一九二八年に南京政府の主席となると第二次北伐を開始したが、各地軍閥の反抗に遭い、また中国共産党の根拠地を討伐したが、西安で張学良に拘禁され（西安事件）、内戦停止等を余儀なくされた。以後も討共作戦を続けてアメリカへの従属も深めたが、中国共産党の総攻撃によって大陸を追われて台湾に亡命した。

終章　「改革開放」——現代中国への階梯

毛沢東による建国

湖南省の初等中学校の歴史の教師であった毛沢東（もうたくとう）は、一九二一年の第一回共産党大会で委員に選出され、以後、重職を担っていきました。抗日戦線が拡大する中で、一九三七年に国民党との第二次国共合作を成立させ、毛沢東は共産党主席となりました。日本が一九四五年にポツダム宣言を受諾し、日中戦争が終結すると、共産党と国民党は再び、中国をめぐって内戦を起こすようになりました。

一九四九年一〇月一日、毛沢東は中華人民共和国の建国を宣言しました（この段階では社会主義国ではありませんでした）。そして一九五二年に社会主義国家への移行を表明し、重工業への投資、農業の集団化などが計画され、さらには「国家主席」を設けて、毛沢東が初代に就任しました。

大躍進政策の失敗

毛沢東は、日中戦争や内戦で疲弊した中華人民共和国の国力増強のために、一九五七年に「大躍進政策」（だいやくしんせいさく）と呼ばれる増産政策をとりました。

また翌一九五八年に、「人民公社」（じんみんこうしゃ）を設立させます。これは、農業の集団化・公有化（土地や農機などの生産手段をグループで共有）を基礎として、学校教育や商工業も共有して、所属する農民を平均化しようとするものでした。一九六〇年代では、およそ二〇〜三〇世帯で一生産隊、一〇生産隊で一生産大隊、一〇生産大隊で一人民公社というふうに組織されました。まるで北魏の三長制・唐代の郷里制・北宋の保甲法・明代の里甲制を想起させます。理想としては、集団内で富を均等に分配して自給自足を求めました。

ですが、結果的には、それまで社会の中核・中層であった中産層が戦争や食糧の強制徴発によって急速に貧農化・難民化し、富裕層が壊滅的となったことで、貧下層間の貧困を分け合う集団となってしまいました。大躍進や人民公社といった「上」からの社会主義化は、中国社会を混乱させ、折り悪く蝗害（バッタの大量発生による農作物被害）などの自然災害もあいまって、一九五九年には餓死者三〇〇〇万人に上ったとされます。

こうした失敗は毛沢東を失墜へと向かわせましたが、その挽回を図ったのが「文化大革命」と呼ばれる政治闘争でした。毛沢東に代わって国家主席となっていた劉少奇や総書記の鄧小平が、市場経済の一部導入を進めましたが、それを毛沢東は修正主義・「走資派（資本主義に走る者）」として、社会主義にとっては打倒の対象であると呼びかけました。一〇年に及ぶこの政治闘争によって、数千万人に及ぶ死者が出てしまい、また各地の貴重な文化財などもたくさん破壊されてしまいました。こうした混乱は、一九七六年九月に毛沢東が死去するとようやく収束しました。

鄧小平による市場経済化

復権した鄧小平は、一九七八年から経済回復のために、市場経済への移行を政策として掲げました。それが「改革開放」です。それまでの計画経済（計画に基づいて供給）から市場経済（価格が自由化）への転換が進められました。人民公社も解体されて、各農家が自己の責任で農業経営・販売できるようになり、生産量が飛躍的に増大しました。こうした中で、富裕層を形成する農家や都市民も出てきましたが、一方で圧倒的に貧困な貧下層農家が多い状態です。

また広東や福建に経済特区を設けて、外国資本を積極的に受け入れました。それらの結果、社会主義国を掲げながらも市場経済を推進する「社会主義市場経済」を標榜する中国経済の成長は目覚ましく、現在では世界経済を牽引する存在にまでのぼりました。建国して三〇年来の社会主義的政策の桎梏から解き放たれた（完全ではありませんが）中国社会は、今後も世界にとって大きな存在であり続けるでしょう。

参考文献

天児慧『中華人民共和国史　新版』（岩波新書、二〇一三年）

笹川裕史『中華人民共和国誕生の社会史』（講談社選書メチエ、二〇一一年）

『シリーズ　中国近現代史①〜⑥』（岩波新書、二〇一〇〜一七年）

▼人物略伝16

毛沢東（もうたくとう）：一八九三〜一九七六　中国共産党の最高指導者。湖南省湘潭県の中農の家に生まれた。長沙の中学校から第一師範に学び、北京大学図書館司書となってマルクス主義を学習した。中国共産党創立大会に湖南代表として出席し、一九二三年に中央委員となった。第一次の国共合作分裂後、湖南・江西で農民の武力闘争や土地改革を指導、一九三一年に江西省瑞金で中華ソヴィエト共和国臨時政府が樹立されると、その主席に選出された。一九三四年に紅軍は長征を開始し、西安事件を契機に、第二次国共合作が成立した。日中戦争後に国民党との内戦が起こり、蔣介石一派を撃破した。一九四九年に中華人民共和国を建国し、中央人民政府主席となった。一九五三年に社会主義化を目指し、大躍進政策をとったが失敗し、多くの餓死者を出した。国家主席の座を降りた毛沢東はのちに復権を目指して、文化大革命を巻き起こした。晩年にはアメリカに接近し、また日本と国交正常化を果たした。

劉少奇（りゅうしょうき）：一八九八〜一九六九　中華人民共和国第二代国家主席、湖南省寧郷県の人。一九二〇年にフランスに留学して苦学した。上海に帰って後中国労働組合書記部で活躍し、毛沢東らと江西省安源炭鉱のストライキを指導して労組の総主任を務めた。国共分裂後にソ連に行き、帰国後ふたたび江西省革命本拠地の労働組合活動を担当した。一九四五年の中央委員選挙で毛沢東に次ぐ得票で中央委員に選ばれた。中華人民共和国建国時に副主席となり、毛沢東の大躍進失敗後の一九五九年には共和国の主席に選ばれた。文化大革命が起こると非難の対象となり、スパイ容疑をでっちあげられて失脚した。

鄧小平（とうしょうへい）：一九〇二〜一九九七　中華人民共和国の政治家で、四川省広安県の人。フランスに留学して、そこで中国共産党に入党した。一九二六年にはソ連のモスクワに留学し、帰国してゲリラ活動を展開し、瑞金の毛沢東に合流した。国共内戦では大きな戦果を収め、解放地域の復興に努めた。大躍進失敗後に毛沢東と対立し、文化大革命によって失脚した。一九七三年に周恩来によって復活し、毛沢東の指示で党中央委員会副主席となった。周恩来が死去すると再び失脚したが、毛沢東が死ぬに及んで復活を果たした。一九七八年に最高指導者となって改革開放路線を決定し、社会主義市場経済に移行して、先に豊かになれる者から豊かになる「先富論」を掲げた。

あとがき

本書執筆のきっかけは、やはり二〇二〇年のコロナ禍による大学授業の遠隔化であった。急遽、毎回の講義を配信することとなり、当時はまだ不慣れなこともあって、授業内容を、そのまましゃべるような形で文章化して配信することとした（現在では動画を録画して配信するようにしている）。

東アジア海域史に関する前著は、歴史学部の初年次必修の「東洋史特論」（秋学期開講）の内容だが、本書は春学期開講の中国通史をメインとした初年次必修の「東洋史概論」の内容に加筆したものである。佛教大学に奉職して十数年経つが、学生たちの関心はほとんどが日本史に偏っており、残りを西洋史と東洋史が取り合うような状態が続いている。そうした学生たちの傾向として、日本史だけにしか興味がなく、とくに東洋史が漢字が多くて難しい、という意見が多かった。この科目が必修ということもあり、「自分がやりたいのは日本史やのになんで東洋史を勉強せなあかんねん」という態度も見受けられることがあった。そこで、なんとか興味を引いてもらおうと、聞いたことのある成句・故事成語をまず紹介し、そこから中国通史を学んでもらうように工夫した。

内容に関しては、もっと触れるべき歴史・出来事などが多分にあるが、著者の能力不足もあって、不十分に感じられる読者もいると思う。今後、もっと研鑽を積んでいきたい。ただ、学生たちの卒業論文を指導する中で、著者の担当する学生には、春秋戦国時代から、清末の台湾出兵に至るまでをテーマとしていて、そのおかげでいろんな時代の勉強をさせていただけた。本書の内容も、そうした学生たちとの学修成果の一環である。

数少ないながらも、いろんな中国史のテーマに興味を持った学生たちには感謝したい。

故事成語を扱った中国史に関する本には、井波律子氏や冨谷至氏、また阿部幸信氏のものなど、多数出版されている。当然ながら中国通史に関する著書も数多ある。あえて屋下屋を重ねる必要もないかと思い、ほったらかしにしていた。だが、幸いにも法律文化社編集部の田引勝二さんより、出版に関するお声掛けをいただいた。自らの恥をさらすことも怖かったが、せっかくいただいた、またとない機会だったので、出版のお願いをさせていただいた。田引さんには感謝申し上げます。

二〇二三年十二月

山崎覚士

関係年表

西暦	時代	出来事
	新石器時代	
前五〇〇〇		長江文明。
前四八〇〇		黄河文明。
前二一〇〇～一六〇〇頃	夏	
前一六〇〇頃	殷	成湯大乙、夏の桀王を滅ぼして殷を建てる。
前一三〇〇頃		盤庚、殷墟に遷都。
前一〇二七	西周	武王、紂王を滅ぼして（牧野の戦い）、周を建てる。
前八四一		厲王追放され、共和体制に。
前七七一		幽王、犬戎に殺される。
前七七〇	東周　春秋時代	平王、洛邑に遷都。
前六五一		斉の桓公、覇者となる。
前六三二		晋の文公、覇者となる。
前四五三	戦国時代	韓・魏・趙が実権を握る（前四〇三に正式に諸侯に認められる）。
前三五九		秦の商鞅、変法を実施。
前三二八		張儀、秦の宰相となって連衡策をとる。

前二七八頃		屈原、汨羅に入水。
前二四七		秦王嬴政、即位。
前二二一	秦	秦王政、始皇帝に即位、天下統一。
前二一九		始皇帝、徐福に不老不死の薬を求めさせる。
前二一四		万里の長城を築く。
前二一三		焚書坑儒（〜二一二）。
前二一〇		始皇帝、死去。
前二〇九		陳勝・呉広の乱、勃発。
前二〇六		鴻門の会。楚の項羽、西楚覇王を称し、劉邦、漢王となる。
前二〇二	前漢	四面楚歌ののち、項羽自害。劉邦、皇帝位に即す。
前二〇〇		都を長安に定める。白登山の戦い。
前一五四		呉楚七国の乱。
前一四一		武帝、即位する。
前一三六		五経博士を置く。
前一二六		張騫、西域より帰国。
前一一九		塩鉄の専売を始める。
前八七		武帝死去し、霍光が実権を握る。
八	新	王莽、禅譲により新を建てる。
一八		赤眉の乱。
二五	後漢	劉秀、帝位について洛陽に都を定める。

九一		班超、西域都護となる。
一六六		党錮の禁（一六九年には第二次党錮の禁）。
一八四		黄巾の乱。
一八九		董卓、洛陽を占拠。
二〇〇		官渡の戦い。
二〇八		赤壁の戦い。
二二〇	三国時代	曹丕、即位して魏を建てる。九品官人法の成立。
二二一		劉備、即位して蜀を建てる。
二二九		孫権、即位して呉を建てる。
二三四		五丈原の戦い。
二四九		魏の司馬懿、実権を握る。
二六三		蜀が魏に降伏。
二六五	西晋	司馬炎が即位して晋を建てる。
二八〇		呉を滅ぼして、晋が天下統一。
二九一		八王の乱（～三〇六）。
三一六	五胡十六国	永嘉の乱。
三一七	東晋	司馬睿、建康に都を定め、東晋始まる。
三七〇		前秦の苻堅、前燕を滅ぼす。
三八三		淝水の戦い。
四二〇	南北朝	劉裕、即位し、宋を建てる。

四三九		北魏、華北を統一。
四七九		南朝宋が滅んで、斉が建つ。
四八五		北魏、均田制を実施。
四九四		北魏、洛陽に遷都。
五〇二		南朝斉が滅んで、梁が建つ。
五三四		北魏が東西に分裂。
五五〇		東魏が滅んで、北斉が建つ。
五五七		西魏が滅んで、北周が建つ。南朝梁が滅んで陳が建つ。
五八一	隋	楊堅、北周を滅ぼして隋を建てる。
五八九		隋、天下統一。
六〇五		大運河の開削。
六一二		高句麗遠征、失敗。
六一八	唐	李淵、即位して唐を建てる。
六二六		玄武門の変。太宗が即位。
六九〇		則天武后が即位し、国号を周とする。
七一二		玄宗が即位。
七五五		安史の乱（～七六三）。
七八〇		両税法の実施。
八七五		黄巣の乱（～八八四）。
九〇七	五代十国	朱全忠、唐を滅ぼして後梁を建てる。

年	王朝	事項
九一六		耶律阿保機、契丹を建てる。
九二三		李存勗、後梁を滅ぼして後唐を建てる。
九三六		後唐が滅び、石敬瑭が後晋を建てる。
九四六		契丹が後晋を滅ぼして、国号を遼とする。
九四七		劉知遠、後漢を建てる。
九五一		郭威が後周を建てる。
九六〇	北宋	後周が滅び、趙匡胤が宋を建て、開封を都とする。
九七五		南唐が宋に降る。
九七九		宋が天下を統一。
一〇〇五		澶淵の盟。
一〇三八		李元昊、西夏を建てる。
一〇六九		王安石、新法を実施。
一一一五		完顔阿骨打、金を建てる。
一一二五		金、遼を滅ぼす。
一一二六		金、開封を占拠。
一一二七	南宋	靖康の変。高宗、南渡して即位する。
一一三八		南宋、臨安に都を定める。
一一四一		紹興の和議。
一二〇六		テムジン、チンギス・ハンに即位。
一二二七		モンゴル、西夏を滅ぼす。

一二三四		モンゴル、金を滅ぼす。
一二六〇		クビライ・ハン、即位する。
一二七一	元	モンゴル、大都（北京）に遷都し、国号を元とする。
一二七六		元、南宋の臨安を陥落させる。
一二七九		クビライ・ハン、南宋を滅ぼす。
一三五一		紅巾の乱（～一三六六）。
一三六八	明	朱元璋、明を建て南京を都とする。
一三八一		里甲制を実施する。
一四〇二		永楽帝、即位する。
一四〇五		鄭和の南海遠征（～一四三三）。
一四二一		北京に遷都。
一四四九		土木の変。
一五五〇		タタールのアルタン・ハン、北京を包囲する。
一五五五		倭寇、南京に侵略。
一五八一		一条鞭法を全国に実施。
一六一六		ヌルハチ、後金を建てる。
一六三六	清	後金、国号を清とする。
一六四四		李自成、北京を占拠し明を滅ぼす。清、李自成を破って北京に遷都。
一六六一		鄭成功、台湾を拠点とする。
一六七三		三藩の乱（～一六八一）。

一六八三		清、台湾を支配下に置く。
一七三五		乾隆帝が即位する。
一七九三		イギリスのマカートニー、北京に入る。
一八四〇		アヘン戦争（〜一八四二）。
一八四二		南京条約を締結。
一八五〇		太平天国の乱（〜一八六四）。
一八五六		アロー戦争。
一八五八		天津条約を締結。
一八六一		西太后、実権を握る。
一八八四		清仏戦争（〜一八八五）。
一八九四		孫文、興中会を結成。日清戦争（〜一八九五）。
一八九八		義和団事変。
一九〇〇		連合八カ国が北京を占領。
一九〇五		中国同盟会が東京で結成。
一九一一		辛亥革命。
一九一二	中華民国	中華民国臨時政府が成立。袁世凱、臨時大総統となる。
一九一四		第一次世界大戦。
一九一九		中国国民党、結成。
一九二一		中国共産党、結成。
一九二四		第一次国共合作。

一九三一		満洲事変。瑞金で中華ソビエト共和国が成立。
一九三七		日中戦争。第二次国共合作。
一九四六		国共内戦。
一九四九	中華人民共和国	蔣介石が台湾に脱出。毛沢東、北京で中華人民共和国の成立を宣言。
一九五八		大躍進政策、始まる。
一九六六		文化大革命、始まる（〜一九七六）。
一九七八		鄧小平、改革開放を決定する。

《著者紹介》

山崎覚士（やまざき・さとし）

1973年　大阪府生まれ。
　　　　大阪市立大学大学院文学研究科後期博士課程東洋史学専攻単位取得退学。博士（文学）（大阪市立大学）。

現　在　佛教大学歴史学部教授（東アジア海域史、五代史、中国都市史）。

著　著　『中国五代国家論』思文閣出版、2010年。

　　　　『中国の歴史・現在がわかる本　第二期③　13世紀までの中国』かもがわ出版、2018年。

　　　　『瀕海之都——宋代海港都市研究』汲古書院、2019年。

　　　　『東アジア海域のなかの日本——歴史・交易・文化』東方書店、2023年。

Horitsu Bunka Sha

成句・故事成語ではじめる中国史
——古代から現代まで

2024年5月15日　初版第1刷発行

著　者　山崎覚士

発行者　畑　　光

発行所　株式会社 法律文化社
〒603-8053
京都市北区上賀茂岩ヶ垣内町71
電話 075(791)7131　FAX 075(721)8400
https://www.hou-bun.com/

印刷：中村印刷㈱／製本：㈱吉田三誠堂製本所
装幀：谷本天志
ISBN 978-4-589-04320-7

人名索引

あ 行

か 行

さ 行

た　行

な　行

は　行

ま　行

や　行

ら・わ　行

事項索引

※中国の王朝名は頻出するため省略した。

さ　行

た　行

な　行

は　行

ま　行

や　行

ら　行

わ　行